内蒙古社会科学基金后期资助项目（21HQ03）

西北干旱地区乡村振兴模式

蒙清探索

董晓萍　冯玉龙　杨宏杰　海琴◎等著

经济管理出版社
ECONOMY & MANAGEMENT PUBLISHING HOUSE

图书在版编目（CIP）数据

西北干旱地区乡村振兴模式：蒙清探索／董晓萍等著. —北京：经济管理出版社，2023.9

ISBN 978-7-5096-9274-5

Ⅰ.①西…　Ⅱ.①董…　Ⅲ.①农业企业—高技术企业—企业发展—研究—内蒙古　Ⅳ.①F327.26

中国国家版本馆 CIP 数据核字（2023）第 177080 号

组稿编辑：丁慧敏

责任编辑：张莉琼

责任印制：许　艳

责任校对：王淑卿

出版发行：经济管理出版社

　　　　　（北京市海淀区北蜂窝 8 号中雅大厦 A 座 11 层　100038）

网　　　址：www.E-mp.com.cn

电　　　话：（010）51915602

印　　　刷：北京晨旭印刷厂

经　　　销：新华书店

开　　　本：710mm×1000mm /16

印　　　张：17.5

字　　　数：323 千字

版　　　次：2023 年 10 月第 1 版　　2023 年 10 月第 1 次印刷

书　　　号：ISBN 978-7-5096-9274-5

定　　　价：88.00 元

图 1　课题组深入蒙清调研

图 2　课题组赴蒙清创优乡村创客中心调研

图 3　废弃的高茂泉小学校旧貌

图 4　2020年由高茂泉小学改造后的高茂泉乡土中心

图 5　乡土中心工作区

图 6　蒙清与京东合作共建蒙清京东农场

图7　2022年规划中的蒙清粗粮研发中心

图8　蒙清在清水河县绿色产业园区的工厂

注：图1、图2为课题组赴蒙清公司调研拍摄，图3~图8由蒙清公司提供。

序 一

PREFACE

中国以农业立国，农业发展已有上万年历史。民以食为天，经过改革开放四十多年的发展，我国彻底解决了老百姓的吃饭问题，全面建成了小康社会，人民群众对美好生活有了更高的期许。但是，城镇化的进程不可避免地带来了城乡发展差距的拉大和乡村社会的日益衰微：农村人口流失严重，空心化现象普遍存在；农业产业化水平整体偏低，科技成色不足；农民收入较低、增收难，生产要素单向流动现象仍十分严重，资金、劳动力主要流向城市。作为"胡焕庸线"以西的西北干旱地区，"三农"问题显得尤为突出。在国家实施乡村振兴战略的大背景下，针对西北干旱地区的发展难题，切实找到能够实现农业发展、农民增收、乡村繁荣的好路子，对于加强我国北方生态屏障建设乃至解决国计民生的重大问题都具有十分重要的意义。

西北干旱及半干旱地区是我国北方主要的旱作农业区，这些区域降水量欠缺，年内分布不均，年际间变化大，旱灾已成为该区域最大的自然灾害，加上水土流失严重，这些问题一直困扰着旱作农业生产的可持续性发展。就是在这样一片降水稀少、土地贫瘠、支离破碎、沟壑纵横的黄土地上，有这么一些敢于较劲的人，他们吃苦耐劳、不畏艰辛、敢闯敢拼，终于在黄土地上实现了脱贫致富的梦想！本书通过对刘三堂、刘峻承父子这一对生活在内蒙古中西部地区、清水河县高茂泉村的"两代农人"创业事迹的梳理，真实再现了西北干旱地区农业生产的独特景象——祖祖辈辈靠天吃饭，老百姓收入微薄、生活清苦；忠实记录了怀着对黄土高原的眷恋，立志要改变乡村贫穷破败面貌的两代人，接续奋斗二十余年，投身于杂粮兴农的不凡事业，打造出"蒙清"这个脱胎于黄土地、扎根在新农

001

村、致力于乡村振兴的卓越农业企业的奋斗足迹。在推动企业发展壮大的同时，这对父子带领高茂泉村的父老乡亲摆脱贫困，带动清水河县乃至晋陕蒙地区的众多农户实现增收致富，也为西北干旱地区的乡村振兴探索了道路、增添了信心。

蒙清农业崛起的背后究竟蕴藏着哪些成功密码？西北干旱地区乡村振兴未来出路在哪儿？作为长期从事经济社会研究工作的学者，我们有必要也有责任走近蒙清、了解蒙清、研究蒙清，通过创始人的三次创业历程，总结提炼其中带有规律性的可复制的经验做法，发现其短板与不足，明晰其未来前行的目标与方向，既为西北干旱地区其他农业企业提供借鉴，也为西北干旱地区乡村振兴提供模式参考和路径助力！

自 2019 年起，西北干旱地区乡村振兴模式研究团队得以组建，尝试以蒙清农业作为具体案例进行深入研究。随后，研究团队不定期地深入蒙清农业，深入高茂泉村，了解蒙清农业的发展环境与条件、发展思路与举措、所取得的成绩与历经的挫折，通过理论与实践相结合的方式帮助企业研判形势、把脉定向。在此期间，研究团队查阅了大量资料，与呼和浩特市、清水河县等相关部门领导进行座谈，多次邀约蒙清农业的管理层、普通员工进行访谈，还与高茂泉村驻村第一书记和那些淳朴、实在的老农民深入交谈，掌握了较为丰富的鲜活素材，历经两年时间终于形成了现在的书稿。通过对蒙清农业的案例研究，研究团队深切认识到：西北干旱地区的农业发展大有可为，蒙清农业的崛起之路或许恰恰揭示了同类企业的突围之路。

一是要顺应国家实施乡村振兴战略的政策导向。党和国家多次强调，农业农村是社会稳定的压舱石。重视农业既有粮食安全的考虑，是"确保谷物基本自给、口粮绝对安全"的新粮食安全观和"以我为主、立足国内、确保产能、适度进口、科技支撑"的国家粮食安全战略的内在要求；更是实现第二个百年奋斗目标的必然要求。推进农业农村现代化是全面建设社会主义现代化国家的重大任务，是解决发展不平衡不充分问题的重要举措，是推动农业农村高质量发展的必然选择，也是让农民过上更加美好的生活、与全国人民一道实现共同富裕的必由之路。国家实施乡村振兴的战略安排和政策框架必然为农业企业创造出前所未有的发展机遇。

二是要着力将地域特点转化为发展优势。正是依托于内蒙古位于北纬 40°~50° 的温带草原——"黄金奶源带"的优质地理资源，才成就了伊利、蒙牛两大世界级乳企，呼和浩特也因此被冠以"中国乳都"称号。同样，西北干旱地区作为杂粮主产区，未来也要立足五谷杂粮营养丰富、药食同源、绿色健康的稀有属性，借鉴蒙清农业探索的"研发—种植—加工—销售—体验—品牌"的杂粮全产业链模式和全新发展路径，突破旱作农业发展局限，打开发展空间，树立独特竞争优势，打造地域专属名片。内蒙古在坚定不移地走好以生态优先、绿色发展为导向的高质量发展新路子探索中，也可借助蒙清这样的农业领军企业在杂粮产业领域的作为和影响，为呼和浩特赋予"杂粮之都"的新城市名片。

三是要将产业振兴作为乡村振兴的关键支撑。实施乡村振兴战略是一项系统工程，党的十九大报告提出的"产业兴旺、生态宜居、乡风文明、治理有效、生活富裕"的总要求中，"产业兴旺"居于首位，并将巩固和完善农村基本经营制度和构建现代农业产业体系、生产体系、经营体系等作为其重要内容。产业是集聚、整合、优化人、地、钱、信息、技术等农业生产要素的重要载体，而其中的农业产业化龙头企业则是产业化经营的组织者和生产要素的关键黏滞点，一端与广大农户链接，另一端与流通商或消费者链接，充当着农产品供需市场的桥梁，同时也是产业化经营的营运中心、技术创新主体和市场开拓者，在经营决策中处于主导地位，起着枢纽作用。从蒙清推动小香米产业发展与带动农民增收致富的生动实践看，乡村振兴有赖于产业振兴的强有力支撑。

四是要将人才振兴作为乡村振兴的核心内容。乡村振兴，关键还在人。乡村人都没有了，何以振兴？首先是要选好产业"带头人"，他们是乡村振兴的领头雁，是新技术、新知识的推广者，是创新创业的实践者和农村生产生活变革的探索者。其次是要能吸引"外来客"，包括广泛吸引高校大学生前来创新创业，他们是农业农村兴旺发达的后备力量和乡村振兴的活力与动力；也包括能吸引外来游客入乡进行养生度假、农事体验、休闲观光等消费，吸引城市居民向农村的"回流"，增添乡村的生机和人气，实现乡村的生产功能、生活功能、生态功能、文化功能的相得益彰。最后是要选配好"专业队"，既包括高端经营管理人才，也包括大批懂科技、懂市场、懂法律的专门实用人才，他们是乡村振兴的中坚力量。蒙清农业成功创建了"创优乡村创客中心"，并将其打造为乡村人才创业创新服务系统集成平台和服务平台，吸引并助力许占祥、郭瑞等一批大学生扎根农村创业圆梦，实现了"创业不必去远方，家乡一样铸辉煌"，培养了

西北干旱地区乡村振兴模式：**蒙清探索**

一支热爱农村的新农人队伍。此外，蒙清企业还依托中国农业大学等多所国内、区内著名高校和科研院所，与农业相关领域的一流专家学者以及经营管理者建构链接，借力高端人才，推动产学研深度融合，搭建起联合创新体。蒙清农业在乡村人才振兴方面的积极实践与探索，可为西北干旱地区乡村人才振兴提供重要借鉴。

五是要以科技赋能作为乡村振兴的重要抓手。当今时代，毋庸置疑，创新已成为第一动力，企业只有不断创新才能把握新时代下的新机遇，才能应对快速变化的市场。农业企业也不例外。从最初进行小香米种子选培试验，到申请"蒙清 1 号""蒙清 2 号"种子专利；从逐步推广小农机械，到运用互联网技术实现田间作业智能化管理；从杂粮粗加工后简单包装售卖，到自主研发粗粮泡食面以及自热火锅等年轻代产品……凡此种种，恰恰是蒙清农业多年来坚持在科技创新领域不断投入的厚积薄发。这同样为西北干旱地区践行了一条实现旱作农业可持续发展的重要路径。

六是要重视发挥农业企业家在乡村振兴中的引领作用。改革开放四十多年来，广大民营企业家以敢为人先的创新意识、锲而不舍的奋斗精神，组织带领千百万劳动者奋发努力、艰苦创业、不断创新，为社会各行业各领域积累了丰厚的财富。相较之下，农业领域的创业更为艰辛。由于农业生产本身具有着周期长、收益少、风险大的特征，农业领域的生产经营性投资回报因此具有高度不可控性。这就更要依赖于像蒙清刘氏父子这样一批对农业农村有着深厚情怀的农业企业家的坚守、执着与拼搏，这也正是蒙清农业从高茂泉村的一个小香米加工厂，成长为今天国家农业产业化龙头企业的根本原因所在。

总之，蒙清农业二十多年来的探索与发展轨迹，充分印证了我国改革开放以来各个时期兴农富农政策的效果，体现了在实现共同富裕的道路上农业企业的社会责任担当，为西北干旱地区的农业企业树立了良好的标杆。

杭栓柱
内蒙古大学创业学院战略与规划研究中心主任、研究员
内蒙古自治区政府参事
享受国务院特殊津贴专家
2023 年 3 月

004

序 二

PREFACE

农业，左边连着自然，右边连着人。它不是一种选择，而是一种使命。

飞机起飞了，舷窗外可以看见辽阔的蒙古高原，天空透彻晴朗，大地水清草绿。

清水河县，位于蒙晋陕交界处，被从事杂粮产业的业内称为中国杂粮的"黄金三角区"，清水河正处于蒙晋陕交界处的中心点上，以清水河为中心辐射半径 150 千米，孕育了全世界 60% 的优质杂粮。这个地区为山地丘陵地带，昼夜温差大，空气流通好，阳光充足，拥有独特、广大、层叠的旱田，土壤为沙性黏土，降雨不多但恰到好处，是极好的杂粮产区。

我也是第一次听说"黄金三角区"的说法，其由来可能是这里出产金灿灿的小米等五谷杂粮，也可能是刘三堂这样的世代生活在这里、热爱着这片宝贵土地的农人，基于对这孕育着珍贵谷物土地的热爱而作的爱称吧！

刘三堂曾是农村里的一名中医，并曾担任村支书，二十多年前开始种植小米，并于 1996 年研发出独特的"小香米"品种，创立蒙清农业。2005 年，55 岁的刘三堂躬身小米种植十余载，他在产品市场营销和扩大再生产过程中，虽然觉得市场前景很好，但是依然感觉到力不从心，加上对家乡土地和这份事业的热爱，他劝说了同济大学毕业后留在上海外企工作、事业蒸蒸日上的儿子刘峻承辞职回乡，接班家里的农业事业。

辞掉大都市外企高管职务，回到家乡当一名种田人，刘峻承说服了自己，带着女朋友回到了家乡。父亲一句特别实在的话打动了他："在上海努力，不外乎就是个埋没在人群中的外企高管，做农业虽然比较长线，但是成功了以后，就会很稳定。在农村创业另辟蹊径，成功以后再跟上海比，可以超过好多大老板！这就看你是要挣近期的钱，还是远期更好地挣钱。人对短期的欲望应该有所控制。"对于人怎么控制自己的欲望，这一点在蒙清农业的企业文化中有专门的阐述：止欲为本！

止为克制，而非禁止。

带着情怀、使命，以小米为主要农产品的杂粮种植事业能成功吗？怎样才能成功呢？

回到家乡后，刘峻承开始全面接管公司。十一年来，他拓展基地，创新合作社，拓展商超、电商、餐企等营销渠道，创新餐饮和创新加工产品，打造自主品牌、做产业链等，蒙清农业的发展理念不断丰满、成熟，企业发展图景逐步呈现。"坚持、坚持下去"，在刘峻承说出这句话时，我们可以想象创业过程的艰辛与酸苦。

如今蒙清农业成了内蒙古农业企业龙头和标杆样板。我们开始对刘峻承做的这件事有了整体的认识：是体力劳动者，也是企业创业；是农民，也是雇主；是农活，也是产业。

在介绍蒙清农业的发展战略规划中，我们看见蒙清农业正在布局更大的基地建设、建立全球杂粮加工样板工厂、加大市场布局、加大研发投入和成果转化、成为国家级科技农业企业等蓝图。

我们询问刘三堂：您的儿子为什么能成功？身为父亲的他说了四点：模式创新、知识人才、坚韧坚持、不忘良心。

有现代经营管理理念，有农村成长经历和了解农村，又愿意下到田间地头，对杂粮种植有深刻的理解，这就是刘峻承回到家乡成功创业的原因。因此，在我看来，成功不易，但成功非刘峻承莫属！

站在田间坡上，指点着层叠壮美的田野，刘峻承跟我们说："随着消费升级，杂粮市场正蓬勃兴起，每年超过 30% 的增长。但是，这个行业缺乏龙头企业、缺乏大企业、缺乏全产业链企业，行业还处于初级阶段。'黄金三角区'总种植面积可达 1000 万亩，清水河可耕地面积 9650 万亩，93 万亩坡梁旱地，其中优质的杂粮耕地 50 万亩。每年小米种植占到 10 万亩左右。目前这 1000 万亩都在种植杂粮，但是没有统一规划和管理，种植标准低，因此价值低，与市场需求很不匹配，并且产品有的过剩，有的紧缺，产业发展需求和潜力都非常巨大。"

"未来，杂粮全产业是个过万亿的市场。在这个大产业兴起的过程中，并不是说蒙清能够大包大揽做所有的事情，蒙清只是希望能够推动杂粮产业的大发展，希望更多的人参与进来，谁能干谁就多做。蒙清干不了的，就希望别的企业能上。在这个过程中，蒙清会争做一个领军者，抑或做一个推动者。总之，目的首先是为了这个区域的中国杂粮产业能够蓬勃发展。"

我们平时经常说一个道理，要有宏大的社会愿景才能让企业的个体目标得以实现；首先要能够帮助他人获利，他人才能使自己获得成功。在蒙清的哲学中，这一点表现得特别明显。

在市场大潮中，有能力的人尽可以放手拼搏做一名弄潮儿，在广阔的田地里，追寻初心。能者要凭本事弄潮，不能破坏和试图限制大潮的蓬勃，不能做投机偷一瓢水就跑的人。

在蒙清的企业发展哲学观里，杜绝急功近利，杜绝投机取巧，杜绝竭泽而渔。

"我们怎样才能办一所学校呢？"在交流的最后，刘峻承与我讨论着，"现在村里的农人基本都 60 岁以上了，再过几年，将没有种田的劳动力了。除了发展农业机械化，还需要年轻人返乡。但是他们不愿意返乡，即使收入高也不行，他们的孩子需要上学、需要好的教育。只有办了学校，村里出去的人才会回来！"我们这些年接触到很多新农人和新型农业企业，其中很多是家族代代相传的情况，这尤为被看好。农业是个长线的事业，为什么许多农业企业是子承父业或子承母业，那是因为没有人会比他们更珍惜养育他们的这片土地！

"我希望今后中国的农业是刘峻承这样有知识、有眼界、有使命感的新农人的世界！"一位同行的传媒界朋友说道。

敬佩蒙清，祝福蒙清，祝福中国农业！在此次拜访时，在刘峻承出生成长的院子里，他的儿子彼时四岁了。在"又见田园"的路上，我仿佛看见，金灿灿的田野中，人们生生不息地传颂着一则"父亲的小香米"的成功故事！

张 诚

田园东方投资集团有限公司创始人兼 CEO

2023 年 5 月

写在题外的话

　　本文是 2016 年 8 月拜访蒙清回程途中写的一篇笔记。在那次拜访以后，蒙清成为我们的合作伙伴。这些年来，蒙清矢志不渝、坚定发展，探索着企业、社会、人民协同奋斗的发展路径。这不仅是对企业和产业的描绘，更是对乡村振兴美好社会发展蓝图的展望。这让我想起"父亲的小香米"这个题目中所蕴含的朴素真挚的情感和生生不息的源泉力量。于是在 2022 年五一期间，将原文略作修改，作为祝贺本书出版的序言，再次刊发。

　　（本文原标题："父亲的小香米"，转载于微信公众号"又见田园"）

目　录

CONTENTS

第一章

总论：西北干旱区突破『三农』重围的创新性探索

农业农村现代化承载着中国城乡均衡发展、构建和谐社会、实现社会稳定的希望与梦想。所有的梦都要靠人实现，而在这片古老的大地上，一直不乏心怀改变农村面貌的热望，投入精力和智慧，破解"三农"问题的探索者。蒙清的发展很好地诠释了这种乡土情怀的炽热，其探索经验也为西北干旱地区乃至全国农业农村现代化提供了可资借鉴的宝贵财富。

一、国家突破"三农"重围的政策逻辑

　　重视"三农"工作历来是我们党的优良传统，也是党在过去七十多年革命、建设和改革实践中总结出来的宝贵经验。新中国成立后特别是改革开放以来，我们党在带领人民进行社会主义现代化建设的过程中，一直将解决"三农"问题作为党和国家事业的重中之重加以整体推进。从20世纪80年代开始，中央先后出台了5个"一号文件"致力于解决农民经营自主权和温饱问题。如图1-1所示，进入2004年以来，中央"一号文件"持续聚焦"三农"，进一步彰显了党对"三农"问题的高度重视。这一时期的主线是统筹城乡发展，重点是构建强农惠农富农政策体系，目的是加快实现农业现代化、农村全面小康和农民增收致富。总的来看，中央"一号文件"的持续出台，显示出"三农"在现代化建设中的突出重要地位，以及党中央解决"三农"问题的决心，客观上也推动了"三农"发展迈入新的历史阶段。综合20世纪80年代及21世纪以来中央"一号文件"的内容及实施效果，2004~2015年，党的强农惠农富农政策出台密集、农民得实惠多、农牧民生活水平提高快、农村面貌变化大（见图1-1）；农业发展总体上已经进入从数量增长向质量安全、从生产导向向消费导向、从单纯粮食安全战略向多重战略目标跨越的新阶段，农业整体处于从"高消耗、高污染、高成本"向绿色生态可持续发展跨越的新起点上；农村发展总体上已进入由外在拉动到激活内生动力、由以城带乡到城乡一体融合的新阶段。但同时，随着新阶段农产品供求、生产方式、农业发展目标等发生的根本性变化，"三农"领域也出现了许多新的矛盾和问题，如乡村衰落日益明显、城乡发展不平衡更为凸显，农村经济社会生态文化统筹发展任务也更为迫切等问题。如何解决好这些新矛盾与新问题，成为继续完善"三农"政策的基本导向。

　　围绕新阶段"三农"发展面临的新任务与新问题，习近平总书记在多个场合多次强调，我国农业农村发展面临的难题和挑战还很多。"任何时

图1-1 2004~2015年中央"一号文件"

候都不能忽视农业、忘记农民、淡漠农村。必须始终坚持强农惠农富农政策不减弱、推进农村全面小康不松劲，在认识的高度、重视的程度、投入的力度上保持好势头。"如图1-2所示，2017年党的十九大和随后召开的中央农村工作会议先后提出实施乡村振兴战略，指出解决新时代我国社会主要矛盾，必须坚持农业农村优先发展的方针，大力实施乡村振兴战略。新中国七十年的发展历史也反复证明，"三农"问题是关系国计民生的根本性问题，实现中华民族伟大复兴，绝不可以丢掉乡村仅顾城市。2018年中央农村工作会议精神指出，如期实现第一个百年奋斗目标并向第二个百年奋斗目标迈进，最艰巨最繁重的任务在农村，最广泛最深厚的基础在农村，最大的潜力和后劲也在农村。2018年，中共中央、国务院又以"一号文件"的形式正式出台了《关于实施乡村振兴战略的意见》，明确提出实施乡村振兴战略是决胜全面建成小康社会、全面建设社会主义现代化国家的重大历史任务，是新时代"三农"工作的总抓手。实施乡村振兴战略，就是要瞄准农业农村现代化总目标，坚持农业农村优先发展的总方针，围绕产业兴旺、生态宜居、乡风文明、治理有效、生活富裕的总要求，通过建立健全城乡融合发展的体制机制和政策体系，加快推进农业农村现代化，走中国特色社会主义乡村振兴道路，让农业成为有奔头的产业，让农民成为有吸引力的职业，让农村成为安居乐业的美丽家园。

2019年《中共中央　国务院关于坚持农业农村优先发展做好"三农"

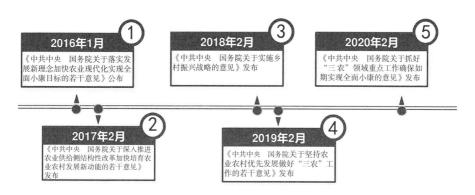

图 1-2 2016~2020 年中央"一号文件"

工作的若干意见》对新一轮农村改革作出了部署。明确提出处理好农民和土地的关系仍然是深化农村改革的主线，要扎实完成承包地确权登记颁证，妥善处理好、化解好遗留问题，将土地承包经营权证书发到农户手中。同时，研究出台第二轮土地承包到期以后再延长 30 年的配套政策，继续深化农村土地制度三项改革，盘活利用闲置宅基地和闲置农房，增加农民的财产性收入。农村有很多"空心村"，有很多闲置宅基地和闲置农房，要探索一些盘活利用的路径，完善承包地"三权分置"的法律法规和政策体系，突出抓好培育家庭农场和农民合作社这两类新型农业经营主体，同时落实扶持小农户发展政策，培育各类社会化服务组织，提高农业的经营效率和水平。2020 年《中共中央 国务院关于抓好"三农"领域重点工作确保如期实现全面小康的意见》提出了坚决打赢脱贫攻坚战、对标全面建成小康社会加快补上农村基础设施和公共服务短板、保障重要农产品有效供给和促进农民持续增收、加强农村基层治理、强化农村补短板保障措施五大方面重点内容。2021 年《中共中央 国务院关于全面推进乡村振兴加快农业农村现代化的意见》则把乡村建设摆在社会主义现代化建设的重要位置，提出要全面推进乡村产业、人才、文化、生态、组织振兴，充分发挥农业产品供给、生态屏障、文化传承等功能，走中国特色社会主义乡村振兴道路，加快农业农村现代化，加快形成工农互促、城乡互补、协调发展、共同繁荣的新型工农城乡关系，促进农业高质高效、乡村宜居宜业、农民富裕富足。乡村振兴的重要内涵如图 1-3 所示。

落实国家战略，结合区情特征，2018 年 2 月，《内蒙古自治区党委、

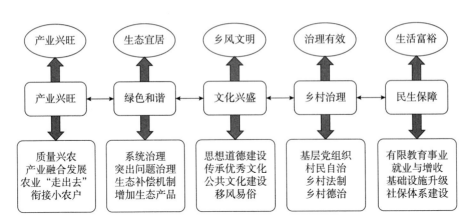

图1-3 乡村振兴的重要内涵

资料来源：黄祖辉. 准确把握中国乡村振兴战略［J］. 中国农村经济，2018（4）：2-12.

自治区人民政府关于实施乡村振兴战略的意见》正式印发，并编制了《内蒙古自治区乡村振兴战略规划（2018—2022年）》，强调要坚持"三农三牧"重中之重的战略地位，坚持农牧业农村牧区优先发展，按照产业兴旺、生态宜居、乡风文明、治理有效、生活富裕的总要求，建立健全城乡融合发展体制机制和政策体系，加快推进乡村治理体系和治理能力现代化，加快推进农牧业农村牧区现代化，走中国特色社会主义乡村振兴道路，推动农牧业全面升级、农村牧区全面进步、农牧民全面发展，让美丽乡村成为亮丽内蒙古的鲜明底色。如图1-4所示，根据内蒙古乡村振兴的目标任务，到2020年乡村振兴取得重要进展，城乡融合发展体制机制和政策体系初步建立；农村牧区产业更加兴旺，农牧业供给体系质量明显提高；农村牧区生态环境明显好转，人居环境突出问题得到有效治理；农牧民文化生活不断丰富，乡风文明程度进一步提高；农村牧区基层组织建设进一步加强，乡村治理体系进一步完善；农牧民收入稳步增长，现行标准下农村牧区贫困人口全部脱贫，贫困旗县全部摘帽，让广大农牧民同全区人民一道迈入全面小康社会。到2035年，乡村振兴取得决定性进展，城乡融合发展体制机制和政策体系更加健全，基本实现农牧业农村牧区现代化。到2050年，与全国同步实现乡村全面振兴，农牧业强、农村牧区美、农牧民富的发展目标。这些不同阶段目标与任务的确立，为全区乡村振兴战略的实施指明了方向，提供了基本遵循。

为更好贯彻党中央和内蒙古自治区乡村振兴战略的总要求，着力推进

图 1-4 内蒙古乡村振兴规划目标

本地区乡村振兴，清水河县也同步制定了乡村振兴三年行动计划，明确提出要多措并举推进乡村振兴战略实施，全面改善农村人居环境，建设生态宜居家园，建设现代经济体系，促进乡村产业兴旺。同时，围绕以上思路、任务与目标，清水河县进一步明确了乡村振兴重点任务：一是提高农业综合生产能力。进一步深化农业科技成果转化和推广应用改革，加大谷类聚雨覆膜精播集成技术推广；积极探索小杂粮规模化和标准化生产体系建设。二是积极构建现代农业产业体系、生产体系、经营体系。推动成立了全县首个农业产业化联合体——清水河县特色农牧业产业化联合体，为清水河县探索推进农业产业体系、生产体系和经营体系建设迈出了关键一步。联合体各成员将发挥自身优势：龙头企业提供科技支撑、订单收购等终端服务，中下游企业进行初级（或精深）加工服务，农业合作社联合农户进行种植、养殖、加工，最终形成有钱出钱、有力出力的紧密合作关系，真正实现联合体内各方力量有机结合、要素优化配置、优势互补互促、产业互联互通。三是加快农村一二三产业融合发展。进一步明确要扶持和配合蒙清公司，依托浑河滩资源优势进行田园综合体建设，完成整体规划，并在五良太乡前脑包村、后脑包村流转 8000 余亩土地建设景观田及小香米谷子等特色农作物种植基地，流转 8 处窑洞进行尝试性改造，实施民宿体验项目。与此同时，清水河县"十四五"规划明确提出要全面提升"窑上田"区域公用品牌影响力，重点打好"绿色牌"，持续提升海红果、米醋、小香米、黄米、胡麻油、花菇等地理标志产品的品牌效应，扩大特色农作物种植规模，建设有机杂粮标准化示范基地；建设高效绿色循环农牧业，构建农畜产品的绿色产业体系，增强绿色农产品的竞争力。引进绿色农产品生产加工龙头企业，扶持本土龙头企业，带动杂粮、蔬菜、林果、鲜奶、肉食品精深加工产业集群化发展，强化区域协调合作，打通开放新通道，推动外向型经济新突破，全力将绿色农产品加工园区建设成为自治区农牧业产业化示范区及辐射京津冀地区绿色农产品输出基地。此外，《清水河县旅游业总体规划》中明确提出要在宏河镇规划建设生态农业科技示范组团（见图1-5），利用现代农业科技，采用先进设施，全面开发四季农业，重点突破优质高产农产品，实现农业、科教、旅游观光等多重效益，成为引领清水河县农村一二三产业融合发展和现代农业建设的重要力量。

图1-5　清水河县宏河镇生态农业科技示范规划

图片来源：《清水河县旅游业总体规划》。

与此同时，在乡村振兴的落地实施中，社会各界也认识到，乡村振兴是一项全局性和系统性的工程，是人力、物力、财力的有机结合，是人才、资源、战略的有效统一。但从内蒙古自治区乡村实际看，随着农村劳动力不断流向城镇，大量农村出现"空心化"现象，"谁来种田"成为亟待解决的首要问题。有研究表明，全区1/4~1/3的传统农区有空心化的问题，如果从内在资源的"空心"角度来讲，这个数字还要更大一些，村庄空心化已成为内蒙古自治区乃至全国农村普遍存在的现象，进而又导致大量耕地资源因撂荒而闲置浪费。我国四十多年的改革开放实践表明，发展才是硬道理，应该用发展的思路去解决前进中的问题，这是我国在改革发展中取得的宝贵经验。这一点在新时期乡村振兴战略实施中同样适用。毋庸置疑，在乡村振兴的宏大工程中，产业振兴是根本支撑，唯有激活产业并最终实现产业的兴旺，才能为实现乡村的全面振兴提供坚实的物质基础，才能使乡村振兴真正具有源头活水和持久动力。当前，农村发展仍然相对滞后，基于此，乡村振兴首先就是要集中精力发展产业，只有产业振兴了，农民腰包鼓了，才能更好地去抓好其他方面的建设，才能为生态宜居、乡风文明、治理有效和生活富裕提供物质支撑，也才能从根本上为农业农村现代化铺平道路（见图1-6）。

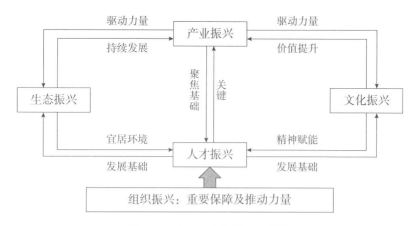

图1-6 乡村振兴的核心和关键

实现乡村产业振兴，需要打通现代农业产业生产流通链条，从种养殖、加工、销售等各个环节推动产业融合发展，进而不断强化生产体系、健全产业体系、提升经营体系，这是当前及今后实现乡村振兴的首要任务，也是带动农民增收致富的关键。但从内蒙古自治区的发展现状看，农村牧区产业结构较为单一，全区玉米产量占粮食总产量的80%左右，羊存栏量占到了牲畜总量的79%，种植业"一粮独大"、畜牧业"一羊独大"仍是全区农牧业产业结构性矛盾的突出写照。总体来看，农村二三产业发展较为滞后，成为制约一产做大做强的短板，农业发展普遍存在着产业大而不强、农产品多而不优、一二三产业融合不深、产业带动农牧民增收乏力等问题。此外，农业生产基础依然薄弱，现代设施装备应用仍显不足，科技支撑能力仍然不强；农业经营规模总体偏小、主体素质偏低，千家万户的小生产经营模式很难适应千变万化的大市场；乡村有限的人财物资源流失现象仍在继续。在这样的背景下，如何实现产业兴旺，不仅关系到内蒙古自治区现代农业经济体系的建设，也决定着乡村振兴战略的实施进度与效果。结合我国产业发展阶段性特征以及内蒙古自治区农村产业现状与条件，新时代推进内蒙古自治区乡村产业兴旺的根本途径，就是要紧扣农业供给侧结构性改革这条主线，落实高质量发展新要求，着力推动农业领域实现质量变革、效率变革和动力变革，从根本上提升农业发展质量和效益，切实推进农业现代化进程与现代化水平。乡村产业振兴的重点任务如图1-7所示。

一、突出优势特色，培育壮大乡村产业

> 做强现代种养业，做精乡土特色产业，提升农产品加工流通业，优化乡村休闲旅游业，培育乡村新型服务业，发展乡村信息产业

二、科学合理布局，优化乡村产业空间结构

> 强化县域统筹，推进镇域产业聚集，促进镇村联动发展，支持贫困地区产业发展

三、促进产业融合发展，增强乡村产业聚合力

> 培育多元融合主体，形成"农业+"多业态发展态势，打造产业融合载体，构建利益联结机制

四、推进质量兴农绿色兴农，增强乡村产业持续增长力

> 健全绿色质量标准体系，大力推进标准化生产，培育提升农业品牌，强化资源利用保护

五、推动创新创业升级，增强乡村产业发展新动能

> 强化科技创新引领，促进农村创新创业

六、完善政策措施，优化乡村产业发展环境

> 健全财政投入机制，创新农村金融服务，有序引导工商资本下乡，完善用地保障政策，健全人才保障机制

图1-7　乡村产业振兴的重点任务

二、蒙清"三农"领域的创新性实践

从根本上讲，乡村产业的振兴，有赖于农（牧，下文略）业企业（尤其是龙头企业）等各类市场主体作用的充分发挥（见图1-8）。企业是产品的生产者、生产要素的组织者，也是技术创新的"发动机"，在农业供给体系中处于关键位置。农业企业是产业兴旺、产业融合和新产业培育，以及农产品加工、销售及规模化经营的重要实现载体。尤其是在集体经济组织较为缺乏或集体经济发展较为落后的地区，推动乡村产业振兴，涉农企业更是大有作为。企业可以发挥其在资金、技术和管理等方面的优势，加大资源整合和市场开拓力度，在推进农业产业上下游一体化发展的同时，不断引导农民加快种植、养殖、加工、销售和服务的一体化发展，延

长农业产业链，提高增值能力；尤其在条件好的地区，围绕涉农企业还可以培育发展农业产业化集群或农业产业园，发展多业态复合型产业。总而言之，拥有领先的优质涉农企业，既是农业高质量发展的重要标志与途径，也是农业向现代化转变的迫切要求，更是农村产业兴旺的关键所在。从新时期农业农村现代化总目标看，在乡村现代化的实现过程中，如何充分发挥市场在资源配置中的决定性作用和更好发挥政府的作用，让涉农企业在乡村振兴中找到自己的着力点，调动其参与乡村振兴的积极性，促进资源要素向乡村流动，并通过以各种方式与农民紧密结合，解决小生产与大市场的矛盾，从而快速助推乡村现代化，这既是内蒙古自治区未来实现农业农村现代化面临的重大课题，也是必由之路。

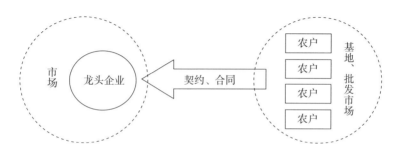

图 1-8　龙头企业带动乡村发展

从实践看，乡村振兴战略是新时代我国着力解决"三农"问题的伟大创举，没有现成的经验或模式可照抄照搬，尤其是对于西北干旱半干旱地区来说，受自然及经济社会条件的限制，乡村振兴注定更为艰难与曲折。正因为如此，作为一家发轫于农村、扎根于农村、成长于农村的产业龙头企业——内蒙古蒙清农业科技开发有限责任公司（以下简称"蒙清"），其在二十多年的发展嬗变中，充分契合农业农村发展的时代大势，积极主动深度融入农业农村发展中，在实现自身发展壮大的同时，有力带动农民增收、助推清水河县杂粮产业化、规模化与精深化发展，特别是对实现我国干旱半干旱地区农业发展方式转变和合理构建农业企业利益联结机制等方面进行了有益探索，取得了积极成效，积累了丰富的经验（见图1-9）。目前，蒙清已构筑起集杂粮育种、种植、收储、加工、销售、五谷杂粮文化体验、新农人培养于一体的杂粮全产业链，企业拥有"蒙清""谷之味""普清"等多个知名品牌，通过专业合作社及订单农业实现5万多亩田地的规模化种植，在清水河、和林格尔、赤峰、通辽、兴安盟和山西朔州等地建立多种作物的合作种植基地，带动和影响农户上万户；与此同时，以该企业为主体，联合全县30家专业合作社、公司、种植大户，成立了清水河县乃至呼和浩特市首个农业产业化联合体，形成集种植加工、畜禽养殖、农机服务、电商销售等于一体的农业经营组织联盟，通过提供科技支撑、订单收购、产品精深加工等服务，实现了农业生产要素的有机结合、优化配置及优势互补，同时把农民紧紧连接在产业链上，使农民实现稳定增收致富。与此同时，立足乡村振兴战略大背景，蒙清悄然开启自身的第三次创业，从更好融入农业农村发展中提前谋划，在继续完善和推进干旱半干旱地区农业可持续发展的同时，通过品牌化、市场化建设，在互联网农业、新农人培育、农业多功能开发和三次产业融合等方面进行了提前布局和有益探索，形成了以杂粮产业为核心、三产融合、与高校产学研深度合作的产业化发展新格局，并加强新农人实训实践基地建设，广泛应用新技术新装备，做到了与乡村振兴战略的同频共振。在二十多年的发展中，蒙清获得的国家和省级奖项及荣誉多达30余项，国家层面的包括"农业

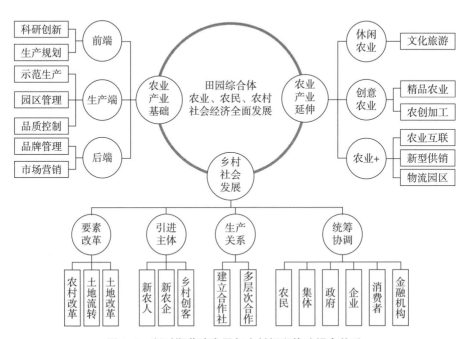

图1-9 新时期蒙清发展与乡村振兴战略耦合关系

产业化国家重点龙头企业""清水河小香米国家地理标志""国家高新技术企业""国家第六批标准化种植示范区"等 10 余项；省级层面的包括"内蒙古著名商标""内蒙古自治区民营科技企业""内蒙古百佳特色农畜产品""第八届国际农产品金奖"等 20 余项，尤其在 2018 年和 2019 年，蒙清公司先后被人民网评为全国乡村振兴示范基地和内蒙古自治区电商扶贫优秀企业。

三、蒙清实践所内含的时代借鉴

立足当下，站在新一轮创业和全面融入乡村振兴的新起点上，蒙清邀请相关领域专家学者组成研究团队，系统回顾蒙清的发展脉络与轨迹、科学总结成效与经验、深度探究成功密码与价值承载、全面审视未来发展形势与战略，这不仅让蒙清未来能够更好地砥砺前行，在新起点上开启农业农村现代化发展新征程，也为新时代涉农企业助推乡村振兴战略实施进行了很好的先导示范。也因此，本书的编写，其意义就不仅仅在于研究、总结蒙清公司的成功案例，对于清水河县乃至西北干旱半干旱地区的乡村振兴和实现农业农村的现代化亦提供了极为重要的先行探索与经验借鉴。

1. 为蒙清自身发展蓄积前行动能

昨日的成功并不代表着今后能够永远成功，过去的辉煌并不意味着未来可以永续辉煌。站在新起点，解读蒙清历史嬗变中所蕴藏的内在逻辑，提炼其成功的精神密码，更好地总结过往发展经验以及更好地展望未来，将为蒙清凝心聚力更好前行提供强大精神激励和发展指引。一方面，不忘本来才能开辟未来，善于继承才能更好地开拓创新。总结过往，是为了未来更好地前行。走到今天，随着公司的发展壮大，蒙清已由过去以家族式管理为主的作坊式生产经营模式逐步转向现代公司治理与开放运营模式，其内部管理层和员工也随之实现新老交替。在这样的特殊节点，对蒙清而言，理性回顾企业的奋斗轨迹，总结过往经验，梳理发展脉络，进一步明晰公司的核心价值与发展理念，有助于企业更加明确未来的前进方向，凝心聚力，积蓄前行动能。同时也将极大增强员工的认同感、归属感与融入感，激发员工的积极性、主动性和创造性，让企业员工继续保持良好的精神状态和奋斗姿态，给企业员工在勠力同心、奋勇前行的道路上提供宝贵的精神食粮。另一方面，前瞻未来是蒙清为应对未来发展中可能遇到的问题与挑战的战略性考量。事业越前进、越发展，新情况、新问题就会越多，未来需要面对的不可预见性困难与阻碍也可能越多。基于此，立足公司新一轮创业以及我国发展新方位大背景，未雨绸缪，客观分析外部宏观环境、市场环境和技术环境变化带来的机遇与挑战，全面审视蒙清自身发展面临的优势与短板，并在此基础上结合国家发展战略进一步明确公司战略与定位，推进业务和管理等流程的优化与再造，就成为蒙清未来化挑战为机遇、变被动为主动，在更高发展层级上谋求更好发展的关键所在。

  2. 为清水河县以及辐射延伸地区加快发展提供重要助力

  龙头企业的高质量发展，是地区农业高质量发展的重要支撑，也是带动农村加快发展的重要力量。作为清水河县农业领域的龙头企业，一路走来，蒙清已发展为集种子培育、大田种植、农产品精深加工、销售于一体的农业综合企业，同时拓展新农人培训、五谷杂粮文化体验业务，在自身发展壮大的同时，也切实改变着当地农业农村的发展面貌，实实在在地让当地农户获得更多收入与实惠。一方面，当地农户把土地流转给政府，政府把土地集中连片流转给蒙清公司进行统一规划运营，使农户获得了"土地租金+种地收入"的双份收入；另一方面，通过蒙清牵头成立的内蒙古合利农牧业专业合作社实现了农民零投入入社，加入合作社后，农民不需掏一分钱，也不需要任何抵押物，就可以获得由合作社出面向银行贷款取得的社员春耕所需资金，以及由蒙清旗下种子农资公司按照年度种粮计划为农民免费发放的种子、有机肥以及提供的滴灌设备等服务；入社农户同时还可以享受秋收高于市场价格的订单保护价，再也不用为销粮难犯愁。截至目前，通过合作社蒙清直接带动农户 1202 户，年助农增收 260 万元以上。与此同时，蒙清还将产业发展、电子商务、返乡创业与乡村振兴相结合，有效带动了高茂泉村及周边农村的发展，增加了当地农民收入，激发了村民的种植积极性，成为清水河县乡村发展及产业结构优化调整的关键引领者和助推者。随着公司的发展，蒙清种植基地业已延伸到了除清水河县以外的和林县、赤峰市、通辽市、兴安盟和山西朔州市等地，蒙清的发展已成为这些地区种植业结构调整优化的风向标，更是清水河县杂粮产业走出去的一张亮丽名片。未来，随着杂粮产业进一步做大做强，必将辐射带动更广阔的地域，助力更多的农户致富。

3. 为以传统农业为主的欠发达地区实现产业振兴提供先行探索

乡村振兴关键是产业振兴，但以传统种植为主一直是我国欠发达地区农业发展的主要方式。长期以来，受制于土地贫瘠、规模体量小、农业产值低等因素，以及相关基础设施条件薄弱等影响，这些地区的农业发展与先进地区相比存在较大差距，成为欠发达地区经济发展的突出短板。从中外发展的理论和实践探索来看，农业产业化往往是贫困地区走出困境、加快发展的重要途径，是优化当地产业结构、培育新的经济增长点的重要方式。尤其是在信息技术快速发展和技术应用加快推进的当下，将智慧农业发展理念引入农业生产，赋予农业生产更为先进的科技保障，这不仅是推进欠发达地区传统农业转型发展的关键途径，也是促进农村经济高质量发展行之有效的好路子。以前的清水河县，集老、少、边、穷于一身，既是一个典型的传统农业县，又是一个扶贫开发重点县，全县总体自然条件较为苛刻，耕作技术落后；资本积累弱，发展再生产难度较大；经济结构较为单一，二三产业发展缓慢；农产品加工龙头企业较为缺乏，产销经常脱节，在过去很长一段时期内基本处于"什么都有""样样不多""东家看西家，大家种啥我种啥"的小农经济状态。在此条件与背景下，蒙清立足当地实际，深耕杂粮产业，大胆利用现代信息技术发展智慧农业，引入现代经营理念与平台意识探索杂粮产业化发展之路，为欠发达地区传统农业转型升级和转变发展方式积极赋能，走出了一条欠发达地区农业产业化与市场化的成功之路。

一是杂粮产业化之路。截至目前，蒙清已经建立起了涵盖生产、研发、加工、销售的杂粮全产业链发展模式，第一产业主要围绕主导产业小香米种植，建立起种子、农资、农机、肥料、种植、养殖等专业合作社；第二产业除主导产业小香米的精深加工外，还规划实施了海红果果丹皮深加工项目、小香米米醋项目、小香米黄酒项目、小香米酱油项目、胡麻油项目和山茶等深加工产业项目；第三产业围绕小香米种植、加工以及农业的多功能开发，在杂粮电商运营、杂粮产品开发研究、杂粮创意包装设计以及农旅融合项目策划等方面进行了大胆开拓与实践探索。

二是市场化拓展之路。蒙清积极跟随互联网、大数据等信息技术快速迭代步伐，积极开拓电商销售渠道，建立起了产品可追溯系统，现有京东自营店、天猫蒙清旗舰店以及各大网络平台销售代理，并成为京东十大粮油供应商之一；与此同时，不断建立健全现代化仓储管理和物流管理体系，从而实现了小杂粮产业借力互联网的转型及跨越式发展。

三是产品创新之路。在蒙清起步伊始，正是通过老董事长刘三堂老先生在种源方面的创新，培育出了具有更好口感、更高营养成分的优质品种——"小香米"，才使得蒙清在早期市场拓展和产业化之路上站稳了脚跟。现在，因为有新任董事长刘峻承适时创建产品研发中心与大胆创新营销模式，才让蒙清产品真正走出内蒙古，走向更为广阔的市场。从2011年蒙清研发上市杂粮类点心产品——杂粮月饼开始，到2014年蒙清正式成立研发中心，聘请资深面点大师、营养学硕士研究生等（也吸纳实习生）组成专业研发团队，再到目前蒙清成功研发上市多款养生系列产品，包括散装粮、小包装袋装产品、礼盒类产品、杂粮即食类产品，以及杂粮月饼、杂粮棕等季节类产品等100多个品种（见图1-10）。蒙清在持续创新的路途中，不仅成功解决了杂粮不好吃、不易吃、不会吃等问题，极大地提升了杂粮产品的消费认知度，而且极大地提升了产品的附加值和市场占有率。目前，蒙清产品年销售额已达近亿元，并且仍以每年30%～50%的速度递增，蒙清系列产品更是覆盖全国各主要城市。

4. 为西北干旱半干旱地区实现生态优先绿色发展提供现实借鉴

西北干旱半干旱地区农业发展不仅受制于当地气候及自然环境条件，因该地区地处生态脆弱区，还要兼顾生态保护的任务要求。基于此，在生态文明视角下，西北干旱半干旱地区发展农业不仅要追求生产效率，还需兼具生态功能，体现生态价值。这样，如何立足当地实际走出一条生态优先绿色发展之路，就成为西北干旱半干旱地区谋求生态保护与推进产业发展的关键所在。蒙清所在的清水河县位于呼和浩特市最南端，地处内蒙古高原与黄土高原的衔接带，境内沟壑纵横，土地沙化问题突出，因恶劣的自然条件，曾一度在呼和浩特其他旗县区考量"饱不饱"的时候，清水河县却在顾虑"有没有"；在其他旗县区已步入追求"富不富"的时候，清水河县却在为解决填饱肚子的问题而发愁。但就是在这样的环境与条件下，蒙清的发展始终秉承绿色理念，从种源、技术和生态改善三方面入手，因地制宜地探索出一条干旱半干旱地区农牧业绿色可持续发展的全新之路。

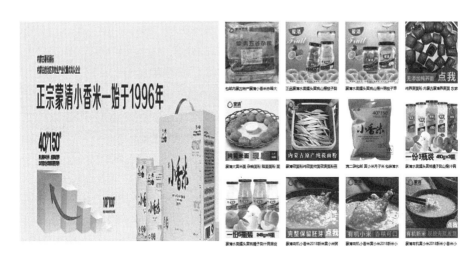

图1-10 蒙清开发的部分产品图谱

图片来源：蒙清公司官网。

一是以种源突破为引领。大量研究表明，在减少土壤侵蚀方面，黑豆地减沙效益最显著，平均侵蚀量仅为619吨/平方千米，比裸地减少侵蚀90%以上，春播荞麦减少80%以上，夏播荞麦减少72%以上，谷子减少70%，马铃薯减少68%。蒙清公司所在的清水河县，自古以来就有种植杂粮杂豆的历史。在创始人刘三堂的主导下，结合当地水文土壤特点，蒙清公司于1996年成功育种，培育出更适合当地气候土壤条件的、品质更好的"小香米"，并建立起小香米种植基地，开始大面积推广种植；此后，蒙清一直特别重视对环境友好型种源的培育开发，目前"蒙清一号""蒙清二号"两个谷子新品种正在进行品种实验，还有多个豆类和黍类品种正处于试种、做对比分析阶段，为杂粮产业化发展奠定了重要基础。

二是以节水技术突破为关键。如图1-11所示，因为基地属于旱梁地，虽然适合种植杂粮，但因地处西北黄土高原丘陵沟壑区，土层薄瘠，保水性较差，雨季降雨大多径直流走，无法用于农业灌溉，并导致严重的水土流失；地下水又埋藏较深，不利于作物土壤水分吸收和盐分运移，进而影响作物生长发育及产量提升。为了摆脱自然条件的限制，改变肥料吸收利用率低的境况，蒙清在农业节约用水与水资源利用方面进行了积极探索与创新，由其开发及推广的旱作农业集雨水、水肥一体化灌溉技术，在谷子种植方面已经全面投入使用。其中，膜下穴播滴灌模式在宏河镇种植示范已取得稳定增产效果，已具备大面积推广条件，从而为黄土高原旱作农业产业化经营、规模化种植、高效化发展提供了解决方案。

图 1-11　高茂泉村地形地貌及土壤板结情况

三是以生态优先为底色。只有健康的生态环境才能生长出健康的作物，生产出健康的农产品，才能更好满足消费者对农产品绿色高品质的消费需求。围绕打造生态安全杂粮产品这个目标，蒙清在产业生态化、生态产业化之路上进行了先行探索，取得了积极成效。在产业生态化方面，蒙清"小香米"从谷子种植到食品生产完全遵守有机食品发展中心规定的标准，并率先在行业内通过了 HACCP 食品安全管理体系和 ISO9000 质量管理体系认证，使得整个种植及加工程序更为符合有机产品的生产规定，真正做到了无污染和绿色化。在生态产业化方面，借助国家退耕还林政策东风，蒙清积极推进生态经济兼用型林果树种栽植与产品开发。目前，蒙清已退耕 2 万亩，种植海红果 2000 多亩，山杏 2000 多亩，开发和打造了"遇见海棠"等品牌商标，为生态产业化和产品市场化奠定了扎实基础。

5. 为乡村人才振兴提供实践先导

乡村振兴的核心在于人才的振兴，但如何做到人才振兴，这恐怕仍是当前理论界的全新课题与实践层面的突出难题。从这个角度看，蒙清的探索与试验为内蒙古自治区乃至全国乡村振兴中解决"谁来种地"以及"乡村人才如何振兴"等问题提供了可贵的借鉴价值。近年来，围绕如何更好种地和更好推进杂粮产业化发展，蒙清大胆创新乡村人才培养、吸纳理念与方式，由雇佣思维转向了平台思维，以事业平台吸引高端管理人才加盟蒙清，以企业魅力吸引业内知名专家、研发人员建联蒙清，并通过成立"蒙清创优乡村创客中心"，吸引大批大学毕业生立足蒙清产业基础、销售平台、运营体系进行创新创业。从而不仅打造出一支视野开阔、管理成熟、勇于进取的专业化管理团队，而且成功培育出一批扎根农业农村的创新创业人才，建构起一个能够不断吸纳新生力量的制度与机制，营造出一种人人创新争先的宽松氛围。目前，在蒙清产业链上已成功诞生了"九更醋""遇见海棠""清河田园""高茂泉民宿"等新兴创业项目。通过打通进城与下乡的通道，蒙清成功吸引了更多的人才向乡村流动，先后吸引近百名技能人才通过下乡担任志愿者、投资兴业、包村包项目，参与到乡村振兴建设中来。与此同时，在注重引进外部人才的同时，蒙清也强化了当地农业从业人员的培训。截至目前，蒙清已为5家合作社（内蒙古合利农牧业专业合作社、呼和浩特市恒优种植专业合作社、和林格尔县英俊种植专业合作社、呼和浩特市青城种养殖专业合作社、清水河县英俊兄弟种养殖专业合作社）、2家公司（内蒙古谷德农资种业有限公司、内蒙古博创养殖有限责任公司）提供办公、培训、人才孵化、农村科普等各项服务，扶持了当地一批专业合作社规范运营、科学管理、产业升级，推动了农村经济体科学规范管理与经营，提升了农民科技兴农水平。此外，通过建设新农人大讲堂等培训载体，蒙清针对性地培养出了更多爱农业、懂技术、善经营的新型职业农民。

四、蒙清探索的体系化密钥解析

当然，比照乡村振兴和整个西北干旱半干旱地区农业可持续发展的宏大篇章，蒙清之于乡村振兴的价值与成效，还有待时间的洗礼和实践的进一步检验，先行经验与成功密码的总结提炼也有待进一步充实完善，但站在新事物成长和人类社会进步规律的高度看，这也是蒙清之于乡村振兴的意义所在。在乡村振兴的全新探索道路上，通过分析脱胎于西部干旱半干旱地区的农业企业——蒙清的成长和成效，提炼其成功价值、探究其成长密码，不仅有助于蒙清在开启新一轮创业中更好地蓄积前行动能，还能为新时代深入推进乡村振兴，特别是实现西北干旱半干旱地区农业可持续发展，提供可资借鉴的经验与模式参考。这也是组织、策划、编写和出版本书的意义和价值。在此过程中，为更好阐明蒙清在乡村振兴中的积极作用，准确提炼其时代价值和地域价值，笔者围绕乡村振兴这一时代主题，在大量调研访谈、实地考察的基础上，全面梳理了蒙清孕育、成长、发展、壮大的脉络及重要节点与事件，透过现象分析本质，透过行为挖掘价值，透过实践总结规律，认清自我突破局限，立足当下展望未来……循着这样的逻辑，本书结构可分为五个部分十一个章节，具体为：

第一部分为第一章总论。主要阐述了本书写作的时代背景和价值意蕴，意在高度总结与提炼全书的核心思想和主要观点，并对本书成书体系作了总括性说明。在新时代全面实施乡村振兴战略的大背景下，探析蒙清成长之路，通过对蒙清几十年发展历程的系统回顾与梳理，并基于此谋划未来，既可为"蒙清人"认识、了解和更好融入蒙清提供优秀教材与载体，又能为蒙清在新征程中凝心聚力更好前行提供行动指南。对蒙清发展模式以及发展经验的系统总结，不仅能为新时期各地区（尤其是西北干旱半干旱地区）推进乡村振兴提供经验借鉴，也能为广大的涉农企业更好助推乡村振兴战略的落地，提供先导示范，即蒙清的发展不仅是对清水河县以及延伸地区加快发展的直接助力，也为以传统农业为主的欠发达地区实现产业振兴与人才振兴，乃至西北干旱半干旱地区实现生态优先绿色发展提供现实借鉴，这也是撰写本书的时代价值与实践意义所在。

第二部分为第二章至第三章。以探寻蒙清的"坐标"为起点，分析阐明是怎样独特的自然地理、历史文化和经济社会"土壤"条件孕育了蒙清这样的企业，即要回答蒙清从哪里来，蒙清的文化基因源自哪里。实践表明：清水河县这块历经沧桑的黄土地，不断哺育着吃苦耐劳、坚韧不拔的清水河人，是蒙清与蒙清人发轫成长的"母体"；特殊的地理位置与地形地貌，使得清水河县成为农耕文化、黄河文化、长城文化、晋商文化、西口文化、红色文化等多元文化汇集地，最终孕育了刘三堂和刘峻承父子两代人吃苦耐劳、百折不挠、敢于创新、以信立人和感恩回报的精神特质，并成为蒙清不断发展壮大的精神支柱与精神内核；而清水河县乃至国家整体经济社会的变迁，又为蒙清的发展壮大提供了重要历史契机与良好环境条件，蒙清顺应形势一步步实现了企业的成长壮大。发展中的蒙清和其他农业企业共同为清水河县农业提质增效、种植业结构调整优化乃至整体经济社会发展水平提升提供了重要助力。回顾历史，蒙清的成长历经"三次创业"实现两次"嬗变"。蒙清的第一次创业，可以说就是刘三堂老先生这个"能人"，在中国改革开放的特定时代背景下，在清水河县独特的自然与人文环境中，在个人特殊经历与经验的基础上，凭借对形势与机遇的认识，对未来的预判，敢为人先，大胆尝试，缘起"一把小香米"种子而干起来的。那个时代的中国，各领域创业的人，大都是像刘老先生一样，在广袤大地上挥洒汗水，描绘事业蓝图，摸爬滚打，跌倒再爬起，最终成就一番事业。蒙清也正是如此起步的，从中可以看到鲜明的时代印记，承载着一个时代的特质。第二次创业，是蒙清的一次自我变革，"新农人"刘峻承成为核心人物，其创业故事同样折射出典型的时代精神。这一时期，经过改革开放以来二十多年的快速发展，我国市场环境逐步趋向成熟，企业的发展也需要从原来主要凭靠"能人"的经验与胆魄，转变为要靠制度实现管理的规范化、科学化，这就需要一批受过专门教育、有国际化视野的、对时代和未来有着更清晰认识和把握的新一代管理人——职业经理人——对蒙清来说就是"新农人"来承接企业和时代的使命。刘三堂之子刘峻承正是这样，带着父亲的嘱托与期望和深厚的乡土情怀，告别上海优越的工作待遇毅然返乡，随市场经济蓬勃发展的热潮，因应新农村建设带来的政策机遇与发展挑战，带领蒙清开启第二次创业，实现了蒙清的第一次"嬗变"——从一家作坊式传统加工企业，蜕变为一家现代公司制企业。蒙清的第三次创业，我们称之为蒙清"蝶变"，它预示着蒙清经历了第一代"能人"（经验管理）发展阶段后，正在面临从第二代"职业经理人"（专业化管理）阶段向未来的第三代"社会化"与"生态化"企业发展阶段转变，"社会化"与"生态化"将成为这一阶段企业的突出特征与属性。从深层意义看，这同样折射出未来我国企业的重要发展趋势和方向。如果说第一代蒙清是"刘三堂"的，第二代蒙清是"刘峻承"的，那么第三代蒙清、未来的蒙清则不是"某个谁"的，而是通过某种合作和利益联结机制，协同村民、蒙清员工、合作伙伴、高校院所乃至政府在内的各方资源，动员各种能量的一个共赢、共享、共生的"生态系统"和"社会化"存在，这是关于蒙清未来的美好图景，体现了蒙清的价值观与经营哲学。企业也需要有远大理想，在某种程度上，它会决定企业能走多远。应该来讲，在乡村振兴战略的大背景下，蒙清的第三次创业才刚刚铺开，第二次"嬗变"正在进行之中，远未完成，目前正处在最要劲的关键节点上。当下，在与乡村振兴战略的同频共振中，蒙清正在抓紧布局、务实耕耘，借助信息化、平台化技术推进企业研发、生产、营销的市场化进程，通过革新农业生产技术，布局发展智慧农业、绿色农业与休闲农业，实现产业深度融合，通过建设蒙清创优乡村创客中心、乡村实训实践基地培育新农人，实现人才振兴，引领蒙清第三次创业不断迈上新台阶。与此同时，聚焦乡村振兴之关键任务——着力打造"产业振兴样板"。围绕小杂粮，蒙清重点推进生态农业、节水农业、新农人农业、体验农业和智慧农业等的建设与发展，积极探索杂粮新产业与新业态，全力构筑杂粮全产业链发展新模式，在"小杂粮"做成"大产业"的探索之路上，为乡村产业振兴的实现提供了重要示范样板。

第三部分为第四章至第六章。"大国小农"是我国农业发展的历史写照，也是蒙清发展的现实基础，从另外一个侧面也折射出农业企业所需担负的重要使命与任务。在多年的发展中，蒙清逐渐探索形成了适应市场规律、符合农企特征、贴近农村实际的独特经营"模式"，构成蒙清的企业运作内核，即以市场导向筑牢企业发展之基、以全链构建提升核心竞争力、以组织创新激发企业发展活力、以标准化引领企业提质增效、以健全激励机制调动职工积极性和以事缘为核心聚人心谋合力。通过蒙清"模式"，进一步剖析其成长、发展的深层因素，解析发展"密码"。从蒙清的孕育、成长至壮大，始终秉承着植根"五谷文化"而又"与时俱进"的发展理念，两代创业者坚忍坚守、精诚精业、求仁求智、开拓开明、共创共享的可贵精神品质已沉淀为蒙清的企业经营哲学与核心价值。进而指引蒙清确立正确的"义利观"，发展不忘回馈社会、携手农户共同致富；树立开放的"发展观"，搭建平台，开放创新、互利共赢；坚守敦本务实的品质，以诚待人；顺应国家政策导向，乘改革东风，抓政策机遇，享政策红利。可见，一路走来的蒙清，从来都不是盲目的和摇摆不定的，而是充分契合我国农业农村发展的时代大势，紧紧把握市场需求变化脉搏，在躬耕农业这片天地中开辟出了一条农业、农村与企业共进共融的发展之路，从中归纳蒙清"模式"、解析蒙清"密码"、提炼蒙清"价值"，进而发掘出

"可推广与可复制的经验"，对于我国西部干旱、半干旱地区深入推进乡村振兴战略具有显著的现实意义。因为这不仅有助于提振乡村振兴的精气神、坚定乡村振兴的信心，而且提供了产业振兴新样板、锚定了产业发展新方位。尤其难能可贵的是，蒙清的实践探索，为新时期整个地区乃至国家层面，进一步明确乡村振兴战略的政策方向与实施路径提供了重要的价值借鉴：企业的深度参与是乡村振兴的坚实基础；乡村振兴的重点是要推进产业振兴；乡村振兴的核心是人才振兴；乡村振兴必须要充分尊重、遵循客观规律；乡村振兴要以共同致富为旨归。

第四部分为第七章至第八章。立足当下，展望未来。本部分围绕蒙清再次步入创业的新阶段，重新审视其所处的杂粮行业发展新格局、新方位，分析探讨其未来进一步发展壮大中可能面临的新机遇与新挑战。站在历史和未来的交汇点上，当前蒙清正处于自身进一步做大做强、全面推进科技化和标准化、推进杂粮产业深度发展、全面优化企业战略以及需承担更多社会责任的全新阶段，其面临的外部环境也有新的变化。从发展政策环境看，聚焦乡村振兴、粮食安全、农业产业化发展和杂粮产业发展，国家和内蒙古自治区相继出台了一系列政策，建立了包括农产品价格、轮作补助、建设高标准农田、农业科技创新、农业机械设备现代化以及乡村振兴有效衔接等全方位的支持政策体系，当然在此背景下，蒙清面临的外部竞争也会进一步加剧。虽然受到国内外经济环境变化带来的巨大压力，但是我国经济保持较好发展态势，主要宏观指标总体处于合理区间，韧性强、潜力足、长期向好的特点进一步显现，尤其是消费对经济发展的基础性作用在明显增强以及国家层面强化粮食（包括杂粮）安全的政策加持下，为杂粮行业发展打下很好的宏观经济基础。从社会和技术发展环境看，我国已步入老龄化新阶段，人口结构分化现象明显，老年人和"90后""00后"逐渐成为消费的主力军，叠加居民收入水平的持续提升和消费结构消费理念的持续优化，尤其是在杂粮生产和销售端系列新技术赋能下，杂粮行业方面新业态新产品新模式会相继涌现，极大地降低了消费门槛，让五谷杂粮的产品更加容易被消费者所接受，届时杂粮产品客户聚焦将会更为精准和快速惠达消费者，从而为进一步做大做强杂粮产业奠定重要市场基础。从生态层面看，发展杂粮产业也是我国进一步优化种植业结构、破解资源要素瓶颈约束从而更好实现绿色发展的关键途径之一，尤其是随着杂粮行业推行统一种植品种、统一肥水管理、统一病虫防控、统一技术指导、统一机械作业等整套绿色技术集成模式的应用，可以肯定我国绿色农业食品（包括杂粮）具有更长远的发展可能性和提升空间。当然，在此过程中，在正确看待和科学把握我国宏观环境变化为蒙清带来的消费升级加快到来、多重利好政策叠加、农业技术快速迭代与应用、农业价值提升和功能拓展等诸多发展新机遇的同时，也要未雨绸缪科学应对发展中面临的问题与挑战。

第五部分为本书第九章至第十一章。新阶段需要新蓝图引领，这就需要蒙清提前布局，做好战略性谋划，首要的就是明确企业发展战略思路重构，并围绕战略思路的重构对战略定位、目标与重点任务进行相应优化，因为这些都决定了企业未来资源投入与配置方向。立足蒙清实际，适应环境与形势变化大趋势，未来蒙清要立足互联网发展时代，全面提升预见能力，进行预见性重构战略，全力形成新的经营形态；同时要紧紧围绕"成为中国优质杂粮供应商和呼和浩特区域杂粮新名片"这一发展定位，着力写好"五篇文章"：一是成为清水河乃至内蒙古田园综合体的先行探索者；二是区域杂粮行业技术服务和标准的关键输出者；三是西北干旱地区绿色节水农业的坚定开拓者；四是全国小米等杂粮行业发展的重要引领者；五是乡村全面振兴的一贯践行者。与此同时，围绕发展定位与目标，积极谋求在产业链优化、创新人才战略、拓展产业发展空间和提升品牌价值等方面实现新的重大突破。我们相信，未来的蒙清定会在融入时代发展（尤其是在乡村振兴）大潮中奋勇前行，拓展更大成长空间，提供更多就业岗位和创业机会，创造出更加辉煌的发展业绩和更多社会财富，也定会在清水河县、内蒙古自治区乃至全国乡村振兴的火热实践中写下浓墨重彩的一笔。

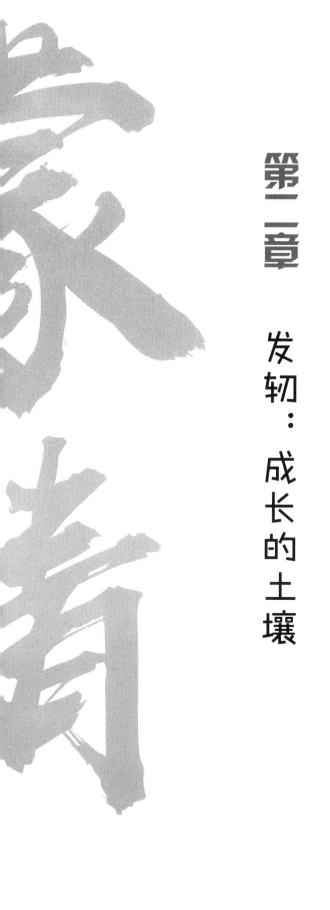

第二章

发轫：成长的土壤

清水河县是内蒙古自治区首府呼和浩特市向南开放、打造沿黄经济带的交通要塞，也是呼和浩特市通达蒙晋陕、地接呼包鄂、打造"金三角"的重要功能区。万里长城的历史烽燧，九曲黄河的曲水流觞，黄土高原的千沟万壑，共同交汇于此，哺育出了吃苦耐劳、敢闯敢干的清水河人。刘三堂、刘峻承父子正是清水河人的典型代表，两代人扎根高茂泉村，呕心沥血精耕杂粮产业，打造出了一家立足清水河、闪耀内蒙古、服务全中国的优秀农业企业——内蒙古蒙清农业科技开发有限责任公司。蒙清农业的从无到有、从小到大，承载着深刻的清水河县印记，分析清水河县的自然地理特点、历史文化风俗、经济社会变迁，可以帮助我们更好地理解蒙清农业缘何在这里萌芽、生长、壮大。

一、自然地理特点

（一）位置：三省交界、地处西北

清水河县位于内蒙古自治区中部，呼和浩特市最南端，是内蒙古高原与黄土高原过渡地带，地理坐标在北纬 39°35′~40°35′、东经 111°21′~112°07′。如图 2-1 所示，该县东南与山西省平鲁县、偏关县为邻，西隔黄河与鄂尔多斯市准格尔旗相望，北连呼和浩特市和林格尔县、托克托县，虽然未与陕西省直接接壤，但整体位置处于蒙晋陕三省交界地带。县城距离首府呼和浩特市区 120 余千米，距离鄂尔多斯市准格尔旗县城 40 余千米，距离山西省朔州市区 120 余千米。县域总面积 2859 平方千米，所辖 4 乡 4 镇、1 个工业园区，目前有 103 个行政村、6 个社区，798 个自然村。据清水河县第七次全国人口普查公报显示，截至 2020 年 11 月，全县总人口 13.5 万人，常住人口 7.7 万人，其中乡村常住人口 4 万人，占比 52%。

高茂泉村位于县境西北部的宏河镇（旧称王桂窑乡），蒙清农业的发祥地就在这个山村。该村距县城 14 千米，属于典型的西北干旱地区村落，20 世纪末曾有 300 多户人家，目前常住 130 余户，人口不足 300 人。村民大多性格憨厚，生活俭朴，邻里非常和睦。有黄河支流浑河穿村而过，使高茂泉村相较于邻近的几个村庄，自然风光更为秀丽。在刘三堂看来，高茂泉村是生养自己的地方，也是子女们的根脉所在，城市里的高楼大厦、车水马龙，比不上这块黄土地上的山水草木，他毫无保留地将自己全部的热情与心血倾注在了高茂泉村。

（二）地貌：沟壑纵横、支离破碎

清水河县位于内蒙古高原和山陕黄土高原中间地带，总的地形东南

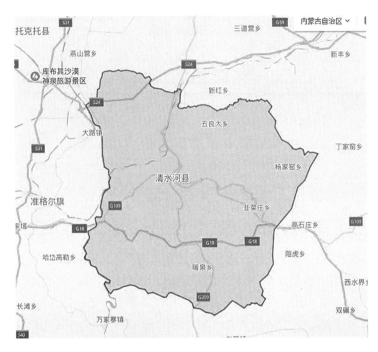

图 2-1　清水河区位图

高、西北低，平均海拔 1373.6 米。县境内地形以丘陵最多，约占 73%，山地约占 26%，滩地河谷仅占 1%。如图 2-2 所示，在黄河中上游地区，清水河县水土流失较为严重，地貌千沟万壑、支离破碎。县域内土壤以栗褐土、栗钙土为主，约占全县耕地面积的 70%，这两类土壤腐殖质层较薄，耕作层、表土层不稳定，如遇夏季降水多的时候，常会产生地表径流，土地长期遭受侵蚀。

高茂泉村是清水河县的缩影，其耕地也受地形地貌局限，条块分割，面积不均，地表不平，大规模机械化作业实施困难。村民中有的人家购置了小型农机，有的人家还是靠畜力耕种，农业生产水平整体偏低。因此，高茂泉村乃至全县农民选择种植的农作物中，以糜、谷、黍等抗旱效果明显的小杂粮类作物种植面积最广。蒙清之所以能够从这里崛起，其中一个重要原因就是刘三堂、刘峻承父子深刻认识到土壤贫瘠的客观实际。因此，蒙清多年来聚焦旱作农业生产方式，主打有机小杂粮品牌，不拼产量拼质量，不拼规模拼效益，逐渐在小杂粮行业占据了市场，从线下线上都赢得了好口碑。

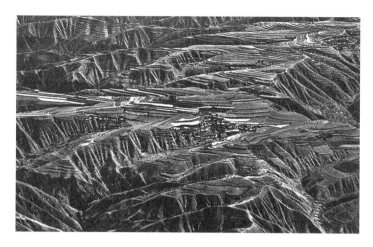

图 2-2　水土流失严重的黄土高原地貌

图片来源：http：//www.yueqikan.com/shuililw/71768.html。

（三）气候：雨热同期、降水较少

因地处中温带，清水河县属于典型的温带大陆性季风气候，四季分明。春季温暖干燥多风沙，夏季炎热雨量集中，秋季凉爽短促，冬季寒冷少雪。该县年平均气温 7.5℃，极端最低气温 -29℃，极端最高气温 37.1℃，气温年较差大。年日均气温 5℃ 以上的持续天数为 198 天，日均气温 0℃ 以上的持续天数为 232 天，全年平均日照 2900 小时，无霜期平均为 145 天左右。境内雨季短，降水少，年平均降雨量 410 毫米。高茂泉村所在的宏河镇，一般年份降水量在 370 毫米左右，年蒸发量 2577.2 毫米，是降水量的 6.97 倍，干旱年份可达 14 倍。国家退耕还林政策实施以后，全县植被覆盖率明显上升。蒙清等本土企业积极带动村民发展有机农业，土壤中滥用化肥的现象得到有效控制，大气循环和水循环日益呈现良性循环，降水量逐渐增多，但干旱缺水问题仍然是制约经济社会发展的重大现实问题。

（四）灾害：灾荒较多、因旱致贫

清水河县自古以来自然灾害频发。据《清水河县志》记载，该县经历较大旱灾 30 余次，有"春夏无雨""秋收无望""赤地千里""灾民逃荒"等文字记录；较大水灾 20 余次，有"暴雨连降""黄河决口""房屋坍塌""庄稼绝收"等文字记录；较大风灾 10 余次，有"暴风大雪""坏民庐舍""风沙黑霾""缺苗断垄""马牛多毙"等文字记录。此外，该县还发生过较大冰雹灾害 10 余次，蝗虫、霜冻、地震等灾害 20 余次，均造成农业减产，人畜伤亡，经济损失。改革开放以后，家庭联产承包责任制在全国推广，清水河县基本上解决了温饱问题，但土地干旱，农民靠天吃饭、收入微薄，有限的土地很难让农民增收致富。于是，包括高茂泉村在内的清水河农村，外出打工的人越来越多，许多土地闲置荒芜；留下的人为了增加产量，迫不得已只能毁林开荒扩大耕种面积，使得水土流失更加严重。这样，干旱成为贫穷的直接原因，贫穷又限制了农民没有能力在土地上增加化肥、种子、农机具等要素的投入，粮食增产困难，人口继续外流。

二、历史文化风俗

长期以来，清水河县是农耕文明与草原文明碰撞之地、长城与黄河"握手"之地，在岁月变迁中逐渐形成农耕文化、黄河文化、长城文化、晋商文化、西口文化、红色文化等多元文化，这些文化之间交流交融、互学互鉴，潜移默化地融入了清水河人的血脉。

（一）农耕文化：敬畏五谷，亲近土地

农业的诞生，为人类文明的孕育奠定了物质基础。远在新石器时代，我们的先民就已学会种地，有的"草籽"逐渐被驯化为粮食，经年累月，"五谷"逐渐成为了中华民族的传统主食。尤其是黄河流域的粟、黍等作物，生长期短、耐旱、耐瘠薄、耐贮存，已被历史证明在中华民族抗击饥饿的斗争中发挥了重要作用。

高茂泉村的村民们几代人都在土地上辛勤劳作，对于他们而言，土地是唯一的财富，五谷丰登就是最大的期盼。尽管山梁峁间平整的地块不多，生产工具也早已落伍，但田垄间没有荒地，种满了糜子、谷子、黍子、玉米、豇豆等杂粮作物。长期以来，高茂泉村的村民们靠种地养家糊口，丰年时可以卖掉多余的粮食购置其他生活用品，但总体上靠种地发家致富的很少。随着经济条件改善，许多村民迁到城里定居，但住在城里也会继续经营土地，春天耕种、夏天除草、秋天收割，仍然对土地充满感情。高茂泉村保留的部分旧窑洞，以及许多人家院落里摆放的用黄土烧制而成的瓷瓮、瓷坛，都是老百姓和土地之间的心灵对话。祖辈们传承下来的经验，日积月累就积淀成了生活智慧，也涵养了村民们吃苦耐劳、热爱生活的精神品格。刘三堂、刘峻承父子扎根高茂泉村，如果没有对乡土的热爱，他们不可能将蒙清一步一步做大做强，也不可能吸引越来越多的年轻人奔赴农村。

（二）黄河文化：自力更生，穷则思变

黄河是中华民族的母亲河，孕育了中华民族自强不息、坚韧不拔、一往无前的民族性格。黄河流经清水河县境内65千米，纵贯县境西部，由北向南，北从喇嘛湾小石窑入境，南至老牛湾镇老牛湾村出境（见图2-3）。县境内河道较平直，水流稳定，利于舟楫，古代时为水运通道。每遇河水增长期，民间船只往来不绝，航运便利。从清水河县境内的黄河逆水而上，经托克托县、土右旗可到包头市，顺水下航可到山西省偏关县。但黄河也极易造成水患，经常给清水河县带来经济损失。而且受梁峁起伏、沟壑纵横的地形所限，全县70%的耕地分布于山坡、沟滩、梁峁之间，仅河流两岸或沟口附近的土地可以利用到水，其他地区灌溉条件非常有限。

清水河人在与自然的长期斗争中总结出，要想生存发展，必须要坚持自力更生、穷则思变，不能听凭自然摆布，不能服输，不能认命。他们不畏艰难，开拓进取，努力走出贫困、奔向富裕。高茂泉村村民种植的谷子、黍子、糜子、莜麦等小杂粮，相较于水稻、小麦的种植，对水资源的要求不太高，具备极强的耐旱性，成为当地人的首选作物。而且，在清水河县完成脱贫攻坚任务的进程中，小杂粮产业发挥了重要作用。当清水河

图 2-3　流经清水河县的黄河

图片来源：搜狐网，https：//m. sohu. com/a/230612165_709929/？pvid＝000115_3w_a。

人不知前路该如何走时，或许是九曲回肠的黄河给出了答案，用宋代诗人陆游的诗句说，是"山重水复疑无路，柳暗花明又一村"，用高茂泉村老支书刘三堂的话来说，是"不要害怕困难，越是困难时期，就越能出成绩"。

（三）长城文化：尊重秩序，登高望远

在中华文明发展史上，长城既是护卫中原文明的战略屏障，也是开放交流的坚实后盾，最终成为凝聚统一多民族国家的精神纽带。长城蕴含着守望和平、开放包容的时代精神，它代表着对社会秩序的最好尊重。农耕和游牧，是两种不同的生产方式、经济类型，彼此有着强烈的冲突和互补。资源互换，通常有抢夺、贸易这两种方式。如果抢夺成为一种常态，战争就会越来越多。长城的修筑，构建了良好的秩序。农耕民族在长城以内种地，游牧民族在长城以外放牧，二者通过长城上的关口进行贸易。这样，封闭是手段，交流是目的，有效促进了民族融合与社会进步。尊重秩序，尽可能争取多赢，这是中华民族的智慧，也是蒙清自成立之日起就认真遵守的信条。

如图 2-4 所示，清水河县境内有隋、明两代长城的残垣，刘峻承在学生时代曾与朋友多次登上古长城眺望。虽然看不到曾经的历史烽烟，但能

图 2-4 清水河境内的长城烽燧

图片来源：搜狗百科，https：//baike.sogou.com/v1384205.htm？fromtitle=清水河。

够感受到传统文化带来的力量。长城告诉清水河人：唯有筑好每一块基石，修好向上的台阶，最终才能实现登高望远。正如习近平总书记2014年考察内蒙古时强调，"望，就是登高望远，规划事业、谋求发展要跳出当地、跳出自然条件限制、跳出内蒙古，有宽广的世界眼光，有大局意识"。近几年，清水河县也在秉承着长城文化基因，坚持探索以生态优先、绿色发展为导向的高质量发展新路子，不断发挥特色产业优势，筑牢产业发展基石，以"窑上田"区域公共品牌为支撑点，积极整合全县资源，带领全县人民巩固脱贫攻坚成效。在此过程中，蒙清也在扩大生产规模，建立了多区域的生产基地，积极吸纳区内外优秀人才，不断开拓全国消费市场，这些战略也诠释了长城文化的时代内涵。

（四）西口文化：吃苦耐劳，百折不挠

"树挪死，人挪活。"对美好生活的向往与追求，是推动人类社会不断发展进步的动力。走西口，无疑是近代中国大规模人口迁徙事件之一，它不仅是一部辛酸的移民史，也是一部艰苦奋斗的创业史。走西口大大促进了内蒙古中西部地区与山西、陕西、河北等地的交流，增进了各民族之间

的感情，对我们多民族国家的繁荣稳定产生了积极影响。

西口，一般指的是晋蒙交界的杀虎口。自明代中期到清末民初的三百多年间，晋、陕、冀境内人口数量增多，土地面积有限，人地矛盾尖锐，自然灾害频发，大饥荒常使百姓流离失所。周边地区大量贫民迫于生活压力，选择外出逃荒谋生，其中尤以山西人最多。他们背井离乡，不断北上，陆陆续续来到内蒙古地区开荒种地，经商定居，逐渐打通了中原腹地与内蒙古草原的经济和文化通道，推动了内蒙古中西部的开发、建设，进而使黄河文明和游牧文明得以交融互鉴，蒙、汉等民族守望相助，更加团结，并由此形成了内容丰富、底蕴深厚、特色独具的西口文化。

清水河县作为西口路上重要区域，受西口文化长期浸润、影响很深，涵养了清水河人吃苦耐劳、百折不挠的进取精神。如今，我们已很难想象出祖辈们走西口时的艰辛，只能通过史籍、小说、戏剧、影视等方式了解一些片段，二人台曲目《走西口》就是当时生活的真实反映。走西口的人，去的是他们未曾去过的北方，道路不辨，气候不适，语言不通，可能还会遇上土匪劫掠、狼群袭击……种种困难与思乡的痛楚交织着，他们无疑是搭着性命在讨生活。走西口的人忍受着常人无法忍受的苦，经年累月、苦撑苦熬，运气好、会经营的人可能成为受一方尊敬的富商巨贾，但大多数人则默默无闻，终其一生。时至今日，了解清水河的人都知道，清水河人特别能吃苦，用当地话说，叫"特别能受（苦）"，这都是走西口的先人们留下的可贵品格。

（五）晋商文化：诚信至上，义利相通

明清两代，晋商贸易活动之所以能够连通四海、远涉海外，得益于其成熟、完善的晋商文化。作为晋商活动的重要区域，包括清水河县在内的内蒙古中西部地区，受晋商文化影响很大。

晋商文化，依托于中华优秀传统文化和道德伦理，核心是诚信义利的价值观，其精髓就在于"诚信"二字。晋商认为，利是商家之血，信为商家之命，商业信誉高于一切。经商虽以营利为目的，但需以道德信义为根基，提倡生财有道、见利思义，反对唯利是图、不择手段。晋商所经营物品种类繁多，无论大小买卖，利润多寡，晋商都坚持做到货真价实，买卖公平。晋商讲究"秤平、斗满、尺足"，"宁叫赔折腰，不叫客吃亏"。如

图 2-5 所示，中国第一家票号"日昇昌"就诞生在山西的平遥古城，这是中国银行的鼻祖。在票号经营管理制度上，始终用"义利相通""诚实信义"教育和考察员工，要求学徒"重信义、除虚伪、戒情欲、敦品行、贵忠诚"。他们认为商家与顾客的关系，是互惠互利、互相依存的。只取不予，贪图暴利，坑害顾客，虽然能给自己带来一时的利益，但却毁坏了长期合作的基石。反之，虽然商号暂时蒙受一些损失，却赢得了信誉，近悦远来，商业越发繁盛。晋商把生意交往中平等竞争和合作互助的伙伴关系称为"相与"。一旦结为"相与"，就要竭力维持关系，在对方遇到困难时会倾力相助、同舟共济，尽管明知已经无利可图，也绝不会中途放弃援助。但是，晋商选择"相与"非常慎重，会认真考察对方的人品信誉，如果是偷奸耍滑的人，合作预期利益再大，也绝不会与之交往。

图 2-5 中国第一家票号"日昇昌"

图片来源：http：//www.duanjunping.com/wenzhangguandian/guanli/2016-06-23/454.html。

从蒙清的刘三堂、刘峻承父子身上，我们可以找到晋商文化的深深印记。蒙清每年以订单价收购秋粮，宁肯自己不赚钱，也不让合作的农户有损失，建立起的利益联结机制充分体现了互惠互利、互相依存。从蒙清车间发往全国市场的每一袋小杂粮产品，分量足、重量够，让消费者能够实实在在地感受到：做优农业产品，蒙清绝对是认真的。由蒙清牵头成立的内蒙古众农联网络科技有限公司、内蒙古众粮联网络科技有限公司，发挥了行业领域的资源共享与风险共担优势，实现了平等竞争与合作互助的有机耦合。这些都是晋商文化潜移默化的影响，也将继续在蒙清未来发展中发挥重要作用。

（六）红色文化：沐浴党恩，不忘初心

清水河县属于革命老区，人民勤劳朴实，具有光荣的革命传统。抗日战争和解放战争时期，清水河县是连接大青山革命根据地与晋绥边区和延安革命圣地的枢纽，战略位置十分重要。全县人民在中国共产党的领导下，不屈不挠、浴血奋战，为民族解放事业做出了卓越的贡献。县城所在地从 1945 年到 1949 年，经历了八次解放、七次退却（即"八进七出"）的艰苦卓绝的斗争历程。全县人民参军参战一万多人，牺牲于战场的英烈有七百多人，以至于清水河县在全市范围内烈士纪念碑数量最多。如今，老牛坡党支部旧址、北堡村抗战遗址等红色文化遗迹，已成为清水河县乃至呼和浩特市重要的红色教育基地（见图 2-6）。在开展脱贫攻坚、实现全面小康的工作中，涌现出了全国脱贫攻坚模范人物——武汉鼎。他六十年来坚持不懈地下乡蹲点扶贫，足迹遍布清水河的山山水水，先后深入全县 5 个乡镇、30 多个偏远的自然村，骑自行车、徒步行程 3 万多千米，用自己的实际行动诠释了一名共产党员的理想信念和初心使命。

图 2-6　老牛坡红色教育基地扶贫攻坚展馆

　　高茂泉村的农民刘三堂，担任了 18 年的村支书，他用自己的勤劳带动乡亲脱贫致富。作为全国第十一届人民代表大会代表，他曾受到时任中共中央总书记、国家主席胡锦涛同志的亲切接见。刘三堂带领高茂泉村民在不长的时间内脱贫致富的事实证明，他不仅改变了一座小山村，而且以一名共产党员扎扎实实的脚步走出了一条一心为民的无私奉献之路，走出了一条艰苦创业、勇于创新之路，走出了一条依靠科学技术带领村民脱贫致富之路。刘三堂以辉煌的业绩证明，中国有许许多多这样的共产党员，他们不忘初心、为民办事，以实际行动诠释共产党员的价值追求。

三、经济社会变迁

　　自明清以来直至新中国成立前夕，清水河县经济基础极其薄弱，农业生产力水平低下，畜牧业生产日趋萎缩，工业经济十分落后，商业贸易发展缓慢，交通基础设施尚不健全。其中，农业生产面临的问题最为突出，耕作方式粗放，生产工具简陋，土地广种薄收。新中国成立以后，伴随着内蒙古自治区的经济发展，清水河县的经济也逐渐发展起来。尤其是历经四十多年改革开放，清水河县在各领域各行业都交出了亮眼的成绩单。生于斯长于斯的蒙清，作为时代大潮中的一朵浪花，见证了清水河县经济的飞速发展与人民生活水平的不断提高，并为之做出了应有的贡献。

（一）成立和巩固时期（1949～1952 年）

　　新中国成立后，清水河县百废待兴。在中国共产党的领导下，经过减租减息，特别是 1951 年土地改革运动后，彻底推翻了封建剥削制度，实现了耕者有其田。全县社会稳定后，开始大力扶持农业生产，基本解决了农民缺少耕畜、种子等问题。随后，全县陆续组织了变工组、互助组、初级社、高级社和人民公社，农村经济有了较快发展。1949～1952 年，全县粮食作物年均总产量 11143 吨，年均亩产 17.9 公斤。

（二） 向社会主义过渡时期（1953~1957 年）

第一个五年计划时期（1953~1957 年），清水河县政府倡导科学种田，兴修水利，同时对农业生产实行社会主义改造，把个体农民组织起来，走农业集体化道路，生产资料由私有制变为集体所有制，全县开展了大规模的生产建设运动。五年间，粮食作物年均总产量 18856 吨，年均亩产 24 公斤。

（三） 全面建设社会主义时期（1958~1965 年）

第二个五年计划时期（1958~1962 年），清水河县响应《中共中央关于在农村建立人民公社问题的决议》，在农村开始组建人民公社，开展"大跃进"运动，全县推行指令性计划，出现高估产、浮夸风现象，又受到自然灾害影响，产量忽高忽低。根据统计数据，五年间粮食作物年均总产量 20253 吨，年均亩产 26.7 公斤。国民经济调整时期（1963~1965年），清水河县贯彻中共中央提出的"调整、巩固、充实、提高"八字方针，采取了一些顺乎民心的富民措施，加强农田水利基本建设，改进耕作技术，农业生产条件得到了一定的改善。到 1965 年，全县 3 年粮食作物年均总产量 20000 吨，年均亩产 25.3 公斤。

（四）"文化大革命"时期（1966~1976 年）

"文化大革命"（1966~1976 年）期间，全县农业生产虽然受到影响，但由于机械化程度提高，化肥施入量增加，后又贯彻了"以粮为纲"的政策，粮食产量有了较大的提高。十年间，全县粮食作物年均总产量达24791 吨，年均亩产 37.2 公斤。但总的来看，土地单产不高、总产不稳，年际变化较大，农民虽然能吃上饭，但还吃不饱饭，农村生产关系还不能很好地适应生产力发展的要求。

（五） 社会主义现代化建设的新时期（1977~2010 年）

党的十一届三中全会后，清水河县全面推行并逐步完善家庭联产承包责任制，清水河县委、县政府研究制定了"林牧为主、多种经营、全面发展"的生产建设方针，使全县经济得以快速发展。1979年，全县农村生产划分作业组，实行包工包产到组的生产责任制形式。到1981年，全县887个生产队全部实行了多种形式的联产承包生产责任制，并规定了粮食征购任务和农业税，将土地、牲畜、农具等都固定给农户使用，自管自用，所收获的产品除交国家任务外，全部归自己所有。1982年，全县粮食实现自给，甩掉了"缺粮县"的帽子。但旱作农业的脆弱性，使老百姓收入微薄，生活水平仍然很低。1986年，清水河县被国务院列为首批国家级贫困县，基于较大的财政转移支付力度，全县各项事业得以正常运转。

当时，清水河县的老百姓有这样的共识：种地耗时耗力，每年的种子、化肥、农药需要投入，再计算上人工、时间，一年到头，地里微薄的收入很难支撑起家庭的生活开销。单凭种地过不上好日子，发家致富必须另谋出路。于是，许多青壮年北上呼和浩特、包头等地，帮人务工揽活儿挣钱。有的偏远农村，年轻夫妇举家外出，只剩下60岁以上老人留守。1985年以后，借着改革开放的东风，县里有的农民除了种地外，尝试开展多种经营，大力发展第三产业，有的为季节性经营，有的是弃农经商办企业，出现了许多农民企业家和个体致富户。

在此过程中，以高茂泉村刘三堂为代表的农村致富能手最为积极。在20世纪80年代后期，他率先尝试"玉米套种平菇，搭架种西瓜"的立体农业，经济收入远远超过其他农户。凭借个人较强的致富能力与良好口碑，刘三堂加入了中国共产党，并当上了高茂泉村的党支部书记。他肩挑重任，暗下决心：一定要带领村民在穷山沟找出致富路，让黄土地飞出金凤凰。当时，村里的作物以玉米、小麦为主。刘三堂当过"赤脚医生"，又长年坚持读书看报，他敏锐地察觉到，未来有机食品的市场潜力很大。适合清水河县种植的小杂粮，能够促进肠道蠕动，特别是小米具有健脾养胃、润肠通便的功效，已经具有一定的市场认可度。这样的认知为后来小香米的诞生埋下一颗种子。

进入20世纪90年代，国家、内蒙古自治区高度重视生态建设，清水河县委、县政府立足县情，围绕改善生态环境，实现脱贫致富的目标，把生态建设摆在了兴县富民的突出位置。1996～2000年，清水河县被列为黄河中上游水土保持治理示范县、世界银行水土保持工程二期贷款项目实施县以及退耕还林（草）试点示范项目建设县，全县范围内普遍推行禁牧，发展舍饲养畜，同时以水土保持治理的 8 条小流域"书记、乡长任期绿化工程"为重点，全面实行"山头松树戴帽、梁峁梯田缠腰、沟坡林草穿袍、坡脚果树穿靴、沟道打坝淤地"的治理模式。采取专业队常年干，群众春、夏、秋三季搞会战，千家万户搞承包，机关干部作配合的形式，全民参与，分步实施，治沟与治坡同步，生物、工程、耕作措施并举，山水田林路综合治理，水土流失严重现象逐渐缓解，自然生态也逐渐趋于平衡，生态环境得到有效改善。

按照"农业稳县、工业富县、流通活县、科教兴县"的发展战略，清水河县委、县政府在农村以水土保持综合治理、农田基本建设和生态经济建设为基础，以发展"两高一优"农牧业和乡镇企业为突破口，重点组织实施了以种植地膜覆盖作物为主的温饱致富工程和"124"集雨节水灌溉工程（每 1 个农户新打 2 眼旱井或水窖，发展 4 亩水浇地）。形成了"农田水窖（旱井）、秋雨春用、座水点种、作物覆膜、节水灌溉、精种高产"的节水农业生产模式，使世代耕作的坡耕地变成了微灌田，种植结构也由传统的糜、谷、黍等低产低效作物调整为杂交高粱、豆类、蔬菜等高产高效作物。农业生产中增加了更多科技含量，提高了单位面积产量，农业总产量基本上逐年上升。

1996 年，刘三堂从陕西省首次引入小香米。一件看似微不足道的事情，却成为后来清水河县无数农户发家致富的重要依托。经过刘三堂选育的小香米品种，比一般谷米生产周期长、营养价值高，无须施用化肥，无污染、无公害，口感佳。当年，刘三堂用一分地试种小香米，产量达到 20 公斤。经过测算，一般水地亩产可达 350 公斤，旱地亩产约 250 公斤，产量喜人。考虑到经济回报率较高，小香米很快在高茂泉村以及邻近村庄种植开来。到 1999 年，小香米种植面积已达到 2000 亩。同时，刘三堂将小香米、豆类、马铃薯进行三年轮种试验，产品产量和品质均达到了理想效果，更给村民们增添了投身小香米种植的热情。在刘三堂的带领下，清水河县小香米的种植，从 1 亩到 2 万亩，从小作坊加工逐渐转变为加工厂加工，从分散式销售逐渐转变为与农民签单组织集中销售，刘三堂成了高茂泉村村民致富的"经纪人"。县内越来越多的农户开始学习刘三堂小香米种植经验，不少勤劳吃苦的农民成为了"万元户"。

进入 21 世纪，清水河县大力发展以煤炭、水泥、陶瓷为主的工业生产，乡镇企业数量、质量均有较大提升，文化、教育等社会各项事业迈出了新步伐，城乡面貌一派生机。特别是在"十一五"期间（2006～2010年），清水河县坚持走"工业富县、农业稳县、生态立县、城镇靓县"的可持续发展之路，把抓工业作为发展经济的首要任务，积极融入全区沿黄河沿交通干线经济带，深入实施资源就地加工转换战略，初步形成了化工产业、水泥产业、金属镁产业、高岭土产业、煤炭开发等优势产业。2010年全县规模以上工业增加值同比增长 38.1%，居于呼和浩特市前列。当时，按照"东薯西粮全县羊"的产业布局，重点抓马铃薯、肉羊、小杂粮及蔬菜基地建设，因地制宜地发展了一批三分地可移动网室、蔬菜中棚、后墙体温室以及规模养殖场等设施农牧业。2010 年全县肉羊存栏量达到47.2 万只，全年出栏 55 万只，比 2005 年翻了一番多，创历史最高水平；以小香米、绿豆为代表的特色小杂粮种植面积稳定在 15 万亩左右，经济效益显著。因此，以肉羊、马铃薯、小杂粮为主的农牧业主导产业奠定了农民持续增收的基础。同时，清水河县委、县政府全力推进城乡基础设施建设，投资环境显著改善，农村"村村通"广播电视工程和人畜饮水解困工程得到全面实施，城乡电网改造和城镇供水工程稳步推进，全县供电供水保障能力进一步提高。以公路为主的交通基础设施建设加速推进，各乡镇基本实现了"乡乡通油路、村村通砂石路"的建设目标。

　　刘三堂经营的小香米加工厂经过多年的积淀，乘着全县经济蒸蒸日上的浪潮，迎来了 2.0 时代的蝶变。2005 年，蒙清农业正式成立，刘峻承接过了父亲的接力棒，开始以现代企业制度掌舵这艘在农业产业蓝海中快速前行的小船，继续践行着刘三堂许身农业的壮志。蒙清小香米基地如图 2-7 所示。

图 2-7　蒙清小香米基地

图片来源：蒙清农业，http://www.mengqing.cn/Xwzx_xwyhdxx_Detailsid_459。

从小香米加工厂起步，蒙清主动适应市场需求，不断借力政策红利，助推企业实现量的增长、质的提升。随着国家经济快速发展，蒙清扩大了经营范围，延长了产业链，已逐步形成包括以小香米为特色的杂粮育种、种植、收储、加工、销售、连锁餐饮、五谷杂粮文化体验为一体的农业综合企业。

蒙清重视科技，企业注册之初就将"科技"二字镶嵌于企业名称——内蒙古蒙清农业科技开发有限责任公司，相应地注册了"蒙清""谷之味""一座农桥"等20多项商标，并与国内知名的食品科研机构取得合作，推出了一系列科技含量较高的粗粮食品。蒙清重视人才，刘峻承本身就是同济大学高材生，现任总经理黄福星也是名校毕业。近年来，蒙清多渠道引入一批高学历、高素质人才，全面补强了管理层及一线员工队伍。蒙清积极引入资本，获得了无锡田园东方战略性投资，企业发展资金更为充沛，使蒙清在协调上下游合作商相关资源上，拥有了更大的话语权。布局线上渠道，开通了淘宝、京东等头号流量线上商城，成为京东集团战略合作伙伴，连续多年都是京东有机杂粮的优质供应商，清水河的杂粮产品走出了内蒙古，开拓了广阔的市场，出现在了大江南北的国人餐桌上。蒙清注重体验式消费，在呼和浩特开设了"谷之味"有机餐饮连锁店、"一座农桥"有机杂粮体验店，实现了从田间到餐桌全配套的有机食品供应链。通过创新西北菜、粤菜内容，使粗粮重返美食餐桌，成为了一种时尚饮食文化。秉承着扎根农业的匠心精神，蒙清已成长为清水河县唯一的农业产业化国家重点龙头企业。

（六）向全面建成小康社会迈进时期（2011~2019年）

2011年，清水河县退出国家贫困县序列，成为自治区级贫困县，扶贫开发与脱贫攻坚仍然是历届领导的头等大事。清水河县委、县政府与时俱进、完善发展思路，经过"十二五""十三五"两个五年，使全县综合经济实力、产业发展层次、城乡发展面貌、城乡协调发展水平和人民生活水平迈上了一个大台阶。

"十二五"期间，清水河县经济发展稳步增强。2015年底，全县地区生产总值达69.06亿元，是2010年的1.72倍，比2010年增长72.01%，年均增长11.46%。全社会固定资产投资五年累计完成138.96亿元，是

"十一五"时期的2.3倍，其中2015年完成38.02亿元，年均增长18.3%。2015年，社会消费品零售总额达7.8亿元，比2010年增长136.36%，年均增长18.77%，实现翻一番。经济增长质量效益继续提高，"十二五"期间，一般公共预算收入五年累计达12.5亿元，比"十一五"期间增长133.3%。城乡居民收入增长与经济增长实现基本同步，2015年城镇居民人均可支配收入达22188元，比2010年增长35.8%，净增5848元，年均增长6.3%；农民人均纯收入达6562元，比2010年增长45.7%，净增2057元，年均增长7.8%。

清水河县的发展环境明显优化，水、电、路等基础条件得到明显改善，生态环境得到有效恢复。农村"户户通"广播电视工程和人畜饮水安全工程得到全面实施，城乡电网改造和城镇供水工程稳步推进，全县供电供水保障能力进一步提高。以公路为主的交通基础设施建设加速推进，国道109线清水河至十七沟段、国道209线和林至清水河段一级公路、山东荣成至乌海过境高速公路、准兴运煤过境高速公路、准大铁路增二线建成通车；全县乡村基本实现了"乡乡通油路、村村通水泥路"的建设目标，县域内"一横两纵八支"公路交通格局全面形成，交通运输条件得到较大改善。国土资源管理和环境保护、生态建设工作进一步加强，水土流失、风蚀沙化趋势得到基本遏制，生态状况明显好转，森林覆盖率达到32.9%。节能减排目标保持在呼和浩特市下达的约束性目标内。以城关镇改造为重点的城镇建设全面展开，城镇服务功能得到明显提升，人居环境明显优化。工业园区建设日益完善，投资环境进一步优化。

"十三五"期间，清水河县积极推进产业转型升级，建设多元发展、多极支撑的地方特色现代产业体系，在打造内蒙古自治区绿色无公害小杂粮基地县、首府南部重要的新型工业化示范区和生态旅游产业集聚区等方面付出许多努力。一是大力发展生态旅游。以自然生态风光、黄河峡谷、地质遗迹与明长城遗址景观为框架，以黄土高原特有的民俗风情和悠久深厚的长城、黄河历史文化为特色，在保护和合理开发旅游资源兼顾改善环境的前提下，努力将清水河县建设成为全国闻名、独具特色的度假旅游目的地。二是壮大特色农产品加工产业链。充分发挥清水河县生态及小杂粮资源优势，通过与行业先进企业战略合作，开发出系列特色生态食品，有力地提高了产品精深加工水平，在农产品加工、旅游休闲食品加工、保健食品加工等方面，逐渐形成成熟的产业链。三是发展建材、化工、能源、冶金和煤电铝材一体化五大主导产业。立足于资源、区位的比较优势，按照新型工业化要求，抓住了发达地区产业转移的战略机遇，不断加大招商引资力度，提高资源综合利用效率，发展循环经济，延伸产业链条，使产业实现升级。四是巩固发展现代农业。按照特色化、设施化、精品化、规模化、产业化、品牌化"六化"要求，对农业产业布局进一步优化，加大了农业科技投入，持续改善设施装备条件，努力创新生产经营体制，大力发展特色、优质、高效、生态农业，农业综合生产能力和现代化水平得到有效提升，设施农业、特色养殖业、观光农业、农牧业产业化已经具备较好发展基础。五是大力发展现代物流、县域金融等服务行业。围绕产业发展需要，依靠市场机制和创新驱动，清水河县目前的物流、金融、信息、科技性服务业，在一定程度上能够与农业、工业有机融合，对于推动经济提质增效、提高服务水平，推动生活性、生产性服务业协同并进，发挥了重要的引擎作用。

蒙清始终铭记"吃水不忘挖井人"的古训，认真贯彻落实清水河县委、县政府脱贫工作部署，用实实在在的举措惠及于民，传递了地方企业高度的社会责任感。围绕"对有劳动能力的脱贫户，因地制宜发展特色产业"，蒙清大力推进小杂粮产业发展，成立合利农业合作社，通过土地流转分红、吸纳闲散劳动力参加协作化生产，实现了小杂粮的规模化、现代化种植。不论丰年与否，蒙清都以高于行业平均收购价的协议价收购粮食，最大限度地保障贫困群众的收入。运营多年的"蒙清大学生创客中心"，为部分怀揣创业梦想的大学生，提供了一个良好的成果转化平台。近年来，陆续来到创客中心工作的大学生们，为农业发展带来了新理念，也推进了新技术的应用，已经成长为清水河农业创新发展的中坚力量。这批新农人有知识、有梦想，肯吃苦、爱拼搏，使"创业不必去远方，家乡一样铸辉煌"成为许多年轻人返乡创业的朴素情怀。

在蒙清等地方企业的带动下，清水河县经济呈现稳中向好的发展势头。2019 年，全县地区生产总值完成 55.4 亿元，同比增长 6.7%。固定资产投资完成 6.29 亿元，同比增长 58.1%，增速居全市第二。实现社会消费品零售总额 9.53 亿元，同比增长 2%。城乡常住居民人均可支配收入达 29624 元和 9713 元，同比分别增长 7.6% 和 9%，增速高于全市平均水平。尽管受到经济下行、减税降费等因素影响，清水河县一般公共预算收入仍保持高速增长，首次突破 5 亿元大关，累计完成 5.05 亿元，同比增长

14.5%，增速居全市第一。与改革开放之初相比，清水河县地区生产总值和农民人均纯收入增长 200 余倍，财政可用财力增长 680 倍，城镇建成区面积拓展近 10 倍，平房减少了，楼房增加了，电视、手机、冰箱、洗衣机、空调、私家汽车从无到有，从少到多，从低端到高端；水、电、路、通信等基础设施实现了城乡全覆盖，医疗、文化、教育等公共服务更加完善，城乡面貌发生了翻天覆地的变化，贫困发生率由 90% 下降到 0.15%，人民生活从温饱不足迈向了小康富裕。2019 年 4 月，清水河县顺利摘掉自治区级贫困县帽子，如期完成了自治区级贫困县第三方评估验收，精准脱贫取得决定性进展。

（七）全面开启乡村振兴新篇章（2020 年至今）

2020 年，清水河县同全国一道如期完成脱贫攻坚目标任务，现行标准下农村贫困人口全部脱贫。但脱贫摘帽不是终点，而是新生活、新奋斗的起点。坚决守住脱贫攻坚成果，做好巩固拓展脱贫攻坚成果同乡村振兴有效衔接，才能全面推进乡村振兴。在清水河县领导看来，乡村振兴不能盲目模仿、脱离实际，要因地制宜走出符合自身发展特点的新路子。按照这一思路，围绕乡村振兴，清水河县未来产业布局将主要围绕"一河两带"展开。一河，指的是浑河；两带，即浑河两岸。在浑河东岸，打造田园综合体。在当阳桥水库下游，也就是以高茂泉村为核心的周边，做大做强小杂粮产业，同时发展乡村旅游。在县域内东北地区，结合业已形成的养殖基础，继续养牛、养肉驴，并探索养殖奶山羊增收，兼顾发展特色林果业。在全县农村范围，扶持杂粮种植产业，并支持十大富民产业，即林果富民、旅游富民、地标产品富民、米醋富民、肉鸽富民、扫帚富民、奶牛富民、肉驴富民、土鸡富民、奶山羊富民。

蒙清的大本营高茂泉村位于当阳桥水库下游，属于"一河两带"的核心区位，未来发展机遇无限。而且，近年来蒙清已在林果富民、旅游富民、地标产品富民、米醋富民上积极发力，坚持在保护生态的前提下因地制宜地发展特色产业，使资源禀赋转化为发展优势，更好地挖掘富民潜力，畅通了农民增收渠道。比如，在地标产品富民方面，围绕海红果、米醋、小香米、黄米、胡油、香菇六大国家地理标志（证明）商标产品，蒙清均进行了深度开发。目前已与国内高效节水灌溉领域领军企业华维节水科技集团合作，形成大数据平台支撑的智慧农业；"九更醋"达到业界领先标准，在全面投放市场前受到高端客户群体追捧；蒙清创客中心正在加紧推进的果丹皮项目，在市场定位、视觉包装、口感品尝、果肉成分提纯等方面均有所突破，下一步推向市场极有可能成为年轻群体青睐的休闲食品。在旅游富民方面，蒙清承租了高茂泉村部分破旧失修的窑洞，将其重新翻新加固，并完善卫生间、下水道、供热、宽带等功能，使传统文化韵味与现代居住条件有机融合，已受到研学体验的师生、村落写生的画家、乡间采风的作家、纪录片导演等群体关注。

展望未来，清水河县必将扎实巩固脱贫攻坚成效，依托资源禀赋、区位条件和已形成的产业基础，走出一条以生态优先、绿色发展为导向的高质量发展新路子。而类似蒙清这样的科技型企业，也将继续不断鞭策自我，进一步提升市场竞争力，同时也将助力全县经济社会发展在社会主义现代化的新征程中迸发出更为强劲的活力。

第三章

嬗变：三次创业

二十年来，蒙清紧紧抓住中国经济高速发展带来的各种机遇，本着对农业农村的深厚情怀，经过两代人的创新与坚守，硬是将小香米厂这一家庭式小作坊打造成为资产过亿元的农牧业产业化国家重点龙头企业，堪称西北干旱地区破解"三农"重围的生动典范。

一、"能人"刘三堂

　　蒙清农业的创始人刘三堂，出生于 1950 年，是土生土长的清水河县高茂泉村人。由于土地资源有限，气候条件恶劣，20 世纪 80 年代之前的高茂泉村农民思想观念保守，农业生产力水平低下，农村经济社会发展也较为落后。1979 年，家庭联产承包责任制的实施极大地调动了广大农民的积极性，农民的热情和才能得到空前释放，农民中涌现出来的有头脑、有能力的"能人"，逐渐成为农村发展、农民致富的领头人。如图 3-1 所示，刘三堂就是其中之一，他通过培育"小香米"种子，推广小香米规模化种植，建设小香米加工厂，开启了第一次创业。

图 3-1　蒙清第一代创始人刘三堂

图片来源：任静，陈玉坪. 蒙清小香米之父——专访全国人大代表、蒙清小香米有限责任公司董事长刘三堂 [J]. 科技创新与品牌，2008 (5)：38-40.

（一）从一个"赌约"开始

　　由于父母在土地改革运动中被划为"地主"成分，刘三堂只上到小学四年级就辍学了，失去了继续上学以及参军的机会，只能选择面朝黄土背朝天，在高茂泉村贫瘠的土地上辛勤劳作。自十五岁起，刘三堂就为生产队放牛、放羊，和全体社员参加过轰轰烈烈的"农业学大寨"运动，终年与镰刀锄头、犁耧耙耱为伍。尽管身体劳累，但一年到头生活依然清苦，全家人还是吃不上饱饭。

家庭出身带来思想上的压抑，贫苦的生活让刘三堂常常感慨人生的艰难。好在自己读过几本书，也常记长辈教诲：吃得苦中苦，方为人上人！他想着让自己有所改变，但改变要有方向才行。因为对医学感兴趣，他默默许下志向：不妨自学医术，掌握一技之长，当一名"赤脚医生"也不错！凭借着一腔热血和不服输的倔劲儿，刘三堂白天从事农业生产劳动，晚上挤出时间来认真学习医学。他认真阅读了《黄帝内经》《本草纲目》等多种医学典籍，掌握了针灸、草药配制等理论知识，通过在父亲和自己身上进行实践操作，不断提高把脉、扎针、输液、找穴位、扎血管等一系列实操技能。功夫不负有心人，刻苦努力、坚持钻研的刘三堂，考取了乡村医生行医资格证书，正式踏上了行医问药的征程。从此，他作为一名乡村医生，不管刮风下雨，只要谁家有病人需要看病，都随叫随到，而且从不收取高额费用。刘三堂的品行赢得了乡亲们的好评，这也为他日后担任高茂泉村支书打下了良好的群众基础。

刘三堂凭着自学的医术不仅解决了当地看病难的问题，而且也极大地改善了家庭经济条件，逐步变成了村里的富裕户。很多村民都认为刘三堂是凭借着医术才能有那样的成就，但是刘三堂有着天生不服输的韧劲，他跟村民们打赌："如果我种地，我也一样能变成富裕户，我种地一年的收入顶得上你们三年的收入。"恰逢在那个时期，高茂泉村已经实行了家庭联产承包责任制，刘三堂一家分到了十几亩土地。"交够国家的，留足集体的，剩下都是自己的"，这一分配机制也激发了刘三堂的创业情怀，他决定不仅要利用好政策带来的机遇在赌约中取胜，展示一个优秀农民该有的作为，而且要利用这片土地做一番事业。刘三堂通过查阅资料、请教农业科技人员等途径，逐渐探索出开沟覆盖地膜种植西瓜、搭架栽培蘑菇、套种玉米的立体化农业。经过几年试验种植，到1990年时，刘三堂的立体农业终于获得了成功，每亩年产值可达到3200多元，而普通农户种植玉米或者小麦的每亩收入均不到400元。由于刘三堂种地的每亩收入是其他普通农户的8倍以上，他不仅赢了当年的赌约，也赢得了村民们的尊重和信任，并且以高超的智慧和个人能力，成为了当地知名的农村"能人"。1993 年，凭借做赤脚医生时打下的群众基础，以及成功致富的示范效应，刘三堂被选任为高茂泉村党支部书记。随后刘三堂在村里广泛推广覆膜套种生产技术，带领全村农民在立体农业中取得了巨大收益，成功实现了脱贫致富的目标，并使高茂泉村成为了全县的种植示范村。至此，刘三堂不仅成为相信科学、具有一定的商品经济意识的农村"能人"，更是一位胸怀宽广、眼光长远，带领村民走出贫困奔向富裕的村支书。

（二）从一把小米到"小香米"

一次偶然的机会，刘三堂与杂粮小米结下了不解之缘。1996 年，清水河县县长到延安参观学习，带回来了一把小米种子交给刘三堂试种。刘三堂试种之后，又依据高茂泉村的自然环境条件对小米种子进行了改良。他用调配过的中药药剂浸泡种子，实现了除虫无害化处理，再进行小米、豆类、马铃薯轮种试验，成功地将小米的生长期从 90 天提高到 150 天。经过这一系列品种优化改良，新种小米在水地种植的产量可以达到 350 公斤/亩，旱地种植的产量可以达到 250 公斤/亩，品质也得到了极大改善。

1998 年，刘三堂开始在全县推广种植新品种小米，并且无偿为本村村民提供种子、自制的灭虫中药以及技术指导。通过种植这种小米，村民们取得了较高收益，口口相传后，参与种植小米的农户越来越多，种植规模也随之扩大。刘三堂意识到：要扩大高茂泉乃至清水河小米的影响力，就要为它起个好听的名字。叫什么名字好呢？他发现：新种小米比普通小米的粒小，色偏淡黄，米质更细腻，精黏度更高，煮后香郁浓滑，入口绵软，食之可口。经专业部门检验，这种小米含有 17 种氨基酸和钙、铁、锌、硒等多种微量元素，营养更加丰富，不妨就叫"小香米"！自此，在沟壑纵横的黄土高原上，诞生了清水河县高茂泉村的"小香米"。

（三）从"小作坊"走向大市场

随着"小香米"推广种植面积的扩大，刘三堂投资建立了小香米加工厂。他聘请了专业的技术人员，采购了先进的小香米加工设备，开始注重打造产品品牌。在经营过程中，有意识地采取多元的宣传方式，将"小香米"打造成清水河县地理标识性小米的代名词，提高了整个清水河县小米产品的知名度。

为了保证"小香米"加工厂有稳定的原料，同时也为清水河农户带来稳定的收入，加工厂和当地农户签订了长期订购合同。通过合同，指导清水河县农户按照科学的标准种植小米，确保"小香米"的高品质。

为了与"小香米"产品的高端品质相匹配，刘三堂进一步改进了"小香米"的包装，从初期简陋的塑料袋包装，逐步开发出多种规格、高端典雅的小香米包装方式（见图 3-2）。

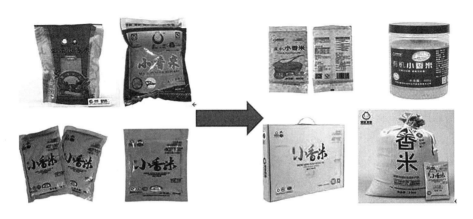

图 3-2 蒙清小香米不同时期的包装

图片来源：蒙清公司官网。

随着生产规模的扩大，产量的增加，如何找到小香米的销路，成为摆在刘三堂面前的新难题。但方法总比困难多。1998 年，刘三堂光荣地当选内蒙古自治区第九届人大代表，每次参加人民代表大会，作为村支书的刘三堂，都会给每位代表赠送一袋"小香米"，并声情并茂地介绍"小香米"的独特品质。这样的免费赠送为小香米带来了很高的关注度，"清水河""小香米"这两个关联词为越来越多的人所熟知。

刘三堂通过订单种植的方式，保证了稳定、高质量的货源；通过产品包装设计的改进提升，进一步增加了产品附加值；通过独特的营销模式，不断拓展产品的市场影响力。这一系列的运作，使小香米的市场份额节节攀升，蒙清在众多的杂粮供应商中站稳了脚跟，到 2004 年，小香米的销售额已超过 40 万元。

二、"新农人" 刘峻承

进入 21 世纪，我国农业农村经济市场化水平进一步提升，蒙清农业也面临着日益复杂多变的外部环境。面对瞬息万变的形势，董事长刘三堂开始认真思考蒙清的未来发展问题。2005 年，具有医生职业素养的刘三堂意识到小杂粮养生价值的多样性，敏锐地感受到小香米具有良好的市场前景。但如何进一步提高市场份额、增加盈利能力，刘三堂越来越感到力不从心，小香米厂的发展遇到了瓶颈。下一步该怎么走？刘三堂没有确切的答案，但他想到了自己的长子刘峻承。

此时，刘峻承已大学毕业，并在上海一家外资企业任职（见图 3-3），年纪轻轻，事业风生水起，住着大楼，拿着高薪。在清水河县，有多少人希望自己的子女像刘峻承一样"孔雀东南飞"，飞出穷山沟，走进大城市啊！当听闻刘三堂想要把儿子劝回来共同经营"小香米"时，亲戚朋友都说他脑子有毛病：千辛万苦把孩子培养出去了，怎么还能让孩子回到这穷山沟。但只有刘三堂自己清楚，他的选择是正确的。

图 3-3　刘峻承在上海外企的第一份工作

图片来源：蒙清公司提供。

刘三堂用最朴实的一句话打动了刘峻承："在上海努力，不外乎就是一个埋没在人群中的外企高管，做农业短期内发不了财，但是坚持上十年，完全可以超过好多大老板。"家族的使命，加上心中一直流淌着对故乡的感恩、眷恋与情怀，刘峻承听从了父亲的召唤，带着女朋友从繁华的大都市回到了黄土高坡，在父亲的支持下，刘峻承开启了蒙清的第二次创业。

刘峻承接受过系统的管理学教育，拥有丰富的管理实践经验，他改变了蒙清过去经验式管理、小规模发展的格局。通过建立规范化管理制度、加强品牌建设、完善企业文化等一系列现代企业治理措施，蒙清的产业规模迅速扩张，经营业务不断拓展，产业融合日益加深，逐步成为一家组织结构合理、运行模式规范的现代农业企业。

（一）返乡创业

从上海大都市返回家乡，在深入了解了蒙清的内外环境后，刘峻承展示了其敢为人先、领航超前的创新精神。首先，通过重新定价，进一步明确了蒙清"小香米"作为中高端杂粮的产品定位。刘峻承认为，要体现蒙清"小香米"营养价值高、绿色有机的品质，就必须有相应的价格与之匹配，基于此，蒙清小香米的市场价格应为普通小米的 2~3 倍。对于一个非常小众的杂粮产品，选择高价策略，充分展示了刘峻承的企业家禀赋与智慧。其次，通过先销售后付款的方式，积极开拓新的销售渠道。蒙清小香米在产品推广之初，品牌并不具备影响力，产品进入大型连锁超市销售需要交纳高昂的进店费用。但是在当时缺乏资金的情况下，为了顺利打开呼和浩特市的市场销路，刘峻承转换销售思路，采用先销售后结账的方法，选择具有一定市场潜力的粮食零售商店作为优先推广的销售渠道。经过两年积淀，蒙清小香米的品牌影响力逐步扩大，赢得了市场份额与消费者口碑的双丰收，进而顺利打开了大型连锁超市的销售大门。最后，开办"谷之味"餐厅，拓展杂粮产业链。在蒙清主打产品"小香米"逐步取得市场成功之后，刘峻承开始思考如何进一步延伸小香米产业链，横向扩大业务范围。2008 年，刘峻承投资开办了餐饮企业"谷之味"餐厅。"谷之味"餐厅秉承"自然、绿色、健康"的餐饮理念，通过使用天然、无污染的食材，还原食材本身相互融合的味道，很快在市场上取得了成功。2010 年，刘峻承开办第二家"谷之味"连锁餐厅，并在餐厅展销蒙清杂粮产品，让顾客在品尝到美味的杂粮食品之后，也可买到相同的原材料，给顾客带来一种从田间到餐桌的体验，从而进一步扩大了品牌的影响力。但由于2014年呼和浩特市南二环快速路开工启动，餐厅门口的道路施工严重影响了客流，造成"谷之味"连锁餐厅被迫关门。这一变故导致原有决策意图未能如期实现，甚至还给企业带来了一定的经济损失，但是为企业未来开发新产品积累了宝贵的经验。正是由于刘峻承具备敢于创新、风险担当的企业家精神，使蒙清在这次经营失败中积累经验、不断革新、优化发展，逐步成长为具有地区影响力的农牧业产业化龙头企业。

（二）重塑企业

随着企业的发展壮大，刘峻承深切地认识到，在日益激烈的市场竞争环境中，只有建立科学的企业管理制度，通过健全完善的管理制度运营企业，才能使企业不断做大做强。因此，在他回到蒙清、接过父亲肩上的重担后，就开始从制度建设入手，建立完善蒙清的各项经营管理制度，不断规范蒙清治理模式，按照现代企业"人力资源是企业最大资源"的理念，通过一系列行之有效的人力资源管理制度，构建了蒙清现代人力资源管理体系。

蒙清始终秉承人才是竞争之本、发展之源的人才观，其人力资源管理制度主要包括四个方面：一是建立科学合理的人才梯队。公司每年年末根据已经调整的发展战略及组织架构，制定企业人才发展规划，提出人才发展目标和具体措施。公司通过逐步增加人才总量，提高人才素质，为企业的发展提供持续的人力支持。二是拓宽选人用人渠道。企业根据实际需要，多渠道、多方位地引进人才资源，注重以情感留人，以事业留人。在招聘甄选人才时，注重考察应聘者的价值观，特别考察应聘者是否具有热爱农业、投身于农村做一番事业的态度，从而契合其乡土情怀的企业文化。对于已引进的人才，企业非常注重提高他们的生活工作条件，以及工资福利待遇水平。三是建立科学的激励约束机制。通过逐步完善绩效考核体系，建立多元化的分配体系，充分调动员工的工作积极性与创造性。四是制定科学的培训目标。公司采取"走出去""请进来"等多种灵活多样的形式和途径，努力为人才提供学习、培训的机会。公司鼓励员工参加各类专业培训，并根据公司发展的需求选送核心团队成员参与专业培训，使他们的知识技能得到更新和提高，紧跟时代发展的步伐。

1. 蒙清注重员工职业规划

要求进入公司的员工都要从基层做起，采取一年期"助理制"。经过"助理期"的实践锻炼后，蒙清积极鼓励员工提出创业构想。只要员工的创业规划具有可行性，公司就会帮助员工一起创业，创业项目运营成熟后，借鉴"阿米巴"的管理模式，使创业项目从公司内部独立出去，成立一个分部门，员工顺理成章成为分部门独立运营核算、自负盈亏的管理者。通过这种"助理+创业"的模式，既激发了员工的聪明才智，为企业提供了有价值的创新业务，又给予员工自主管理经营权，降低了企业经营风险。

团队精神建设是蒙清凝聚员工的有效手段。蒙清认为团队合作是一个企业取得长足发展的内在驱动力，为了避免员工之间各自为政，成为一盘散沙，公司非常注重团队精神建设。公司内部经常组织团建活动，例如，举办情感谈话、徒步黄河等多种类型的活动，培养员工的积极情绪与乐观精神，为员工提供沟通交流的机会，增强员工之间的信任程度和对企业的忠诚度。

2. 员工激励制度建设

作为一家不断创新的农业企业，蒙清的发展不仅需要有情怀懂经营的企业管理者，还需要一批有责任感、热爱农业的员工。刘峻承认识到蒙清的发展离不开优秀的人才，他根据蒙清员工的特点实施了一系列契合蒙清经营特点的激励机制。

2010年，刘峻承的妹夫黄福星第一次来到清水河。黄福星是福建人，学的是通信工程专业，当时正在华为上海研究所工作。刘峻承敏锐地认识到这是蒙清急需的人才，于是他通过自己的经历，从家族责任、人生理想、农业情怀多个方面说服了黄福星加入蒙清，并委以重任，让黄福星担任蒙清的副总，发挥所长，负责当时蒙清农产品的电商销售业务，并给予他很大的决策自主权。带着这份信任和认可，黄福星全力以赴地投入蒙清小香米的电商业务拓展工作中，短短五年时间，蒙清就成为京东十大粮油供应商之一。

蒙清的员工中年轻人较多。目前，蒙清农业70%的员工都在30岁以下，而且学历水平较高，大专以上员工占80%。根据公司业务特点，为了更好激励这些青年员工的工作积极性，蒙清采取了内部岗位流动制度，鼓励员工多元化发展，为员工们提供多岗位工作锻炼的机会，充分挖掘员工潜力，让他们找到适合自己的发展方向，从而更好地规划自己的职业道路。

（三）培育产业

蒙清作为一家农业企业，种植业的规模和质量是企业发展的根基。拥有深厚的农业、农民情怀的刘峻承，引领着蒙清，在农业产业基地建设及农民合作组织发展方面开展了大量扎实的、独具特色的工作。

1. 建设规模化的种植基地

为了扩大土地经营规模，为公司带来规模效益，蒙清通过不同方式扩大经营土地面积，实现种植基地的规模化建设。首先，通过专业合作社及订单农业实现5万多亩土地的规模化种植，在清水河、和林、朔州、赤峰、辽宁建平、黑龙江五常等地建立多种作物的合作种植基地，带动和影响农户上万户。蒙清优先选择与贫困农户签订订单合同，优先雇用贫困户，为他们提供"土地租金+种地收入"的双份收入，降低了农户自己经营的农资成本。蒙清还选派多名有责任、起到引领作用的科技种田经纪人，每人带领5~10名贫困农户参与土地全程种植管理，为其提供共享农机服务，专业技术人员管理服务，并以订单价格保障农户收入。

其次，通过清水河县政府流转3000亩旱梁地，这些土地属于典型的黄土高原丘陵沟壑区，蒙清通过采用三年轮作换茬耕种，在育种、种植、收割等环节由农艺专家精心指导，逐步改良土地特性，提高土地产出率。

2. 采用标准化、机械化的种植模式

蒙清的种植基地属于旱梁地，虽然适合种植杂粮，但由于属西北黄土高原丘陵沟壑区，土层薄瘠，保水性较差，导致水土流失严重。为了提高土地产出率，蒙清在其基地上采取"六统一"的管理模式，即统一种植品种规划、统一耕地、统一田间管理、统一收割、统一收购、统一销售。

此外，蒙清为基地配备了旋耕机、大四轮车、种植机械、收割机械、运输车辆等重要的农业机械。通过采用机械全覆膜沟播、机械化精量穴播、机械化灭茬旋耕、测土配方施肥四项基本技术，推广水肥一体化灌溉技术，开展水肥一体化灌溉技术模式的试验示范，探索不同水肥一体化灌溉技术模式下水、肥的利用率和劳动力的成本，以提高农业水、肥的利用率和产出率。

3. 发挥农业专业合作社的积极作用

2007 年，蒙清和小香米专业技术协会组建了内蒙古合利农牧业专业合作社（见图 3-4）。合作社实行农民零投入入社，农民加入合作社不需要自己掏一分钱，也不需要任何抵押物。合作社还会以集体的名义出面向银行贷款，满足社员春耕所需资金。合作社统一制定年度种粮计划，由蒙清旗下种子农资公司根据计划为农民免费发放种子、滴灌设备、有机肥等；同时，签订入社协议后，社员还可以享受高于市场价格的订单保护价，合作社成员不用再为农产品销售犯愁。

图3-4　内蒙古合利农牧业专业合作社社员（一排左四为创始人刘三堂）

蒙清依托合作社引进了先进的农业土地经营理念，抓住了城乡融合、大量农民工涌入城镇，使农业集中化经营成为可能的契机，建立并优化了集土地流转、订单收购、标准化种植于一体的综合运营模式。如图 3-5 所示，合作社还会定期组织社员培训，为农民提供相应的技术支持，提供可供执行的种植操作规范，从而确保农民种植的杂粮符合企业有机食品的要求。通过合作社的组织化管理，从根本上保障了企业生产的杂粮产品的品种、质量和规模的稳定性和连续性。

4. 构建紧密的利益联结机制

小农户面对大市场时，生产规模小、发展成本高、抗风险能力弱，而新型农业经营主体可以有效解决好小农户与大市场的对接问题，解决农户生产什么、如何生产、如何销售问题，解决如何提高农业的集约化、专业化、组织化、社会化水平问题，从而有效带动小农户发展。因此，蒙清始终坚持要与农民共享经营利益的理念，通过建立与农户的利益联结机制，让农民更多分享农业产业带来的收益。

如图3-5所示，蒙清建立了"企业+合作社+农户"模式，通过就业带动、保底分红、股份合作等形式，让农民能够分享产业的增值收益。这种利益联结机制主要包括四项内容：一是农民加入合作社后，可以享受粮食订单保护收购价的社员权益，当杂粮产品的市场价格高于订单价格时，蒙清将按照市场价格收购农户产品；当市场价格低于订单价格时，则按照订单价格收购。社员农户在农忙时享有优先使用蒙清农业机械的权益，并可定期参加社员大会，交流经验，讨论合作社事务。二是合作社按每亩每年100元的价格流转农民土地，为农户提供土地收入。三是蒙清在春播和秋收农忙季节或其他农活需要雇用工人时，公司首先雇用合作社成员，为农户增加工资性收入。四是在合作社规定的区域内，农民必须按照合作社种植的农艺标准进行杂粮种植，而合作社则免费为农民提供灌溉、施肥等服务。

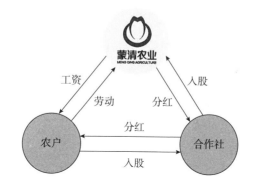

图3-5 蒙清的"龙头企业+合作社+农户"模式

（四）强化品牌

1. 实施品牌营销策略

为了进一步提升蒙清小香米的品牌价值，刘峻承采取多种措施，提升品牌的知名度和影响力。在广告营销上，采取有创意的广告宣传形式。2006年，蒙清率先选择在呼和浩特市公交车上做广告，并将老董事长刘三堂的头像放在广告的突出位置，成为清水河县第一个在市公交车上打广告的企业（见图3-6）。独特的广告媒介，用真实的一个农民做代言，这些新颖的广告宣传形式，让消费者印象非常深刻。这个广告营销战略迅速提高了产品的品牌知名度，进一步扩大了蒙清小香米的市场销路。

图3-6 公交车上的蒙清小香米广告

2. 扩大品牌影响力

蒙清利用多种渠道，扩大蒙清小香米的品牌影响力。2006年，蒙清参加了上海举办的"2006首届中国（上海）国际营养健康产业博览会"，对企业杂粮的绿色产品形象进行了大力宣传。2010年，蒙清应邀参加第八届中国国际农产品交易会，进一步推广了蒙清小香米，为蒙清杂粮产品进入大中型城市市场奠定了基础。2011年，蒙清小香米在呼和浩特市第七届百姓最满意的品牌大型民意调查活动中被评选为"最满意的农产品品牌"。蒙清通过对品牌进行设计、宣传、维护，注重对品牌注入土地情怀的文化内涵，极大地提高了企业和产品的知名度，不断扩大品牌影响力，品牌效应日益扩大。

3. 打造品牌文化内涵

蒙清通过发挥产业的比较优势和地域特色，为品牌注入了鲜明的文化内涵，从而使产品区别于竞争产品，提升其品牌价值。蒙清对生产的杂粮初级加工产品和深加工产品均进行了准确的市场定位，锁定目标消费群体，在其品牌设计和培育中，依托清水河县历史悠久的农业文化资源，强化了浓厚的人文、风土气息。蒙清小香米要经历40分钟的熬煮翻滚，才能成为一碗滋养人的好粥。因而蒙清在对"小香米"的品牌推广中，大力宣传"熬得住，更出众"的亮点，并把曾国藩"困时切莫间断，熬过此关，便可少进。再进再困，再熬再奋，自有亨通精进之日"的文化内涵注入其中。通过塑造品牌的个性，丰富品牌的文化内涵，提升了品牌价值，培养了消费者对蒙清的认同感和忠诚度。

4. 建立绿色产品品牌形象

随着消费者对绿色产品认知的提高以及健康消费观念的增强，绿色品牌农产品以鲜明的形象和安全的品质越来越受到市场的欢迎。因此，蒙清把实施产品品牌战略和发展绿色食品、有机食品紧密结合起来，通过创建和宣传绿色品牌，更快捷地向消费者传递绿色杂粮产品的质量和特色信息，使消费者感到物有所值，降低消费者对绿色杂粮产品的价格敏感度，从而在整个杂粮产业中不断增强蒙清优质绿色产品的市场竞争力。

（五）凝聚人心

1. 传承土地情怀文化

蒙清逐步建立起浓厚的以"土地情怀"为核心的企业文化，这种对土地的深深眷恋情怀正是从创始人刘三堂那里传承下来的；受父亲言传身教的影响，刘峻承进一步将这种虔诚的土地情怀文化发扬光大，体现在自己做事创业的过程中，使蒙清在面临诸多战略决策的时候会更加笃定，不偏离正确航向。蒙清人热爱这片土地，珍惜这片土地，希望在这片田野上把杂粮种好，熬好一碗粥，幸福一家人。蒙清的土地情怀文化，让蒙清人热爱农业这份事业，敢于创新、勇于引领，不仅增加了企业自身的利益，实现了企业的发展壮大，而且肩负起了新时代"新农人"的社会责任，为实现乡村振兴挥洒青春和汗水。

2. 弘扬"家"文化

企业文化对于企业员工具有很强的凝聚力和吸引力。优秀的企业文化不仅可以凝聚员工的积极性，而且能吸引优质的外部资源加入。蒙清现任董事长刘峻承非常注重企业文化建设。他将企业创始人刘三堂朴素执着的创业精神以及对农业的热爱作为企业文化的根基，搭建起了具有土地情怀的"家"文化，并融入了建设美丽乡村的责任感和使命感。蒙清在员工管理中不断渗透"家"的理念，努力帮助员工解决生活难题，营造轻松愉快的家庭式工作氛围。企业管理者非常注重员工的工作及日常生活，领导者没有"官僚之风"，经常与员工进行跨级"跳跃式会谈"，了解员工的所思所想，同时鼓励员工要像企业家一样思考，不要止步于完成工作任务，而要积极地为公司的长远发展献计献策，推动整个行业的进步。蒙清的"家文化"激发了员工的使命感与荣誉感，凝聚了员工的归属感，让一群来自不同地方的人共同追求同一个梦想。

三、蒙清"蝶变"

在国家实施乡村振兴战略的时代背景下，蒙清领头人刘峻承深刻地认识到新时期蒙清面临的突出挑战：一是主导产业整体质量不高，亟须提高自身产业素质；二是农产品结构不够优化，将导致企业盈利能力下降，亟须开发新的产业项目；三是小杂粮等农产品价格严重偏低，农业生产效益低下，农民从事农业生产积极性持续下降，农业人才流失严重，将导致企业人才日益短缺。这些问题不解决好，将会直接制约企业的后续发展，乃至错失乡村振兴战略带来的新的历史性发展机遇。基于此，蒙清围绕乡村振兴战略，契合企业自身实际，聚焦产业振兴、生态振兴、人才振兴三大重点，在杂粮产业高质量发展、一二三产业融合、新农人培育和绿色化发展等方面进行了提前布局和深度探索；着力推动产品不断向价值链中高端攀升；努力保障供应链稳定；逐步构建了全链经营模式；积极探索发展田园综合体；走出了一条以绿色发展为导向，以杂粮产业为核心，以新装备新技术为手段，以一二三产业深度融合为精髓，以平台经济为模式的"以质取胜"的新型发展之路。这是蒙清发展中的第二次大转折，也是蒙清新的历史性"蝶变"。

（一）以质量取胜

在产业经济学中，有个著名的理论叫作"微笑曲线"（见图3-7）。微笑曲线表明产业价值丰厚的区域往往集中在上游和下游，整个产业链的价值呈现两头高、中间低的形状。曲线的高度代表产业经营活动所产生的附加价值的大小，上扬程度反映了产业链各个环节所带来的附加价值的变化。微笑曲线深刻揭示了产业上中下游增值空间的差异，对企业构建上下游优势，提升核心竞争力具有重要的理论指导意义。从蒙清的发展轨迹来看，很好地契合了"微笑曲线"理论。一是注重产品升级，在小香米等杂粮产品的基础上，不断提高产品的档次，升级开发了粗粮速食面、粗粮粽子、粗粮月饼以及五谷粥料等高端杂粮产品；二是强化水平延伸与多元化发展，在发展杂粮产业的基础上，更加注重农业人才培育、乡村文化旅游等产业的多元化的发展；三是升级生产技术，通过加强研发和自主创新活动，不断增加企业生产技术的科技含量。

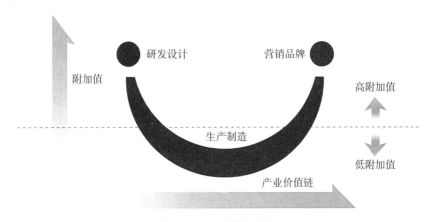

图 3-7　产业微笑曲线

资料来源：致富青年帮. 互动话题："微笑曲线"决定农产品价值，您怎么看？［EB/OL］.［2018-09-11］. https：//www. 163. com/dy/article/DREGC7PA0514D83M. html.

蒙清在经营实践中注重遵循产业链、价值链规律，通过延长杂粮产业链，优化产业结构；通过提高产品的附加值，实现价值链向中高端延伸；促进供应链向大中城市拓展，提升企业盈利能力，进一步做大做强杂粮产业，并通过对一二三产业的有效融合，促进了杂粮产业的高质量发展。

（二）以创新为引领

当今时代，创新已成为第一动力，企业只有通过不断地创新才能适应新时代下新的机遇，也只有创新才能使企业产生突变，才具备"应万变"的适应能力，以应对快速变化的市场。企业要适应互联网时代下新的市场、新的商业环境，要转型发展，离不开创新。首先，理念创新。为更好巩固拓展影响力，蒙清不断超越自我，聚焦生产经营中的理念陈旧、服务落后、市场反应迟钝、缺乏互联网思维等短板，积极拥抱新的潮流趋势和市场环境，不断完善创新链，借力数字化进行转型，为企业发展积蓄新动能。其次，产品创新。主动洞察新生代消费者的产品需求、营养搭配以及审美追求，持续为其提供有价值的产品；同时，通过绿色农副产品精深加工和农副产品电商服务，实现了产品生产、加工、实体销售线上线下有机结合，打开了绿色经济，乡村振兴新路子。再次，营销创新。哪里有流量，哪里就能变现。尤其在媒介更迭日新月异，营销手段花样百出的今天，蒙清乘势而上，借力发展，借助新平台探索把流量红利进一步转化为消费红利。最后，机制创新，从雇佣思维转向平台思维，成立了"蒙清创优乡村创客中心"，吸引了大批大学毕业生、农村青年、返乡农民留在农村工作、创业，投身乡村振兴实践中。

（三）向价值链中高端攀升

为了进一步做大做强杂粮产业，蒙清采取了产业链向中后端延伸、价值链向中高端攀升的系列举措，全面提升了蒙清杂粮产业的规模和质量。

1. 延长杂粮产业链，优化产业结构

蒙清通过设立种植基地，建设加工工厂，逐步形成了集杂粮种植、收储、加工、销售于一体的产业链条，并通过高茂泉村加工工厂与代加工合作的加工模式，进一步延长了杂粮产业链，逐步发展了"蒙清""普清""吃粗来"等多个知名品牌，满足了消费者多样性的需求。2014年，蒙清成立了产品研发中心，研发出了杂粮月饼、杂粮粽子、绿豆膳以及杂粮豆浆等养生杂粮产品，杂粮产品种类包括散粮、小袋装产品、礼盒类产品及杂粮加工即食类产品、季节性产品等100多个品种，产品结构不断优化。此外，为了优化企业资源配置，蒙清也开始做减法，通过削减"谷之味"餐饮业务、企业单位杂粮供应业务，将企业的资金、人力资源集中起来，用于发展新农人培育项目、校园民宿开发项目等更具发展潜力的业务。

2. 提高产品的附加值，价值链向中高端延伸

2019 年，蒙清在多元化的饮食消费市场中，深度发掘了杂粮速食产品的市场潜力，围绕消费者消费杂粮产品的痛点和难点，定制推出了杂粮速食品系列。其中，"吃粗来"燕麦泡食面在原料新鲜度、安全性、便利性等方面，均突破了传统食品工业化生产的瓶颈，满足了消费者对健康、安全、方便快捷的综合性需求。2019 年新开发的"吃粗来"系列产品增加销售收入 1500 万元，新产品成为实现企业销售收入大幅增长的主要动力，取得了较高的市场效益。如图 3-8 所示，丰富的杂粮加工产品，极大地提高了杂粮产品的附加值和市场占有率，扩大了企业产品的市场份额，提升了产品的盈利能力。

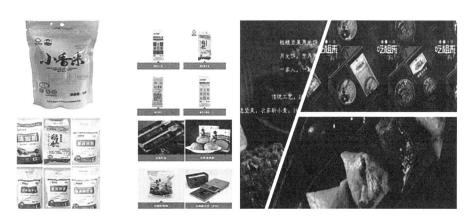

图 3-8　蒙清的杂粮深加工产品

（四）保障供应链稳定

企业发展到一定阶段，是否能够拥有稳定、可靠、高质、高效的供应链，就成为制约企业进一步发展壮大的关键性因素。蒙清在拓展与打造企业安全可靠、高质高效供应链方面成效显著。

1. 建设京东数字化农场

为满足农产品消费升级需求，蒙清通过与京东合作，共同建设数字化、智能化农场，打造高品质农产品示范基地，进一步从源头保障蒙清产品原料供应的稳定性。图 3-9 为蒙清与京东农场签署二期战略合作协议现场。蒙清按照"京东农场"管理标准进行科学种植，规划生产，同时依托物联网、人工智能、区块链等技术和设备，进行农产品全程信息的可视化追溯，并按照"一物一码"的标准，实现溯源信息的公开与透明。

图3-9 蒙清与京东农场签署二期战略合作协议

2. 供应链向大中城市拓展

杂粮类新产品的开发，拓宽了企业的市场销售格局，促使企业的线下市场从区域市场拓展到全国市场。在此过程中，蒙清首先在大中城市布局产品供应链。为方便产品的物流配送，满足消费者的"即时"需求，蒙清与辐射呼包鄂及内蒙古西部旗县、拥有5000平方米的仓储配送中心，以及辐射北京、天津、河北市场、拥有3000平方米的仓储配送中心进行合作。仓储中心不仅满足了消费者的"即时"需求，而且可以保障产品生产与消费之间的平衡，促进供应链体系的完善。

3. 优化产品销售渠道

为保障产品对市场供应的稳定性，蒙清逐步优化产品销售渠道。一方面，借助电视等主流媒体宣传企业产品，为大型连锁餐饮企业"西贝莜面"研发了杂粮产品"黄馍馍"，在《舌尖上的中国》中进行宣传，大幅提高了蒙清乃至整个清水河县杂粮产品的社会知名度。另一方面，蒙清积极开展电子商务业务，在天猫、京东平台开设了旗舰店（见图3-10），并入驻京东超市，成为京东十大粮油供应商之一。此外，蒙清利用直播平台进行精准营销，通过创新产品和主题活动等与消费者进行线上线下互动，赢得了众多消费者的认可，并取得了非常好的销售业绩。

图 3-10 蒙清分别在天猫和京东开设的旗舰店

4. 建设产品质量可追溯体系

农产品的质量保证是农业企业的生命线。蒙清通过应用大数据、物联网等先进科学技术，实现了种植规范化管理，公司与京东合作，构建了蒙清产品溯源系统，从而有效地保障了产品的质量安全。蒙清目前已建设完成了一期可追溯体系，并计划应用区块链技术建设二期可追溯体系。通过在生产环节给农产品本身和货运包装中加装电子标签，并在运输、仓储、销售等环节不断添加、更新信息，从而搭建起了有机农产品安全溯源系统。通过在农业生产、加工、运输及销售等全流程数据共享与透明管理，蒙清实现了农产品全流程可追溯，提高了农业生产的管理效率，促进了农产品的品牌建设，提升了农产品的附加值。

（五）构建全链经营模式

促进全链融合发展是对农业企业产业化发展的深度要求。蒙清在构建全链经营模式过程中，突出抓住两大重点：一是着力推进一二三产业融合发展；二是着力构建新型农业人才培育体系，为产业融合发展乃至乡村振兴提供有力的人才支撑。

1. 一二三产业融合发展

蒙清的小米产业链坚持"基在农业、利在农民、惠在农村"的基本原则，强化农产品加工业等供给侧结构性改革，以市场需求为导向，以发展绿色高效杂粮产业为基本定位，以促进农民增收为核心，以新型农业经营主体为支撑，以完善利益联结机制为切入点，以拓展农业发展新空间为主线，以调整优化种植结构为重点，以提升农产品精深加工水平为主攻方向，以制度、技术和商业模式创新为动力，着力发展种、加、销、游"四位一体"的循环农业，进一步延长农业产业链、提升农业价值链、拓宽农民增收链。

蒙清的一二三产业融合思路如图 3-11 所示，具体为：在产业链上游通过对农户土地进行流转，种植绿色杂粮作物，依托合作社的订单农业，保证了产品加工的原材料供应，解决农户的农产品销售问题；在产业链中游对杂粮产品及其副产品进行初加工和深加工，开发了小香米米醋项目、杂粮低温烘焙项目等产业项目，研发了杂粮月饼、粽子及燕麦泡食面等加工食品；在产业链下游则主要是建立健全产品流通体系，通过线下或者线上等多种营销模式，满足市场需求。反过来，通过互联网等服务平台将市场信息反馈回蒙清，使其便于根据市场组织生产和加工，实现一二三产业信息相通的联动式发展。政府在产业融合的各个节点起引导作用，提供政策和资金扶持；企业、高等院校和科研单位通过协同技术创新，为产业链种、加、销各环节提供源源不断的新技术，为一二三产业融合提供根本保障；农户在产业融合网络中，获取资金、技术、信息和服务支持，不断壮大自身的实力，待发展到一定程度时通过股份制等多种形式参与产业链的中下游，分享一二三产业带来的收益，实现增收目的，这也是产业融合的目标所在。

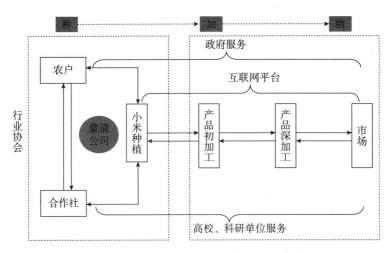

图 3-11　蒙清农业的一二三产业融合模式

到目前为止，蒙清的小米产业链基本实现了"种、加、销一体化"的一二三产业融合发展（见图3-11）。这种产业融合模式，充分体现了以市场需求为导向的经营理念，通过构建政府引导、企业主导、高校和科研单位为技术支撑的多方合作机制，以"互联网+"等现代服务为引领、以行业协会为规范，实现了充分吸收农民参与、各经营主体相互作用和影响的现代农业生产经营体系。

2. 构建新型农业人才培育体系

农业企业的发展壮大、产业的深度融合乃至实现乡村振兴，人才振兴是根本支撑和重要基础。这就需要培养造就一支爱农业、懂技术、善经营的新型职业农民队伍，即"新农人"。"新农人"是目前乡村人才振兴中最需要的具有科学文化素质、掌握现代农业生产技能、具备一定经营管理能力的新型复合型人才。蒙清正是基于这样的使命感，和自身发展的客观需要，从雇佣思维转向平台思维，在实践中大胆探索，不断创新"新农人"培育模式。通过"新农人"培育项目，不仅为当地农民、合作社和龙头企业提供了具有乡土化、能落地的技术培训，让农民听得懂、用得上；更重要的是，建立起创业服务平台，有利于吸引人才返乡。同时蒙清的产业基础、销售平台、运营体系又为培育出符合农业复合型需求的"新农人"提供了广阔平台。

适应乡村振兴战略带来的重大机遇，在不断探索发展中，蒙清逐步建立起"新农人"培养体系，并将其逐步纳入乡村人才振兴的培养供给体系中。通过运营"蒙清乡村创客中心""一座农桥分享交流实体空间"，在吸纳人才、培育人才方面进行了有益的探索，并取得了良好的社会效益，不仅提升了农民科学种植的技术水平，推动了农村经营主体的科学规范管理与经营，也为企业发展培育了新型农业管理与科技人才。在吸纳人才方面，蒙清鼓励更多的年轻人回到农村，进行创业，在实现自我价值的同时，也通过振兴乡村实现其社会价值；吸引各类人才通过下乡担任志愿者、投资兴业、承包项目，共同参与到乡村的治理中来。在培育人才方面，蒙清建设了图书馆、新农人大讲堂、专家工作站、杂粮研究院、社会实践基地，聘请当地的科技人员、能人、专家来授课，并与产业科学研究院、高校等进行深入合作，在农业技术、经营、管理及文化建设等方面，开展深度的交流研讨与培训合作，针对性地培养"新农人"，努力培育出更多热爱农业、懂技术、善经营的新型职业农民，为农业发展输送所需要的复合型人才。

（1）以"乡村创客中心"为培育载体。蒙清在 2016 年成立"蒙清乡村创客中心"，被科技部评为首批培育的试点单位"星创天地"（见图 3-12），是集办公、会议、吃住于一体的综合服务中心。通过提供办公、培训、人才孵化、农村科普等各项服务，为创业青年与大学生提供创业服务的实体空间平台，也是西北地区唯一一家乡村创业平台。创客中心先后帮助 20 名大学生，依托蒙清的种植基地和绿色有机杂粮精加工基地进行项目创业，充分挖掘海红果、小香米、五谷杂粮等地方优势资源，通过农产品精深加工提升其附加价值，目前海红果果丹皮项目、小香米米醋酿造项目和低温烘焙杂粮加工项目产品品系开发、市调策划等工作均已完成，现已进入厂房、设备调试阶段。

图 3-12 "蒙清乡村创客中心"被科技部评为"星创天地"

创客中心主要通过以下四个途径培育新农人：一是为创业者提供乡村创业实践基地，该基地为创业者提供多种创业途径。创业者可以在蒙清的种植基地中承包土地，种植经济作物为公司提供高品质的原材料，利用这些原材料开发具有高附加值的产品与公司合作进行市场销售。创业者也可以在设计开发、包装服务、电商销售等环节自主创新创业，成为公司的战略合作伙伴，或者独立进入市场运营。此外，创业者可以在蒙清全产业链中寻找可以独立创新创业的环节和内容，与蒙清紧密合作，实现创业成功。二是为创业者提供乡村创业培训服务及咨询。创客中心发起人刘峻承组织了优秀的企业家团队，免费为创业者进行系统培训，为创业者解答创业过程中遇到的难点问题，帮助创业者提高创业能力和水平。三是帮助乡村创业者对接市场。创客中心为创业者对接线上和线下市场销售渠道，确保创新产品具有稳定的销售渠道。创业者可以借助蒙清农业现有的销售平台，销售新开发出来的产品。四是为乡村创业者对接资本提供支持。创客中心帮助创业者了解资本市场的动力引擎作用，培养创业者对接资本的意识，传授创业者对接资本的方法，同时积极为创业者争取政策资金和银行贷款，帮助创业者借助资本市场实现快速发展。

（2）以"一座农桥"为交流平台。如图 3-13 所示，蒙清在 2017 年建立了"一座农桥"分享交流体验空间，这是为新农人搭建的集沟通、分享、互助、资源链接于一体的信息交流平台。截至目前，"一座农桥"先后举办了创业公益大讲堂 33 次，农人沙龙分享会 78 次，互联网直播 25 次，已经成为了新农人进行技术分享、经验交流、资源对接的展示和孵化平台。

图 3-13　"一座农桥"体验中心及工作环境

"一座农桥"在新农人培育方面通过四个方面发挥了积极作用：一是为农业企业提供人力资源及标准化管理支持，帮助新农人开展职业规划及活动培训；二是为创业人员提供服务，具体提供直播、沙龙、产品体验会及第三空间的餐饮服务区辅助等多项服务；三是为农业创业精英搭建创业展示的平台，为农产品商品提供体验转化的空间；四是帮助创业团队一起打造"农业创业天堂"，并将农村优质的产品通过创业项目推向市场，推向大众，快速将创业成果进行市场转化，形成经济效益。

通过位于清水河县的"乡村创客中心"与位于呼和浩特市的"一座农

桥"创客空间两方的联动与呼应，蒙清基本实现了对农业人才引进与梯队培养建设的人力资源管理目标。

（六）探索田园综合体发展

1. 建设田园综合体的现实意义

农业产业不仅具有提供安全、放心食物和为从业人员提供相应收入的功能，而且与自然密切交织在一起，维持着区域的生态保护功能。田园综合体是在原有生态农业和休闲旅游基础上的延伸和发展，也是农村现代产业培育的一个新平台，对推动农业供给侧结构性改革、发展乡村旅游、展示乡村文化都具有十分重要的现实意义。西北地区由于受地理位置、自然禀赋、区域经济、历史文化等因素的影响，农村产业发展受到很大局限。在这样的背景下，田园综合体的发展为西北地区的农业农村发展提供了新的出路，对于突破当地农业发展瓶颈具有重要的现实意义。

2. 西北地区田园综合体项目的成功经验

田园综合体的打造是一个系统性工程，它不是一个简单的农业旅游项目，更不是农业房地产项目，而是一种环环相扣、互相协同的农业综合发展模式。目前，田园综合体在全国范围内已经广泛发展起来，并且结合地域优势，各具特色。在西北干旱地区，甘肃省榆中县李家庄村发展了比较成熟的田园综合体项目。李家庄村以特色农业种植和休闲观光农业为基础，通过与西北农林科技大学、中国农业科学院郑州果树研究所、江苏绿港现代农业发展股份有限公司等科研院所及知名农业企业的联系合作，积极引进特色果蔬新品种及无土栽培、水肥一体化、温湿度智能化监控、手机 APP 远程管理等"互联网+设施农业"的先进生产管理新技术，大力发展智慧农业。通过融入物联网、互联网科技，利用"智慧农业"大数据云平台信息系统，以"O2O+C2B"运营模式，大力发展榆中特色农业，着力打造以农业物联网为框架，集观光、旅游、休闲、娱乐、科普于一体的现代高效农业产业示范园。

3. 蒙清积极探索田园综合体发展模式

2017 年，蒙清与田园东方合作，共同探索田园综合体的发展模式。如图 3-14 所示，蒙清基于特色农产品加工基础、品牌基础以及产业链基础，抓住乡村振兴战略带来的重大机遇，以建设杂粮之都为目标，通过一二三产业融合、新农人教育打造高茂泉村田园综合体。通过探索建设田园综合体，实现蒙清的全产业链发展，促进高茂泉村的全面振兴。

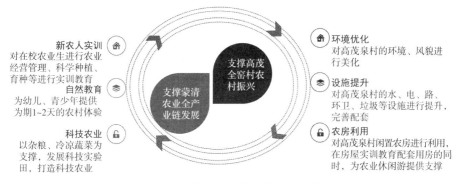

新农人实训
对在校农业生进行农业经营管理、科学种植、育种等进行实训教育

自然教育
为幼儿、青少年提供为期1~2天的农村体验

科技农业
以杂粮、冷凉蔬菜为支撑，发展科技实验田，打造科技农业

支撑蒙清农业全产业链发展

支撑高茂全窑村农村振兴

环境优化
对高茂泉村的环境、风貌进行美化

设施提升
对高茂泉村的水、电、路、环卫、垃圾等设施进行提升，完善配套

农房利用
对高茂泉村闲置农房进行利用，在房屋实训教育配套用房的同时，为农业休闲游提供支撑

图3-14　蒙清田园综合体主要任务

通过不断加强科技创新与平台合作，目前蒙清已初步构建起可追溯、全链条、高品质、品牌化的杂粮全产业链，并围绕杂粮全产业链体系，推动杂粮一二三产业融合发展，辅以发展海红果等地标产品的产业化发展，带动高茂泉村及周边地区实现农产品产业化发展。在种植环节，蒙清已经形成了"基地+合作社+农户"的发展基础，未来将以培育杂粮育种为盈利点，在杂粮育种方面、农资服务领域进行深化和补链发展。在加工环节，蒙清已经成功实现了品牌化建设，未来将继续巩固原粮产品、杂粮食材等杂粮粗加工市场基础，逐步向特医食品、生物制品、休闲食品、保健食品等杂粮精加工行业发展。在销售环节，蒙清已经成功发展了电子商务业务，未来将进一步挖掘线上渠道，并积极与大中型粗粮餐饮企业、商业超市等实体部门合作，完善线下销售体系，从而形成线上与线下渠道相互融通的销售网络。

在国家实施乡村振兴战略的大背景下，蒙清顺势而为，通过构建杂粮全产业链体系，以农业实训教育为抓手，以推进我国杂粮之都品牌建设、区域农产品商品化、推动乡村振兴为目标，以京东智慧农场、创客中心两大平台为支撑，正在将高茂泉村逐步建设成以现代农业、实训教育产业为支撑的乡村振兴示范样本，最终实现高茂泉村农业、文化、旅游三位一体发展，生产、生活、生态同步改善，一二三产业深度融合发展，构建旱地现代农业的田园综合体。

第四章

崛起：产业振兴样板

围绕当地小杂粮更好发展这一主题主线，蒙清重点聚焦有机农业、节水农业、新农人农业、体验农业和智慧农业等领域，前瞻性地部署了杂粮新产业与新业态，创新性地构筑起了杂粮全产业链发展新模式，走出了一条"小杂粮"做成"大产业"的全新崛起之路。

一、"小杂粮"渐成地方"大产业"

长期以来，我国五谷杂粮种植地区普遍存在种植小规模化、粗粮加工和销售低端化的困境，这种状况直到现在都难有改观。蒙清作为一家农业企业，紧紧把握住消费升级新趋势并借力政策东风，在生态农业之路上进行了多年的探索和坚守，取得了明显成效，走出了一条西北干旱地区小杂粮变大产业的生态农业规模化发展之路，让一个古老的传统行业焕发出了勃勃生机，让五谷杂粮实现了从田间到餐桌、从农村粮仓到城市厨房的华丽蝶变，充分诠释了生态农业的内涵与特征。一是因地制宜，实现了农业的多样性。在种植业内部，通过旱作节水技术、轮作倒茬、大田精准灌溉、信息化监测、测土配方和种源优化等多种技术途径，实现了五谷杂粮种植效益的最大化。通过合作社，大幅度提高了当地居民收入，实现了农业发展与高茂泉村的协同共进。同时，通过发展循环农业和开发农事体验等，进一步提高了农业的附加值，促进了当地居民持续快速增收。二是聚焦精深加工，实现了农业的高效性。传统的杂粮原料销售毛利基本都在10%左右，盈利能力较弱，抗风险能力差，但蒙清通过对杂粮进行精深加工和深度开发，不仅丰富了居民餐桌，而且极大地提高了杂粮的附加值，同时通过合作社提高收购价，刺激了当地居民种植杂粮的积极性，在很大程度上改善和优化了当地种植结构。三是注重生态底蕴，实现了可持续性。蒙清所在的宏河镇，属于低缓丘陵区，整体位于西起喇嘛湾东至五良太的大沙带范围内，有较大的沙滩十余处，十分不利于农牧业生产。蒙清通过品种改善和精准灌溉技术，以及探索生态产业化，在沙化和土壤严重板结区域种植经济林，并依托林果研发和加工林果新产品，在改善当地生态的同时，实现了生态效益和经济效益的协调。此外，围绕新时代生态农业发展新趋势、新任务和新要求，通过使（施）用有机肥、推广水肥一体化灌溉技术，大大提升了农业水肥利用率，通过应用大数据、可追溯系统、物联网等手段对信息和数据进行汇总分析，从源头上保障产品质量安全，为群众提供了大批绿色优质、安全营养的有机农副产品。

（一）基地化规模化种植稳步推进

当前，有机农业的理念和实践已被世界上越来越多的国家认可，走生态农业发展道路，已经成为当今世界农业发展总的趋势与潮流。作为可持续农业发展的一种新实践模式和新生力量，有机农业进入了一个崭新的发展期，预计未来其规模和速度将不断提升，其产业化进程会明显加快。如图 4-1 所示，我国有机食品需求量总体呈上升趋势，在人们越来越关注食品安全的当下，有机农副产品的需求量也越来越大。

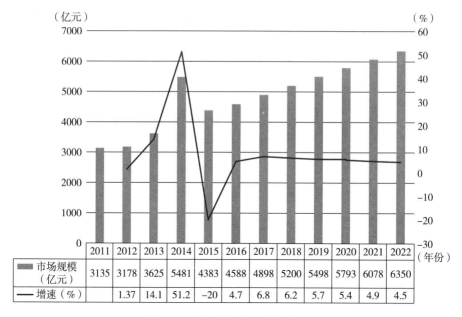

	2011	2012	2013	2014	2015	2016	2017	2018	2019	2020	2021	2022
▇ 市场规模（亿元）	3135	3178	3625	5481	4383	4588	4898	5200	5498	5793	6078	6350
—— 增速（%）		1.37	14.1	51.2	−20	4.7	6.8	6.2	5.7	5.4	4.9	4.5

图 4-1　我国有机食品需求量变化

结合国内外生态农业发展新趋势，蒙清 2014 年之前在高茂泉村周边已建立了 1200 亩有机田地，2014 年之后又新增认证 2100 亩，有机种植基地达到 3500 亩左右，2021 年实现杂粮种植有机田 1.1 万亩。与此同时，通过租赁、托管以及"走出去"的方式，积极扩大有机种植后备基地。2017年合利农牧业专业合作社生产基地总面积 3000 亩，其中向蒙清土地流转面积 1000 亩，托管面积 2000 亩，标准化生产基地面积为 560 亩，这些土地均严格按照有机标准和程序进行种植与管理。在清水河县外，蒙清先后建立了清水河小香米有机种植基地、和林格尔富硒杂粮种植基地、赤峰杂粮种植基地、通辽杂粮大米种植基地、兴安盟阿尔山山泉灌溉区大米种植基地和山西朔州杂粮种植基地。蒙清的这六大种植基地，始终坚持标准化规范种植，标准化仓管体系已覆盖各大种植基地，控温控湿系统及鼠疫防护系统均达到国内先进水平，从而为消费者提供品质卓越、质量稳定的绿色有机食品（见图4-2）。

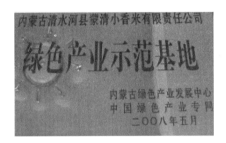

图4-2 蒙清有机种植基地与有机产品认证

（二）产业绿色化发展本底不断夯实

在我国，生态循环农业受到了政府的大力支持和提倡，从1984年开始，国家就提倡发展生态循环农业，并从政策、技术和资金等方面予以支持。2004~2018年的中央"一号文件"均明确提出推进农村生态文明建设，鼓励发展循环农业、生态（友好型）农业，提高农业可持续发展能力。与此同时，为在实践中进一步促进生态循环农业发展，农业部从我国370种生态农业模式中选出北方"四位一体"生态模式、南方"猪—沼—果"生态模式、平原农林牧复合生态模式、草地生态恢复与持续利用生态模式、生态种植模式、生态畜牧业生产模式、生态渔业模式、丘陵山区小流域综合治理模式、设施生态农业模式和休闲生态模式，并予以在全国范围内推广。

结合生态农业主要特征看，清水河及蒙清的发展很好地诠释了生态农业的内涵。一方面，从清水河县的大环境看，清水河县紧紧围绕"生态立县"战略目标，积极调整和优化种植结构，全力组织实施多项国家重点生态建设工程，域内整体生态环境得到了明显改善，森林覆盖率提高到32.9%。另一方面，蒙清借力国家退耕还林政策，全面夯实生态农业的绿色本底，目前已种植海红果2000多亩，山杏2000多亩；坚持防、治并举，加大种植区域土壤改良、道路硬化和绿化，采用三年轮作换茬耕种，确保土地不受损，农产品产地环境不断优化。减少农药和化肥等使（施）用量，实现了种植基地有机肥全覆盖。依托合利农牧业专业合作社，由蒙清旗下种子农资公司根据计划为周边农民免费发放种子、滴灌设备、有机肥等，并由合作社定期组织培训，确保了农民种植符合有机标准（见图4-3）。此外，蒙清已完成全产业链布局模式，形成农业产业循环雏形，在该模式下，种植业的秸秆供养殖用，养殖业的畜禽粪便作为种植业的肥料，种养收获的产品用于加工，同时引用现代信息技术对其进行全程记录，这样做既提高了产品附加值和经济效益，又可根据加工后产品的市场反馈，及时调节种养殖业的规模和品种，从而实现了农业的高效化生产和市场的高度化运营。

图4-3 蒙清有机种植农事指导与规范

（三）产品质量持续夯实

蒙清先后引入了 ISO9001：2008 和 HACCP（见图 4-4）等食品安全管理体系和质量管理体系，确保产品健康、放心。在加工环节，蒙清引用国内一流杂粮生产设备、自动包装生产线及加工设备，采用 16 道无尘加工工序，严格执行"储粮罐—初清设备—筛选—去石—去皮机—比重筛—砂轮碾米—铁轮碾米机—分级筛—色选机—成品—包装秤"的食品安全生产加工质量流程和管理，把好加工过程质量关。此外，凭借着高效的自有物流及多家稳定的物流合作伙伴，再加上经验丰富的货运团队、专业的货运保鲜技术，能够确保每一份绿色杂粮产品均可新鲜抵达商超。为更好突出规模化、智能化和绿色化发展水平，蒙清于 2021 年在清水河县农牧业产业园区配套租用现代化厂房作为新的加工车间，厂房合计面积 1 万平方米，年生产能力将达到 5 亿元左右。

图 4-4　蒙清有机米 HACCP 认证

正在到来的信息技术变革，成为现代农业品牌革命的重要助推。通过建立农产品溯源，既能帮助企业实现农产品全程无缝追溯和监管，又能打通消费者、企业和政府之间的信息壁垒，也能为老百姓"舌尖上的安全"护航。如图 4-5 所示，顺应新时代农业发展方式转变，以及加快推进农业领域信息技术应用的新浪潮，蒙清携手京东集团共建数字化、智能化农场，按照"京东农场"管理标准进行科学种植，依托物联网、人工智能等技术和设备，进行农产品全程信息的可视化追溯，可追溯体系一期工程已完工投入应用。已列入规划中的二期工程将应用区块链技术，拟增加各类数据提供针对性分析的功能。同时，公司在天猫、京东两大电商平台开设了旗舰店，成为京东十大粮油供应商之一，入驻了京东超市，通过"京东农场"线上专属平台"京品源"旗舰店销售，按照"一物一码"标准实现溯源信息的公开和透明，实现了产品源头追溯，搭建起了从田间到餐桌的"京造"模式，在食品安全方面守护着千万家庭的餐桌健康。

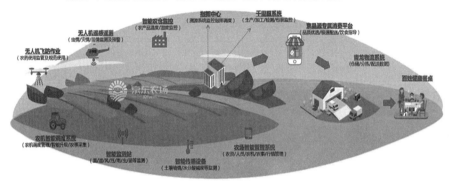

图 4-5　蒙清—京东智慧农场杂粮种植布局

（四）品牌影响力与知名度快速攀升

2001 年，蒙清小香米被内蒙古自治区政府评为名牌农业产品。2005 年，标注"蒙清"商标的小香米被认定为 AA 级绿色食品，2007 年，"蒙清"商标被内蒙古自治区工商行政管理局评为"内蒙古著名商标"，蒙清的品牌化经营取得关键性突破，系列产品也逐步为区内消费者所认可。2011 年，在"首府百姓最满意的品牌大型有奖民意调查活动"中，蒙清小香米被评为"最满意的农产品品牌。在夯实区内品牌的基础上，蒙清启动了全国范围内的品牌营销。2006 年，蒙清在上海绿色博览会荣获畅销产品奖，蒙清产品在全国有了一定知名度，2010 年，蒙清应邀参加第八届中国国际农产品交易会，这些活动提升了蒙清的知名度，系列产品也被越来越多自治区外消费者所熟知。与此同时，为更好满足消费者有机生态产品的消费需求，蒙清在生态产品生产和品牌塑造方面，做了大量的工作，业已取得了积极成效。2008年，蒙清农庄被国家质量技术监督局确定为第六批国家农业标准化示范区，2009年蒙清再创辉煌，开创了内蒙古第一个绿色有机农庄——"蒙清绿色有机农庄"。2012年，蒙清通过中绿华夏有机食品认证；2014年，蒙清小香米成为高新技术产业国家地理标志保护产品；2015年，蒙清在同行业中率先通过有机认证，行业领先地位和知名度得到进一步巩固与提升（见图4-6）。除了产品研发和市场开拓外，蒙清同样重视公司在市场和学术界的影响力。2018~2020年，由蒙清牵头连续召开的三届乡村振兴论坛，通过学术会议和商业推广，稳步提升了公司产品在专业领域的知名度和品牌影响力。

图4-6　蒙清有机产品荣誉认证

（五）一二三产业融合能力明显加强

调整种植结构、推进一二三产业融合，是蒙清的一贯追求。一方面，蒙清通过雨水集蓄利用工程的实施，使当地农业种植结构从传统、单一的粮食种植向粮、果、菜、花等多元种植发展，带动当地产业结构从单一的种植业向农、林、牧、副、渔业全面发展。同时，加快一二三产业融合，规划实施了海红果杂粮果丹皮深加工项目、小香米米醋项目、小香米黄酒项目、小香米酱油项目、胡麻油项目、山茶项目等。另一方面，在粮头食尾、农头工尾方面做足文章，围绕消费升级和大健康消费新趋势，蒙清推出了包括燕麦泡食面、粗粮饭、燕麦脆等"让粗粮更简单"的深加工系列产品，致力于将粗粮速食化、便利化，让更多人每天都能更方便快捷地吃到健康的粗粮食品（见图4-7）。此外，蒙清自建了杂粮食材研发中心，并与江南大学合作研究开发"超微粉碎五谷杂粮饮""无奶油添加五谷全纤维冰淇淋"，滋气味实验即将完成，未来产品上市将成为产学研互动融合的生动案例。在服务方面，蒙清在杂粮电商运营、杂粮产品开发研究、杂粮产品创意包装设计和杂粮标准化服务等方面也投入了许多精力，取得了积极成效。

图4-7 蒙清开发的有机速食类产品

二、水约束"老痼疾"实现了"新题解"

　　水资源供需矛盾日益尖锐、农业用水浪费严重、水污染问题突出等，已成为严重制约我国农业乃至整个国民经济可持续发展的瓶颈。在此背景下，发展节水农业，无疑就成为保障我国农业安全和推动农业高质量发展的革命性选择。发展节水农业不仅可以缓解水资源危机，而且可以使中国农业得以持续发展。从这个意义上说，节水农业就是现代农业，节水灌溉属于科学灌溉。农业部《关于推进节水农业发展的意见》（农农发〔2012〕1号）中明确提出，各地区要因地制宜确定区域主推技术模式，尤其是西北、华北、东北地区资源性缺水严重地区，要通过推广应用节水农业技术，积极发展玉米、马铃薯、棉花等大宗作物，在没有灌溉条件的地区，坚持蓄水和保墒并举，通过保护性耕作、深松耕、土壤改良，营造土壤水库，提高蓄水保水能力；合理开发抗旱小型水源，推广抗旱坐水种，科学应用抗旱剂、保水剂，解决春季抗旱保苗问题；大力推广地膜、秸秆覆盖技术，实现集雨保墒；在有灌溉条件的地区，大力发展膜下滴灌、微灌、喷灌、集雨补灌、水肥一体化、旱作节水机械化等高效节水技术。

　　"清水河有三灾，十年九旱大风吹，种上庄稼被沙埋，下雨冲走土和肥……"这样一首打油诗，曾是清水河县农业发展的真实写照。清水河县外的人，每每谈及清水河，首先想到的就是缺水、缺粮、缺钱。为何清水河县多年来都是穷困衰败的形象？不少有识之士都有同感，黄土高原脆弱的生态环境正是问题根源。就拿蒙清高茂泉村种植基地来说，该地区地形主要以坡梁为主，土壤基本上以栗钙土和风沙土为主，肥力不高，农作物扎根也比较困难，刮风飞沙走石，下雨落地成河，水土流失严重。而地下水埋藏深，开发难度较大，再加上耕地分散、农民居住分散，修建骨干水利工程条件尚不具备，干旱缺水成为当地农业发展的最大制约因素。解决"水困"问题，已成为祖祖辈辈生活在这片土地上的人们的最大追求，从20世纪90年代特别是1996年以来，清水河县委和县政府在大搞人畜饮水工程建设的同时，积极实施"124"集雨节水灌溉工程（即一户农民建两眼旱井或水窖、发展四亩节水灌溉农田），将人畜饮水工程的水窖、旱井的作用延伸到田间地头，推广"旱井集雨—作物覆膜—坐水点种"的旱作节水灌溉措施，发展高产高效农业，有效地解决了农业农村用水问题。尤其对于蒙清来说，在继承和完善当地旱作农业收集雨水工程外，还创新性地推行了品种适应性培育、水肥一体化灌溉、耕作保墒和覆盖保墒等综合技术，在解决水从哪里来、水资源如何得以高效利用等问题上，走出了一条西北干旱地区节水农业现代化多途径的发展之路，为黄土高原旱作农业规模化发展、高效化发展提供了重要借鉴，其发展节水农业的做法与成效体现在以下方面：

（一）强化品种适应性

当前，我国节水农业发展实践中，除了通过节水技术和节水工程的实施，提高作物对水的利用效率，进而实现水资源的节约外，其他两方面主要通过作物自身调适来充分适应当地环境，从而达到节水和增效的目的。一是高产作物的广泛种植，即在用水量不变的条件下，提高作物产量；二是高效作物的广泛种植，在用水量不变的条件下，广泛种植效益高的农作物。从技术发展趋势看，农作物本身具有一定的节水能力，因而通过利用生物技术挖掘农作物本身节水能力有很大的潜力。

蒙清从源头上强化了杂粮选育种工作，利用生物技术深度挖掘农作物本身节水能力。蒙清第一个家喻户晓的产品"小香米"，正是精心选育种的结果。1996年，蒙清创始人刘三堂培育了小香米新品种，生长周期长达150天，超出普通小米近50天，且更适应当地干旱环境。此后，蒙清先后与内蒙古农业大学、内蒙古师范大学、内蒙古农牧科学研究院建立了长期的产学研合作关系，并成立了杂粮育种、种植、加工研发中心，从区内外优良品种驯化提纯出2个谷米类新品种，目前正在内蒙古种子管理站进行试验，还有多个豆类和黍类新品种也正在试种、对比分析。此外，蒙清与深圳弥生生物科技有限公司达成了合作意向，双方将充分发挥各自领域优势，分别在基因育种和大田种植实验、市场化推广上深度融合。图4-8为蒙清种源专利证书。

图 4-8 蒙清种源专利证书

（二）改进当地空中水利用技术

对降水资源进行收集、存储、处理及再利用，以及对生活中污水进行处理、净化后循环利用等措施，已成为目前国内外解决农业用水危机的重要手段。蒙清所在的清水河县，经过几代人的努力，在空间水利用方面取得了积极成效，蒙清在继承这项技术的基础上，对其进行了大胆的改进与创新。在国家第六批标准化种植示范区的基础上，通过合作社的规范化运营，2017 年蒙清向清水河政府流转 3000 亩旱梁地土地，并于 2017 年 7 月进行了第一次深耕、10 月进行了第二次复耕、11 月进行了第三次旋耕碾压，并修建起了雨水收集池和铺设了灌溉管道（见图 4-9），以推广旱作农业集雨水、水肥一体化灌溉技术，该技术具有节约水肥、节省劳动力、控温降温、减少农药使用、改善品质和减少水土流失等多个优点。同时，通过掌握农作物水肥习性，总结可供推广的技术方案和实用性技术，可以实现以点带面，带动滴灌水肥一体化节水农业技术在更大范围的推广应用。

图4-9　蒙清雨水利用及检测设施配置

（三）创新性使用多种节水技术

经过多年实践，我国节水农业的技术措施主要包括工程节水、农业节水和管理节水的农业高效用水技术措施体系。工程节水技术措施主要包括渠道防渗、低压管理灌溉、喷灌和微灌技术。农业节水技术措施主要包括充分利用短窄畦灌溉、耕作保墒、覆盖保墒、调整作物种植结构和化学调控节水。管理节水技术措施主要包括组织管理、工程管理和用水管理。

在实践中，蒙清因地制宜，结合田地特点和水资源可利用情况，综合使用了短窄畦灌溉、耕作保墒和覆盖保墒等多种节水技术措施。在播种阶段，推进全覆膜播种技术，一方面可解决由于春季干旱，难播种、难保苗的问题，另一方面解决了旱地作物生育期水分利用率低和产量低等问题，可大幅度提高区域农田综合生产能力。在生长阶段，除维护好防渗渠外，还采取了短窄畦灌溉和膜下滴灌等技术。总之，通过使用多种节水技术，不仅提升了水资源利用效率，而且也提高了土地产出率，在多种技术使用下，蒙清种植基地平均亩产增幅在30%~50%。如图4-10所示，目前，该技术经过改进后，水肥一体灌溉技术已经覆盖高茂泉全村，届时可满足周边水肥灌溉农田2000亩左右。

图4-10　蒙清水肥一体集成灌溉技术

（四）应用智能化节水管理新技术

近年来，随着信息技术广泛应用，智能化水管理技术已经成为优化水资源利用的重要途径。水管理节水技术主要是对水资源进行监测与收集，通过信息技术、3S系统等对农作物用水、生长进行模拟，实现灌溉用水现代化及科学化。该技术随着科技发展不断被完善，在一些发达国家已经能够应用到实际种植灌溉当中。

蒙清与华维节水科技集团股份有限公司开展合作，积极推进精量控制灌溉前沿技术，利用计算机智能化技术进行适时适量的灌溉，从而保证了作物生长的最佳环境。同时，该技术的应用不仅有效提高灌溉水利用率和作物产量及品质，还大幅提高了化肥和农药的有效利用率，减少了对农田生态环境的污染，促成了蒙清农田灌溉现代化管理水平和能力的大幅提升。智能灌溉管理新技术的原理如图4-11所示。

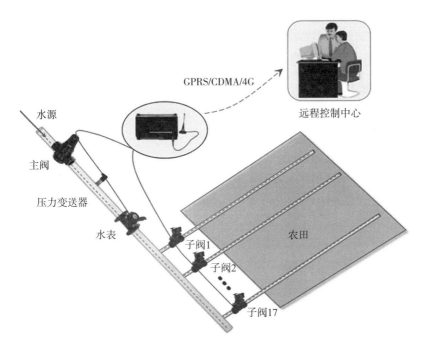

图 4-11　智能灌溉管理新技术的原理

图片来源：农机网，https：//www.nongjx.com/chanpin/2592053.html。

三、"新农人"模式破局"农之殇"

不可否认，改革开放以来，农村面貌焕然一新，农民人均收入增速多年来持续超过了城镇居民。但相较于收入的提速与城镇化的快速发展，农业的副业化、农村空心化、就业人口低质化已成为农村发展之殇，"谁来种地""靠谁来实现农业现代化"已经成为重大的现实问题。值得欣慰的是，农村人才问题业已引起中央和社会各界高度重视，国家已出台许多政策来解决该问题。与此同时，伴随着现代农业生产和经营管理技术日益广泛嵌入农业领域，以及支农惠农富农政策的加速出台，将催生出越来越多的新农人群体，届时，将会有更多有知识、有能力、有追求的人投身农业、成为新农人，也会有更多的新农人以农为业、以农为乐、以农为生，成为职业农人、职业农民。

蒙清所在的清水河县，历史上是一个山大沟深、交通不便、自然条件差、经济文化落后的地区，是国务院首批确定的重点贫困县。虽然近年来，在国家、自治区政策支持，以及清水河当地各级政府与群众共同努力下，清水河踏上了新时代追赶超越的新征程。但与同属呼和浩特市的其他旗县区相比，无论从经济总量、发展水平、发展条件，还是从政策重视程度看，清水河县都处于靠后梯队，存在被边缘化的境地，尤其在农业农村发展方面，面临的基础设施差、自然条件恶劣、人口结构老化、农村人口外流和从业人员素质较低的问题尤为突出，在这样的大背景下，解决谁来种地的问题就显得更为紧迫与必要。

在这样的环境和条件下，蒙清对发展新农人农业进行的先行探索，以及在实践中形成的独特模式与经验，就有着更为显著的现实意义与价值。首先，在新农人农业经营主体上有了更深层次的转变。已经从单纯家族转变为家族和村民共同进退，再到家族、村民和外部新农人协同发展的新阶段。在新农人农业培育上，形成了蒙清主导、周边村民为基础和吸引外来大学生以及专业人士为骨干的发展格局。尤其是蒙清董事长刘峻承生长于高茂泉村，作为都市白领勇于返乡创业，继续讲述"小香米"的故事，成为新农人农业中的标杆。其次，对新农人农业发展边界进行了全新探索。围绕农业主业、功能开发和配套服务方面进行了全产业链构建，公司培养和引进多领域人才。此外，蒙清在新农人农业发展模式上进行了全新实践。蒙清2016年成立了"蒙清乡村创客中心"，打造了国内首家乡村创业服务系统集成平台，为创业大学生和返乡农村青年提供了一个创业平台→为创业者/创业团队提供创业培训和指导→为创业者提供创业项目→为创业者链接各方资源→孵化成为一家企业，其产业链上诞生了"九更醋""遇见海棠""清河田园""高茂泉文教"等孵化项目。蒙清在新农人农业发展方面的做法与成就可归纳为以下几个方面。

（一）深化新农人农业内涵

"新农业"和"新农人"近年来常被提及，且经常同时出现，但这两个词并不是并列的，新农业是相对于传统农业的大概念，有别于传统农业，新农人是新农业的重要组成部分。相比新农业而言，新农人特指那些为了创业理想而投身到农业行业之中的创业者，他们通过承包等方式，获得拥有使用权的土地，然后在此基础上进行养殖、种植方面的创业，并通过团队的智慧进行管理，进行科学化、系统化的生产创业活动。一般而言，新农人定义有广义和狭义之分。狭义的新农人是指来自农村以外的新的农业投资经营人，他们来自城市和异乡，以租地务农为生，把农业收入作为主要收入来源。广义的新农人就是新型职业农民，他们具有较高的农业种养技术技能和经营农业的能力，规模化地从事现代种养业。

新农人植根于农村，创业于农业，成功于农业。新农人大多出身草根，新农人是农民的新群体、农业的新业态、农村的新细胞，他们更代表新农业的未来。他们既可以是城里人，也可以是返乡农民工，更可能是来自农村内部的种养大户。正是基于这样的内涵认识，蒙清立足农业，但又不仅仅局限于农业，而是围绕农业多个环节、多种功能和企业经营多个节点进行全新探索与实践，这是蒙清经过多年发展对于新农人农业观念内涵的再认识与再深化。如图 4-12 所示，结合企业发展实际，蒙清进行了全方位引才与育才，大大拓展了新农人内涵与范围边界。截至目前，公司培养的人才覆盖了研发、管理、市场、销售、餐饮等多个领域，涵盖的人群既有本地的乡土人才，也包括了引进的大学生与优秀企业人才等外来人员；既有专职种植环节的人才，也有食品加工方面的专业人才，更有围绕农业功能开发和服务产品价值提升方面的高级人才。

图 4-12　蒙清实践与实习生招募

（二）培育农业从业人员主力军

从新农人农业从业者的特征和趋势看，2015 年 5 月，时任四川省社科院副院长郭晓鸣表示，调研表明，70% 以上的新农人是以当地农村社区的农民为主的。这些人当中，有种粮大户、专业大户、家庭农场主等，其中，也包含了打工返乡的农民工、当地农技员等，他们的出生地都在本地，本土性和稳定性强，他们是固守农业的乡土精英，这些留下来的人，将成为我国未来农业发展最可靠的主力军。蒙清在发展中充分认识到，当地农业从业人员技能提升的重要性。如图 4-13 所示，由蒙清牵头成立的内蒙古合利农牧业专业合作社，定期组织培训，确保农民种植符合有机规范；对于贫困户则开展了订单农业模式，给予贫困户培训、种子、肥料等，引导其在自己的土地上按标准进行种植和管理。同时，为了充分发挥乡村妇女积极作用，加强了对愿意进入公司工作的农村妇女的培训，让她们拥有一技之长，并鼓励和支持她们因地制宜进行就业创业。

图 4-13　本地区农业从业人员培训现场

（三）增强新农人的融入感

对于人才，蒙清通过多种措施和创造多种条件，既强化了这些人对企业的认同感和融入感，又增强了他们对于农业农村发展的自豪感和立足农业农村发展的成就感。一方面，对于已引进的人才，不仅关心他们的生活和工作，也通过完善绩效考核体系和实施分配体系多元化，努力提高其工资和福利待遇，实现情感留人、待遇留人。另一方面，积极搭建平台与载体，结合企业员工年轻化特点，组织员工在周边地区开展了一系列探奇历险与生活体验活动，增强其对农业农村自然景观和原生态生活的了解与体验，强化了身心的融入感（见图4-14）。通过采取"走出去""请进来"等多种灵活多样的形式和途径，蒙清努力为人才提供学习、培训等良好成长发展条件，鼓励员工参加各类专业培训、深造，并有目标地选送核心团队成员参与专业培训，不断更新提高他们的知识水平。

图4-14　蒙清员工体验活动

（四）搭建新农人创业创新平台

在"大众创业、万众创新"的时代背景下，蒙清充分认识到，若要保持企业可持续发展和市场竞争力，就必须拥有优秀的企业人才队伍。为此，蒙清积极打造各类创业创新平台，为返乡创业和致力于农业创业的大学生和青年提供一个能在农村落脚的基础服务平台。一是成立蒙清·创优乡村创客中心，实现了集聚新农人、整合新资源、开拓新思路（见图4-15）。二是提供乡村创业创新实践基地。依托蒙清种植基地，创业者既可以成为蒙清的战略合作伙伴，也可以独立进入市场运作。三是设立创业分享交流体验空间。2017年，蒙清成立"一座农桥"体验店，并在呼和浩特市赛罕区金桥电子商务园区设立300多平方米的分享交流体验空间，为农创精英搭建创业展示平台，为农产商品提供体验转化空间。"一座农桥"以其前沿科技应用、多媒体一体化体验创业的前沿定位与形象，吸引了那些有志于投身农业或对创业怀有梦想的青年群体，成为农人及行业技术分享、经验交流、资源对接、人才培养的展示和孵化平台；帮助创业团队一起打造"乡村创业天堂"，并将乡村优质的产品通过创业项目推向市场，推向大众；创业输出的产品或成果又可以通过"一座农桥"本身及其链接的多方资源推向市场。

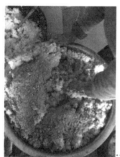

蒙清创优乡村创客中心——米酒、米醋项目　海红果产品加工车间，目前已完成商标"遇见传统工艺、纯手工酿造，利用粮食加工下脚料，　海棠"注册，进入生产许可申请前的筹备阶段提高原料利用率和附加价值

图4-15　蒙清创客项目

四、休闲农业"老命题"有了"新玩法"

"休闲农业"一词来自"休闲产业"，是农业产业结构调整中出现的一种新型绿色产业模式，休闲产业泛指提供休闲服务及满足休闲需求的产业。虽然目前人们对休闲农业的阐释有所不同，但其内涵具有一致性，即充分利用农田景观、农业产品、农业经营活动、农耕文化、农业自然环境、乡村人文资源等，经过规划建设，以发挥农业的旅游、休闲功能，增进民众对农村与农业的体验，为游人提供观光旅游、休闲度假的空间环境。

20世纪90年代，我国休闲农业开始起步发展，到21世纪初，休闲农业已进入一个全面发展期，呈现出旅游景点增多、规模扩大、功能拓宽和分布扩展的良好态势。截至2019年，全国有10万多个村开展休闲农业与乡村旅游活动，休闲农业与乡村旅游经营单位达290万家，其中农家乐超过200万家，年接待游客接近21亿人次，年营业收入超过5700亿元。2011~2020年我国休闲农业与乡村旅游人数如图4-16所示。顺应休闲农业发展新趋势，2015 年，国务院办公厅出台《关于进一步促进旅游投资和消费的若干意见》（国办发〔2015〕62 号），提出实施乡村旅游提升计划，开拓旅游消费空间，并大力推进乡村旅游扶贫。在此政策助推下，未来休闲农业和乡村旅游具有巨大发展空间，有关研究表明，未来十年我国休闲农业和旅游收入将保持在 10% 以上的增长速度。

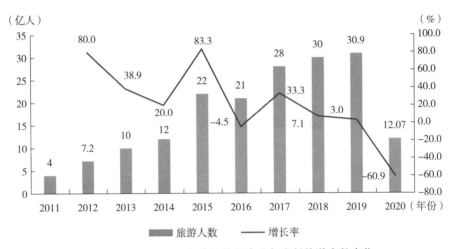

图 4-16　2011~2020 年我国休闲农业与乡村旅游人数变化

资料来源：前瞻经济学人. 2020 年中国休闲农业和乡村旅游行业市场现状及发展前景分析万亿规模市场待开启［EB/OL］. https：//baijiahao. baidu. com/s? id = 1684839676068351088&wfr = spider&for = pc，2020-12-01.

结合新时代发展休闲农业的新价值、新机遇，蒙清逐步认识到，发展休闲农业和乡村旅游对于推进农村一二三产业融合发展，实现企业发展、农业增效、农民增收、农村增绿，进而满足人民日益增长的美好生活需要具有重大意义。基于以上方面的考虑，蒙清以乡村生活体验区与景观综合体打造为抓手，正在着手高茂泉村田园综合体示范区建设，联手研发五谷杂粮伴手礼、文创产品，打造"田园大讲堂"等新农人研学平台，并积极弘扬五谷文化，建设中国杂粮博物馆等。总之，通过要素整合、文化植入和当代技术嵌入，蒙清正在开启休闲农业发展全新爆点。

（一）打造作物种植大景观

由于休闲农业具有农业和旅游业的双重属性。在休闲农业发展过程中，除强化生产性这个基础外，观赏性和生态型也是其考量的重要因素。观赏性：指农作物、林草、花木和饲养动物等具有观光功能，通过观光活动，使游人获得绿色植物形、色、味等浓厚的大自然的意趣和丰富的观赏性。生态性：休闲农业与自然环境密切相关，是城市居民所欣赏的绿色景观，发展休闲农业有利于保护生态环境，塑造乡村新风貌。

结合地形地貌和作物生长外观特点，蒙清正在着手进行农业景观开发，通过种植超大面积、高观赏性的农业景观、林果景观以及可视可感现代信息技术的应用，给游客高低错落的画面感和震撼感，形成开敞空间，缓解消费者内心的空间狭隘感，形成强大的视觉及心理震撼力和绿色采摘乐趣，以缓和城市空间带来的压抑感（见图4-17）。

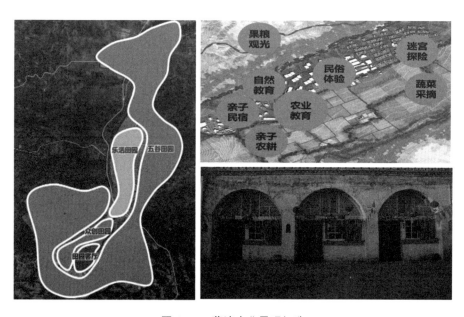

图4-17　蒙清农业景观打造

（二）探索田园综合体新模式

休闲农业发展中，游客除了可观光、采摘、购买、观赏、垂钓、体验农作、了解农民生活、享受乡土情趣外，还可以参与体验农村丰富的乡土文物、民俗古迹等多种文化资源，并与乡村休闲度假结合在一起，让参与者更加珍惜农村的自然文化资源，激起人们热爱劳动、热爱生活、热爱自然的兴趣，进一步增强人们爱护自然、保护环境的意识。这种"农业+旅游业"性质的农业生产经营形态，既可发展农业生产、维护生态环境、扩大乡村游乐功能，又可达到提高农业效益与繁荣农村经济的目的。

出于以上方面的考虑，蒙清引入战略合作伙伴田园东方，坚持农业生产、生活和生态同步发展原则，以共建高茂泉村田园综合体为抓手，积极打造产业生态圈、社区生态圈和自然生态圈（见图4-18）。一方面，开发窑洞资源。窑洞是中国西北黄土高原上居民的古老居住形式，窑洞最大的特点就是冬暖夏凉。蒙清通过对脱贫户以及废弃窑洞进行民宿化改造，能够让更多人走进窑洞、了解窑洞文化、体验窑洞生活。目前，一期民宿改建已经完成，并已投入试运营，农户每年出租窑洞可收获房租6000元。另一方面，加快建设五谷杂粮博物馆。博物馆分别展示各种植物在不同生长时期的形态与特征，以及当代杂粮加工发展历史，从而使广大青少年能够更加全面地了解我国五谷杂粮的种植历史、粮食作物的多样性，粮食在人类日常生活中的重要性，以及粮食作物的多样性，并能直观地感受到它的全貌。此外，围绕方便生产生活这一新要求，积极打造民宿街区、五谷餐厅和亲子农场，完善村庄道路、排污等配套设施建设。

（三）打通吸引游客群体新渠道

一直以来，乡村都是人们追求自由自在生活的向往之地，也是人与大自然最直接相处的安宁家园，从近年乡村旅游群体来看，城市居民为出游主力军，"80后""90后"用户居多，"00后"出游人数呈上升趋势，家庭、情侣、团队等是主要出游群体。在此背景下，如何吸引城市新群体，并从众多的乡村中脱颖而出，就成为休闲农业发展成败的关键。蒙清深思熟虑后意识到，除了突出情怀外，更要从融入城市群体来吸引乡村旅游客源，而其中一个重要的途径就是要打通杂粮从生产到消费通道，即在城市布局餐饮店，通过消费者体验来激发休闲向往感。由此，蒙清重新梳理核心价值，整合资源，以优质的产品、完善的服务，快速开拓餐饮大客户，通过成为西贝莜面村杂粮供应商，借势餐饮巨头，以及线下布局"一座农桥""谷之味"等餐饮体验店（见图4-19），进而增强了消费者走出家门走进乡村，真实体验乡村生产生活的吸引力。

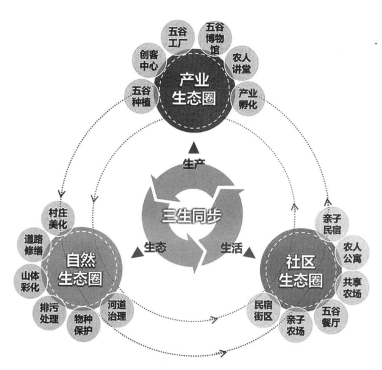

图 4-18 蒙清田园综合体立体场景

图 4-19 蒙清线下体验场景打造

五、"信息化"让产业更加"智慧化"

智慧农业是伴随着现代信息技术革命探索出来的农业现代化发展的新模式，是集集约化生产、智能化远程控制、精细化调节、科学化管理、数据化分析和扁平化经营于一体的农业发展高级阶段。智慧农业是现代信息技术与农业生产、经营、管理和服务全产业链的"生态融合"和"基因重组"，可以从生产、物流、营销等环节彻底升级传统的农业产业链，提升效率，优化结构。

随着无线传感器监测、远程监控系统、云计算等技术日趋成熟，现代信息技术被逐步应用到智慧农业建设中，在个别地区实现了农业生产自动化、智能化，并可实现远程控制，提高了农业生产的管理效率、提升了农产品的附加值。目前智慧农业技术已经应用到温室植物种植、畜牧养殖、水产养殖、农产品质量安全追溯等诸多领域。智慧农业生产管理系统如图 4-20 所示。智慧农业在我国前景十分广阔，根据前瞻产业研究院测算，2020~2025 年中国智慧农业市场规模将会维持中高速发展，预计 2025 年将会达到 3340 亿元。

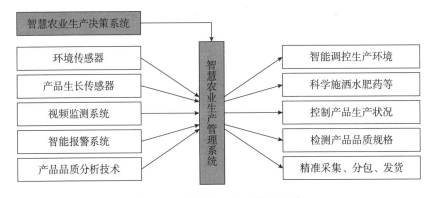

图 4-20　智慧农业生产管理系统

蒙清所在的清水河县基础设施建设整体较为滞后，尤其在信息化基础设施建设方面更是滞后于呼市周边旗县，而具体到农村，这种境况更为明显，这也是当地发展智慧农业普遍存在的掣肘。为搭乘信息技术便车，更好推动农业全产业链改造升级，蒙清在智慧农业发展方面独辟蹊径，跳出了当地通信网络与软硬件发展滞后的掣肘，充分借助外部力量，在发展智慧农业方面进行了先行探索。

（一）促进生产过程智慧化

智慧农业以智慧生产为核心，智慧产业链为其提供信息化服务支撑，使农业全产业链中的营销、物流、消费成为智慧农业生产的可靠信息支撑网络，引导农业生产信息化决策、高效化生产、差异化服务。其工作机理主要通过"3S"技术、物联网技术利用多样、多源遥感设备、智能监控录像设备和智能报警系统监测农产品生产环境和生长状况，利用科学智能的农业生产要素遥控设备实时遥控管理农产品生产状况，水肥药食自动投放管理，提高农产品品质、产量，降低生产成本。

在杂粮种植环节，蒙清与上海华维节水灌溉股份有限公司合作，借助现代化感知软硬件，将智能设施与互联网广泛应用于农业测土配方、茬口作业计划以及农场生产资料管理等生产计划系统；同时通过运用物联网系统的传感器，对环境中的温度、相对湿度、光照强度、土壤养分等物理量参数进行实时检测，再通过各种仪器仪表实时显示，或作为自动控制的参变量参与到自动控制中，从而保证了农作物有一个良好的、适宜的生长环境。在种植管理环节，蒙清与华维、金正大等公司合作，布局建设了智能感知系统和作业灌溉智能操作系统，并制定相关预案与措施，做到了精准化管理与应对。在食品安全环节，与京东合作，构建了蒙清产品溯源系统，通过在生产环节和货运包装中加装电子标签，并在运输、仓储、销售等环节不断添加、更新信息，从而搭建起有机农产品安全溯源系统。总之，借助先进信息技术，蒙清加强了农业生产、加工、运输到销售等全流程数据共享与透明管理，实现农产品全流程可追溯，提高了农业生产的管理效率，促进了产品品牌和附加值的提升（见图4-21）。

图4-21　蒙清生产领域智能化建设

（二）突出个性化与差异化营销

首先，借助电视等主流媒体，已成功为西贝莜面村开发了曾在《舌尖上的中国》上展示的黄馍馍，黄馍馍由清水河特产黄米面、糜米面、小米面等制作而成，大幅提高了蒙清乃至整个清水河县五谷杂粮的社会知晓率。其次，蒙清在天猫、京东平台开设了旗舰店，同时在京东入驻了京东超市，成为京东十大粮油供应商之一；在善融、融E购平台进行了精准营销，通过创新产品和主题活动等线上线下互动，赢得了众多消费者的认可，取得了非常好的销售业绩。此外，借助已入驻平台，通过线上线下互动，围绕消费者消费杂粮方面的痛点和难点，定制化推出的系列速食食品，解决了杂粮不好吃、不易吃、不会吃的问题，受到了消费者（尤其是"90后"和"00后"群体）的青睐。

搭乘互联网销售新模式，2020年内蒙古电视台五大知名网红主播雷蒙、孙晓雪、名研、郭大才、小房子在抖音、快手两大平台的5个直播间同时启动，蒙清"吃粗来"每日粥料和荞麦面是雷蒙老师"雷蒙说民生"直播间的启动产品，雷蒙老师和清水河县原县长亢永强共同推荐带货，亢永强重点介绍了清水河作为内蒙古优质杂粮产区的产地优势和杂粮的绿色天然的种植环境，以及蒙清农业作为清水河当地的龙头企业，通过收购生活困难农户的农产品，帮助更多的清水河县农户增收；雷蒙老师重点从产品口感、品质、包装细节和适宜人群角度做了介绍，为大家普及介绍了杂粮的营养健康知识，诚意推荐好货。在率先启动包含"蒙牛、蒙清"等 11 个"蒙字号"优质农产品和特色美食的宣介工作，实施"蒙字标"认证，打造"蒙字号"品牌的同时，活动全面推出品牌形象宣介栏目及新媒体产品，以网络宣介、视频宣介为重点，开设"爱上内蒙古"专题栏目，推出《唱起草原的歌》音乐节目和《"内蒙古味道"厨房》节目，开展内蒙古文化上抖音、"爱上内蒙古"系列网络直播、"网络红人"内蒙古品牌形象推介等活动；策划推出《"亮丽内蒙古"文化普及口袋书》，在报纸、电视台、期刊、网络、客户端、微信、抖音、快手同步开设专栏、专题、频道、话题，形成全媒体传播矩阵。五大直播间主播和当地官员在当天下午持续多轮推荐蒙清"吃粗来"系列产品，在下午掀起了一个又一个销售高潮，经过连续 7 个多小时的直播，当天活动在 10 点半左右完美收官；蒙清"吃粗来"产品取得了销售 25168 单，合计 884948 元的亮眼销售成绩（见图 4-22）。

图 4-22 蒙清线上销售布局及直播带货情况

（三）精准提供全方位农事信息服务

与此同时，智慧农业也是农业生产领域的重要决策助手，通过大数据分析、农产品物流管理技术以及农产品品质检测技术，根据智慧农业生产决策系统中的农产品具体需求信息、物流信息以及农产品生长信息，精准确定农产品具体采摘时间段（精确到小时）、采摘数量、物流情况以及农产品品质规格，从而降低农产品损耗，保证水果、蔬菜、水产品在消费时的鲜活度。

蒙清规划中的二期可追溯体系将应用区块链技术，对经营过程中产生的各种数据进行针对性分析，通过对土地、种植、收成等数据采集、汇总和分析，有望在有效解决信息服务"最后一公里"问题上取得突破，从而为周边乃至整个清水河农业发展提供科学指导，提高种植业生产管理决策水平，增强市场抗风险能力。蒙清智慧农业应用如图4-23所示。

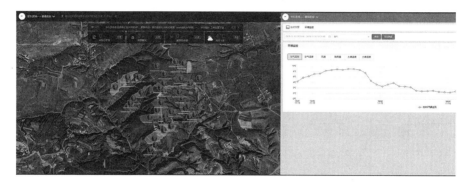

图4-23　蒙清智慧农业应用

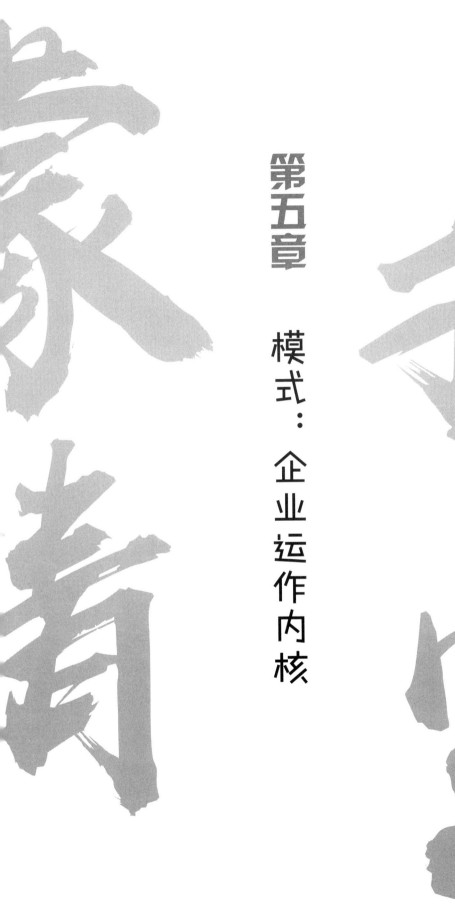

第五章

模式：企业运作内核

"大国小农"这四个字，既是我国农业发展的真实写照，也是蒙清发展的现实基础。正是基于这样的现实，经过多年发展，蒙清无论从生产技术到产品研发，从种植模式到种植理念，从企业管理到文化打造，都进行了大胆探索和创新，并形成了具有蒙清特色的六大企业运作内核，稳步提升了企业的核心驱动力，使企业在激烈的市场竞争中总能化危为机，行稳致远。

一、市场导向筑牢企业发展之基

农业产业化必须以市场化为前提，离开市场来谈农业产业化是一种空谈。现实中许多企业对以市场为导向，以消费者需求为中心的提法并不陌生，但其理解往往带有片面性，认为以市场为导向就是跟踪市场，市场上什么产品畅销，就发动组织农民生产什么，联合加工企业加工什么，带有很大的盲目性，这也是长期以来，农村地区"丰产不丰收"、农产品"卖难买贵"现象时有发生的重要原因。经过二十多年在小米行业的深耕，蒙清紧扣市场需求导向，在产品和服务方面不断契合消费者需求升级新趋势，在逐步扩大市场的同时，全面筑牢了企业发展地基。

（一）内在实力赢得市场认可

清水河县是一个以杂粮种植为主的旱作农业县，谷子栽培历史悠久，是清水河县主要粮食作物之一。20世纪50年代，清水河本地种植户中就开始有人以"清水河"小米的商品名称对外销售自己的产品，以区别周边地区产的小米，价格也比其他小米高出一筹。20世纪90年代，蒙清公司创始人刘三堂经过试验、示范，改良并推广了清水河县种植的小香米等品种，使清水河小香米从产量到质量都有了进一步的提升，市场范围进一步扩大，带动蒙清公司所在的清水河县宏河镇高茂泉村成为远近闻名的小香米之乡。与此同时，经国家农业农村部谷物检验所检验分析，蒙清小香米所含的17种氨基酸和钙、铁、锌、硒等多种微量元素和各种维生素以及生物退黑素等人体必需的多种营养物质丰富，比例均衡，居中国同类作物及其他所有作物之首，这既奠定了蒙清在同行业中的地位，也强化了消费者对蒙清小香米的品质认同。

进入21世纪以来，随着人们生活质量的提高，人们对食品的要求不再停留在解决温饱问题上，追求的是健康饮食。与需求导向变化相对应，居民膳食结构发生了很大变化，大米和面粉等大宗消费品已不能满足日益变化的消费需求，人们对绿色食品、稀有精品越来越青睐，粗杂粮以其特有的营养、保健、绿色的特征，越来越为消费者所认知和接纳。适应新时期绿色化、健康化消费新趋势，蒙清积极扩大种植规模，严把产品质量关，在市场上进一步站稳了脚跟。在原材料上，蒙清对生产原料严格把控，从品种、种植和施肥等环节统一进行指导，并且以蒙清所在的高茂泉村为主要产业基地，不断进行产业资源优化整合；生产工艺上，在国内首次引入先进生产装备和生产体系，大幅提升加工能力；在环保上，蒙清始终把绿色环保理念放在第一位，坚持最严格的环保标准，为消费者生产绿色环保健康食品，让消费者买得放心吃得安心。

当前，我国消费正面临全方位变革，一方面消费结构在升级，消费生态从有形物质品转向无形服务品、从注重量的满足向追求质的提升这一方向切换；另一方面消费群体与消费渠道也正在经历全新变革，"90后"和"00后"群体正在快速崛起，个性化消费新趋势正在快速形成。立足更好满足消费者个性化新需求，蒙清针对减肥、控糖、养生人群打造了一款杂粮速食面——"吃粗来"燕麦泡食面，燕麦泡食面在原料新鲜度、安全性（零添加）、便利性等方面，均突破了传统食品工业化生产瓶颈，口感品质可以和家庭厨艺相媲美。在商品的基本功能之外，"吃粗来"在产品外包装及健康理念上做足文章，在深入理解消费者的基础上不断提升产品迭代能力，通过产品多样化、生产定制化，应对消费群体变迁和消费需求升级。"吃粗来"燕麦泡食面一经推出，就迅速抢占各大速食消费市场重要位置，蒙清的杂粮面品牌"吃粗来"已经进军北京、成都、深圳等消费主力城市。同时，为了让服务更加完善，蒙清线上引入云设计系统以及"线下体验馆"，以体验区的方式来展示蒙清生产流程及具体成品，满足消费者线上线下双重体验，让消费者满意，从而最大化提升了产品市场竞争力。

（二）独特定位彰显专有个性

如今，杂粮行业内品牌不断涌现，消费者需求呈现多样化，但原材料等环节的成本也在快速增加，不断挤压企业利润，市场竞争越来越激烈。因此，企业要想在行业中长远立足，必须要根据自身的特点和优势进行特色化经营，积极谋划市场定位，创新营销模式，形成独特的核心竞争力。

创业伊始，刘三堂就有创建品牌的理念，当时市场上的粮油包装简陋，小米多数都是用麻袋包装。刘三堂却用印有注册商标的精致包装，他认为，"黄金从不用麻袋装"，好的产品包装会给人增加好感。小香米种植期比一般小米长，需要150天，这是倾注了他的心血、精力研发的优质品种，所以小香米从出生就是要走中高端路线，结合当时的时代特征，定位为礼品。刘三堂结合他多年的从医经验，又给小香米申请了绿色认证和有机认证，为小香米的品质保证增加了官方的信誉；在品牌营销方面，刘三堂用自己一家人的照片作为公交车广告，以企业家和全国人大代表为背书，进一步强化了小香米的公信力和品牌认知度。

针对小杂粮产业整体叫好不叫座，大众虽有需求，但是品牌产品依然鲜有问津，大多只能依靠礼品市场等问题与短板。在深刻洞悉消费者越来越青睐杂粮食品，但是自己又不会做，更懒得做，所以更倾向在餐饮店消费的实际，蒙清结合消费新趋势，提出了新的定位，以原粮供应拉动企业规模化发展。为此，蒙清调整企业攻坚方向，将自身定位为优质杂粮供应商，充分利用基地与产业链优势，做好餐饮配套服务，先抢市场，再创利润，以供应量领跑行业。围绕这一新定位，蒙清进行了全方位战略新部署，在战略借势方面，提出要借助知名餐饮品牌，快速抢占品牌餐饮配套市场份额。以优质的产品、完善的服务，充分发挥基地、产业链优势，快速开拓餐饮大客户，通过为西贝莜面村提供杂粮，借势餐饮巨头，快速提升行业知名度及口碑，成为"品牌餐饮的首选供应商"，快速打开销售局面；与此同时，通过打造"养生粥馆+杂粮体验馆"，用优质体验启发消费者追捧杂粮产品，通过现场体验杂粮制作各色美食，让消费者爱上杂粮并愿意尝试DIY，带动杂粮快消品快速增长。在品牌塑造方面，提出要积极打造明星单品，以拳头产品叠加好口碑提升行业地位，提炼40分钟熬煮时间与150天生长周期等专有特性，区隔竞品，让消费者自己"打假"。在系列措施带动下，蒙清小香米系列产品、体验店和线上销售已走出内蒙古，逐步走向全国。

（三）模式创新实现产销无缝对接

在推进杂粮生产、加工发展的同时，积极开拓杂粮市场，构建覆盖全国、布局合理、设施先进、功能齐全、沟通城乡的现代流通体系，推进产销无缝对接。一是加强市场建设。在杂粮集中产区，新建和改建标准化杂粮仓储物流中心。加快在京津冀、长三角等地设立总代理、直销店。以先进国际理念和经营模式提供批发交易、展示直销、物流配送、进出口代理、电子商务、信息发布等全方位服务。二是创新营销方式。开展杂粮职业培训，引导大学生、复转军人、农民工等返乡下乡人员创建新型经营主体，扶持发展杂粮种植大户、家庭农场和合作社，鼓励组建杂粮联合社。积极探索产销直挂、连锁经营、订单农业等营销模式。三是培育知名品牌。借助各地特色农产品博览会、特色农产品上海展销周等推介活动，借助窑上田杂粮区域公共品牌，不断提高小香米杂粮品牌的知名度和美誉度。四是积极实施"借船出海"战略，依托河北、山东等区域市场和技术装备优势，委托当地进行直接加工和销售。此外，借助各类媒体，深度挖掘和传播清水河县杂粮"优质安全、膳食平衡、营养保健"的功能理念，讲好清水河县杂粮背后的农耕文明和人文故事。

二、全链构建激发企业发展活力

我国农产品的加工产值仅占农业产值的 60%，相当一部分农产品仍停留在低附加值的初级原料销售层面，而国外发达国家农产品的加工产值大都是农业产值的 3 倍以上。由于农产品加工滞后、转化率低，农业经济效益低、农民增收困难，一些农村甚至出现高产低效、增产不增收的现象，严重影响企业（或农户）从事农业生产的积极性。基于以上方面的问题，蒙清以构筑全产业链为抓手，围绕农产品加工转化，从科技成果研发转化、示范基地建设和杂粮精深加工等方面入手，找准突破点，现已形成包括以小香米为特色的杂粮育种、种植、收储、加工、销售、连锁餐饮、五谷杂粮文化体验为一体的农业综合企业，其全产业链构建内核主要表现为以下几个方面：

（一）破解杂粮发展技术瓶颈

把提高杂粮单产水平作为科技创新的首要任务，促进杂粮产业由传统农业向现代农业转变。一是加快新品种选育引进。实施优势杂粮科技创新工程，坚持培育与引进相结合，加快品种更新换代。依托农业科研院校，组建杂粮产业技术体系，积极挖掘谷子、燕麦、小香米和荞麦等优势地方品种，及时进行提纯复壮，建立良种繁育基地，培育一批高产、优质、多抗、专用新品种。二是加快全程机械化集成技术推广。在推广杂粮精量播种、覆膜穴播和膜下滴灌等适用技术的同时，着力解决杂粮生产间苗、除草、中耕等劳动用工大的问题，加快推广符合山地作业、与杂粮生产技术配套的小型农机具，提高杂粮机械化作业水平。三是加快完善标准化生产技术规程。坚持以高产、优质、绿色为导向，按照不同作物和生态区域，制定及完善与国家标准、行业标准相配套的易学易懂易操作的、符合当地杂粮主要作物生长特点的生产操作规程，实现主要杂粮作物生产有标可依、产品有标可检。

（二）加快开发杂粮功能产品

进一步开发营养、健康的便捷食材产品。围绕推进杂粮主食化、菜单化、熟食化、方便化的目标，蒙清在杂粮的市场化应用和推广上做了大量的工作。2010年，谷之味绿色餐饮体验店开业，客户可以在城市体验有机五谷绿色健康饮食。与此同时，刘峻承和黄福星高度重视新品研发，积极推动杂粮菜品研发创新，与香港厨师研究"小米扣辽参"新做法，开发杂粮保健类和功能类产品。以谷子、荞麦、燕麦为重点，以加工企业为主体，以婴幼儿、孕产妇、"三高"人群、糖尿病患者等为目标人群，积极开发食药同源产品和功能性产品。

（三）构筑"杂粮+"发展格局

丰富"小米饭、南瓜汤、小米加步枪"的杂粮革命文化内涵，深挖农副产品荞麦皮枕头、秸秆编织、五谷杂粮贴画等加工价值，促进杂粮旅游文化发展，进一步加大杂粮产业的经济效益。拓展农业功能，丰富休闲旅游度假产品，打造一条"研发—生产—种养殖—休闲—销售"的农业循环经济全生态产业链，开辟出休闲观光、农事体验、农业教育、采摘等特色消费内容，成为农民朋友的科普示范基地、城镇市民的生态观光基地、学生实验的体验基地。积极推进"杂粮+互联网"发展，借力网络平台，推动蒙清杂粮"平台+"加快孵化，助推蒙清从传统线下企业逐步发展为一个线上销售占比越来越高的新型企业。

（四）创新利益联结机制

蒙清在产业发展过程中通过创新性拉长产业链和完善利益联结机制，让农民从产业链中获得更多利益、共享产业发展成果，实现农民与企业的共同发展。第一，上游种植环节。2007 年，在长子刘峻承的启发下，刘三堂开始筹备组建蒙清农产品专业合作社，并在 2008 年初正式注册成立。合作社的成员不仅包括农户和蒙清公司，还囊括了呼和浩特蒙清小香米专业技术协会。也正是由于合作社发挥的关键作用，在 2008 年爆发全球金融危机年度里，专业合作社的成员，不论是企业还是农户都实现了预计增收目标，凡是加入专业合作社的农户都平均增收 1800~2000 元，实实在在地得到了好处。截至目前，蒙清农副产品合作社现有 200 多户成员，覆盖了清水河地区 3 个镇的农民，在这 200 多户成员中，大户和经纪人各占一半，他们又带动了 10000 户农民。部分没有加入合作社的村民，通过与蒙清签订合同，也能得到蒙清的优质农事指导与服务，在收入上得到了保障和稳步提升，2019 年蒙清与周边农户订单种植小香米 5000 亩，每户平均收入12040 元。第二，中游加工与销售环节。蒙清适时建立了小香米加工和包装线，目前蒙清小杂粮生产线已解决 60 多名农民就业，其中吸收高茂泉 5名脱贫户进厂务工，通过务工实现了增收和脱贫。随着蒙清宏河镇新工厂建设投产，将新增 100 多个就业岗位。第三，下游经营增值环节。遇见海棠项目为清水河打造的百万亩林果基地产品加工和销售找准出路，2019 年蒙清公司收购周边困难农户种植的海红果，每斤收购价 1 元，带动农民增收 6 万多元；蒙清规划的田园综合体建设，让农村社区化，让农民闲置资产包括闲置的房屋、土地、剩余劳动力等社会化，蒙清预计三年内流转 10万亩土地，建立高标准农田，以企业机械化生产+（农户经纪人+生活困难户）精细化田间管理模式，可实现 1000 万土地流转收益+生活困难户人均 3000～5000 元收益的效果。以企业+集体土地+农户闲置房屋、土地入股蒙清田园综合体项目，增加集体土地入股分红和村民入股保底分红，同时通过田园综合体农业种养殖、农副产品加工、文旅产业项目，农户可通过就业和保护价订单收购等方式实现增收致富。

三、组织创新提升核心竞争力

组织创新是指企业为适应外界环境的变化，对组织结构形式和运行模式进行调整，提高组织效率，从而提升企业核心竞争力的一种创造性活动。组织既是构成社会的基本要素，也是社会的呈现方式。因此，全球化、后工业化进程中的一切创新活动大多会发生在组织之中，会以组织创新去推动社会变革。尤其在当前这个高度创新、高度信息化的时代，组织创新显得更为迫切和重要。基于以上背景以及企业自身发展战略需求，蒙清对组织结构进行了大胆创新，以更好适应时代新要求，并在不断的创新中稳步提升企业核心竞争力。

（一）完善和优化组织架构

出于业务发展需要以及更好适应现代化国际化公司组织建设新趋势，蒙清的企业管理框架业已由过去家族企业的"一言堂"向完善的现代企业制度转变，在决策的顶层体系方面，既有外部田园东方战略投资者的加入，也有公司内部董事长、股东、董事会以及总经理等决策层的相应配置，决策体系更趋于科学化。适应业务发展新需求，企业逐步实现了从直线职能型向事业部制结构的转变，蒙清的组织架构由业务部门和非业务部门两大板块构成，业务部门包含快消品事业部、优质杂粮事业部、礼品事业部，非业务部门包含生产基地、人力资源部、财务部、市场部、企划部。公司下设蒙清创客、合利合作社、高茂泉文教等 5 家子公司。

（二）主动搭建项目运作平台

农村产业兴旺的关键是人才。为推进乡村振兴以及企业自身发展需要，蒙清积极搭建平台项目运作模式，在吸引年轻人返乡创业方面进行积极探索。一方面，以蒙清为产业主体，以协会组织专家、学者为保障，刘峻承投入了大量的时间、精力与资金，构建并运行的蒙清·创优乡村创客中心项目，现已成为国家科技部首批培育试点单位星创天地；通过搭建运作平台，不仅留住了创新创业人员，同时还培养了大量的业务人员。另一方面，为了便于城市与乡村之间的人才、信息、资源对接，蒙清·创优乡村创客中心在呼和浩特市赛罕区金桥电子商务园区建立了 350 平方米的"一座农桥"——为农人提供沟通、分享、互助、资源链接的聚合平台，成为新农人及行业技术分享、经验交流、资源对接、人才培养的展示和孵化平台，帮助创业团队一起打造"农业创业天堂"，并将农村优质的产品通过创业项目推向市场，推向大众。

（三）积极打造联合创新体

创新驱动是企业转型发展的新路径，但新时代企业创新中产学研深度融合至关重要，推动产学研深度融合，关键是要搭建起联合创新体。截至目前，蒙清公司先后与内蒙古农业大学、内蒙古师范大学、内蒙古农牧科学研究院等建立产学研联合，搭建起了杂粮育种、种植、加工研发中心等联合产业化的平台和载体。

四、标准化引领企业提质增效

现代化农业首先必须是标准化农业，只有完善农业全过程标准化管理，才能实现农业高产出、高质量、高效益。从蒙清近几年发展的历程看，正是秉承了标准化这一核心理念，才实现了企业的提质增效，进而在激烈的市场竞争中成为行业发展的引领者。其标准化引领的运行内核主要包括以下几个层面：

（一）制定详尽可行的技术标准体系

技术标准是标准化管理体系的核心，是实现产品质量的重要前提，其他标准都要围绕技术标准进行，并为技术标准服务。具体来说，技术标准是对生产相关的各种技术条件，包括生产对象、生产条件、生产方式等所作的规定，如产品标准、原材料标准、设备标准、工艺标准、计量检验标准、包装标准以及环保卫生标准等。从蒙清产品生产的技术标准看，其全程都建立起了相应的技术标准规范，具体包括，品类：小香米谷子；立地条件：产地海拔范围920~1100米；地膜覆盖可扩大到海拔1260米，无霜期145天左右，年降雨量440~550毫米。土壤类型有灰褐土、栗褐土、栗钙土、盐土、石质土、风沙土、潮土和沼泽土8类，pH值在7.5~8.5；栽培管理方面，选地：耧播种植方式耕深≥20厘米，土壤有机质含量≥2%。禁止重茬、合理轮作；播种：①播前准备：秋深耕20~25厘米，将土壤整平耙细。②播种时间：4月下旬至5月上旬。③施肥：每亩施腐熟有机肥2000~4000千克。④留苗密度：耧播种植株距15~18厘米，行距为24厘米，每亩留苗在1.5万~2万株。环境、安全要求：农药、化肥等的使（施）用必须符合国家的相关规定，不得污染环境。加工：采用国内外先进设备，严格遵循谷子→清选→风选→去石→碾磨→精选→定量→包装→成品流程；产品质量特色方面，理化指标：米粒千粒重≤3.5克，蛋白质含量为10%~14%，脂肪含量3.2%~4.5%。安全及其他质量技术要求：产品安全及其他质量技术要求必须符合国家相关规定。

（二）建立健全完善的管理标准

管理标准是生产经营活动和实现技术标准的重要措施，它把企业管理的各个方面以及各个单位、部门岗位有机结合起来，统一到产品质量的管理上，以获得最大的经济效益。管理标准是对有关生产、技术、经营管理各个环节运用标准化原理所作的规定，其涉及管理的各个方面，包括企业经营决策管理、生产管理、技术管理、质量安全管理、人事财务和标准化管理等。随着蒙清公司管理的逐步完善，蒙清在管理标准方面逐步得到了健全和完善。第一，基地管理方面。蒙清大力引入专业技术人才，不断完善和优化种植基地标准化操作流程，提升了作物的品质，确保了田间作物的安全。第二，有机认证管理方面。蒙清有机农庄严格遵照有机种植标准，一年一检，大气、水环境、种植、加工等都必须符合有机食品国家规范的最高标准等，实现了产品从种植到餐桌的全程监控，绿色足迹安全可寻，从源头保证食品的安全。第三，供应链管理方面。标准化仓管体系遍布各大种植基地，拥有先进的控温控湿系统及鼠疫防护系统。高效的自有物流及多家稳定物流合作企业，经验丰富的货运团队，专业的货运保鲜技术，确保绿色杂粮产品新鲜到达。

（三）形成灵活高效的工作标准

工作标准是生产高质量产品、提高生产经营效率、实现各项技术标准的重要保证。具体来说，工作标准是对各单位、各部门、各类人员的基本职责、工作要求、考核办法所作的规定，包括职责权利、工作程序、办事细则、考核标准和相互关系准则等。通过多年发展，蒙清形成了业务部门和非业务部门两大组织架构，有专职负责管理、研发、加工、种植、市场、电商、销售、仓储、物流、餐饮等的各部门，相应的工作标准也越发规范、合理和高效。

（四）积极采用国际先进标准

国际标准是指国际上公认的标准化组织（ISO）制定的标准，国外的先进标准，主要是指工业发达国家的国家标准及公司团体标准。国际标准及国外先进标准是世界贸易中衡量产品质量的重要依据，也是产品通向国际市场的重要前提。采用国际标准及国外先进标准，能保证生产和管理科学化、有序化，有利于促进技术进步和产品质量的提高，更好地合理利用资源、节约能耗和提高劳动生产率。企业产品要更好走向国际市场，企业就需要积极借鉴、采用国际标准或国外先进标准，以提高企业竞争力。尤其在我国加入世界贸易组织后，蒙清老董事长和新任董事长未雨绸缪、高瞻远瞩，积极对标国内外先进标准，公司生产的农产品从种植、加工环节开始严格执行《有机产品认证管理办法》、有机产品国家标准、《有机产品认证实施规则》等相关法律法规及国家标准要求，并将ISO9001质量管理体系及HACCP体系贯穿整个生产过程，通过规模化的种植基地建设、高标准有机化种植管理技术、农业新科技新设备的使用、可追溯的物联网系统建设，全程保障食品安全。从2006年起，蒙清连续13年获得食品安全高标准——中绿华夏有机认证，同时由于在杂粮种植和加工的高水准，蒙清成为京东农场的合作伙伴，2019年建成了全国唯一一个种植杂粮的京东农场——蒙清京东农场。

五、健全激励机制调动职工积极性

围绕成为杂粮行业真正的"经纪人"这一目标，蒙清切实发挥现代企业制度作用，坚持以人为本，在公司内部形成尊重知识、尊重人才的理念和价值体系，有效激发人才队伍的积极性、创造性和团队精神，形成了上下同心、共谋发展的良好文化氛围。

（一）以"家文化"为核心塑造融入感

蒙清的"家文化"，即将家庭位于企业文化的第一位，并且将这样的"家文化"渗透在企业的管理体制中。首先，从招聘来看，对于员工的面试，刘峻承总要亲自参加，面试成功后还要与其家长见面沟通和交流，员工在进入公司时便意识到公司对于家庭的重视；其次，在日常管理上，员工因家事请假，情况紧急可以超出原定休假天数并且实现带薪休假。很多人质疑，认为太过人性化是否能够有效的管理团队？刘峻承却认为，创业路是持久战，有乐趣有生活才能走下去，想得到家人的支持，就一定要支持家人，学会生活，然后再创业。刘峻承鼓励公司定期组织团队建设活动，凝聚员工士气和共识。在这些活动中"家文化"是一条一以贯之的主线，员工对"家文化"理念系统建设的参与度很高，久而久之，沉淀为企业的"沉稳、厚重、互助、友爱"的集体群像。

这种以"家文化"为核心塑造融入感，在蒙清员工郭跃身上体现得特别鲜明。2018年，一次机缘巧合，郭瑞应聘成为"蒙清农业科技开发有限责任公司"董事长刘峻承的第九任助理，开始了一年的助理+学徒生涯。在一年的助理工作生活中，在与性格、阅历各不相同的成百上千的人的交流过程中，逐渐由谨小慎微、含蓄内敛逐渐地转变为更加自信、周到、从容。同时，凭着年轻人的闯劲，先后开发了"小手拉大手，爱国、爱党、爱家园"、乡村振兴我参与——播种"心"希望、徒步黄河公益旅行、农耕文化精英教育、窑洞民俗体验、自然食育等文旅教育项目，通过项目对接广泛招募大学在校生参与到乡村的社会实践中来，增进大学生对乡村的了解，带领大学生参与到相关项目中，目前正在运营的内蒙古高茂泉文教科技有限责任公司已形成稳定运营团队，团队中的4人皆为返乡创业的大学生，公司也正在形成以高茂泉村为项目案例示范点，以农业产业和五谷文化为基础，结合高茂泉村在地的自然资源优势，整合乡村种植、生产、闲置民居、劳动力、环境资源，融合在地和外部资源，探索乡村文旅发展新模式。

（二）以"事业感"为关键激发归属感

正如刘峻承所言，在人才竞争激烈的今天，企业家要"种树"，而不是"摘果子"，同时作为新时代的我们，也要成为可以栽培的"种子"，成为务实的人才。基于此，蒙清以"事业发展"为切入点激发职工归属感，每年年末根据企业发展战略及组织架构调整，制定企业人才发展规划，提出人才发展目标和具体措施。努力为各类人才提供学习、培训和创新创业的良好条件与平台，鼓励员工参加各类专业培训，进行深造，并有目标地选送核心团队成员参与专业培训，使他们的知识结构不断更新和优化，更好成就事业。顺应国家人才强国以及创业创新战略，蒙清积极搭建大学生创业创新载体——蒙清·创优乡村创客中心，并在股权激励方面创新体制机制，激发员工成就感。

这当中，许占祥的创业事迹就是蒙清以事业感激发归属感的鲜明代表。许占祥出生于内蒙古呼伦贝尔市农村，家境贫寒，从小在农村生长的他，对农业、农村、农民有着浓厚的感情，因此在大学的时候他就立志要为祖国的乡村做一些事情，做一个返乡的新农人。2016年6月，许占祥在内蒙古师范大学的组织下，来到蒙清进行参观实习，在这次参观过程中得知蒙清要在暑期举办大学生乡村社会实践活动，于是许占祥便报名参加了蒙清的第一届大学生社会实践项目，一个月的社会实践活动让他深刻认识到乡村的发展离不开年轻人。于是实践结束后，还是本科三年级的他，利用实习的机会，留在了蒙清，不顾亲朋的反对，毅然决然投身农业。刚回到乡村的他并没有做和自己本专业相关的工作，而是喂了7个月的猪，紧接着又在工厂干了一年多生产、装卸车的工作。2017年7月，刚刚大学毕业的丁爽辞掉在呼和浩特市的化验工作，与许占祥一起投身乡村创业。2018年，经过深思熟虑后的许占祥启动了自己在乡村的第一个创业项目——利用当地特产小香米酿醋，虽然许占祥本科专业学的是生物，但是他没有实践经验，在酿醋的过程中他承受了相当大的考验。由于酿醋的适宜温度为26℃左右，他把醋缸搬进了自己居住的窑洞，醋在发酵的关键阶段需要每两个小时翻一次醋醅，当时他手机的闹钟从天黑响到天亮，这样的日子他在窑洞里的醋缸旁度过了三个月，熬过寒冬，迎来春天，他终于酿造出第一缸米醋，并给它命名为"九更"醋，之所以叫九更是因为他在某一天做醋的时候正好翻了9次醋醅，一天有五更，因此其中五更意为传统，另外四更意为创新，用来纪念他在寒冬里苦苦煎熬的每一个深夜，在酿醋的过程中许占祥还申请了一个发明专利和两个实用型专利。2021年，许占祥凭借蒙清·创优乡村创客中心新农人孵化的模式，参加了由教育部举办的全国"互联网+创新创业大赛"并获得铜奖，许占祥的基层创业事迹被新华社、人民日报、内蒙古电视台等多家媒体报道。

（三）以"获得感"为前提激发成就感

蒙清通过完善的绩效考核体系，以"获得感"为前提激发成就感，从而充分调动企业员工的工作积极性与创造性。蒙清·创优乡村创客中心一方面会投资创客项目，与毕业生创客共担创业风险；创客中心也得到了政府的部分资金支持，目前创客中心已获得政府150万元的相关专项资金，用于创客中心的日常运营。另一方面蒙清·创优乡村创客中心依托母公司多年创业经验，为毕业生创客提供创业指导。此外，除了资金、厂房场地与物料方面的支持外，蒙清·创优乡村创客中心还会提供部分的人力、人脉资源，为创客项目提供办理生产许可、市场销售等方面助力，以此来鼓励职工创业。以优化创客创新环境便利度为例，在蒙清的主导下将村里闲置的窑洞租赁改造成大学生返乡公寓，统一配备独立卫浴与 5G Wi-Fi，并改造村里荒废的旧小学，建设成专家工作站，为服务乡村的专家教授提供舒适的环境。蒙清通过五年的社会实践活动，共吸引了 30 余名大学生回到乡村参与乡村产业发展与创新创业，孵化了"遇见海棠"果丹皮、合利农牧业专业合作社、高茂泉文旅研学教育等项目。

六、以事缘为核心聚人心谋合力

人生逃不开血缘、情缘和事缘，无数企业家（尤其是家族企业）最大的死穴就是因血缘决定企业人员，为地缘影响企业事务。当事业发展到一定程度，血缘关系也会变为社会关系，企业家如果不能突破亲情的框架，事业就无法做大。这其中，如何平衡好"血缘、地缘和事缘"关系，就成为农业企业乃至农业产业化发展的关键。回溯荷兰的农业发展历史，其家族企业非常普遍，经营历史五十年以上的农资企业比比皆是，甚至百年企业也不在少数。并且，这些百年企业不仅限于生产企业，也存在于无数的种植基地，很多基地都是几代人传承下来的，百年专注种植一种作物。比照蒙清，其在发展中正是平衡好了"血缘、地缘和事缘"，几代人沿袭杂粮种植传统，刘三堂和刘峻承两代人专注于做大做强杂粮产业这个事缘，企业与所在地做到了互进退，从而实现了企业强和农村富。

（一）平衡地缘与事缘来延续杂粮种植业

深爱这片土地的刘三堂做梦都想让贫困的小山村走上致富的道路。1994 年，43 岁的刘三堂开始担任高茂泉村党支部书记。"从当上支部书记的那一天起，我就常常叮咛自己，一定要让更多的群众过上幸福生活。"

有了致富意识的驱动，刘三堂便于1996年在家乡成立清水河小香米种植基地，开创了内蒙古地区小香米农作物试验基地的先河。随着小香米种植面积的不断增加，刘三堂和村民签订了种植订单协议，订单农业的生产模式使蒙清与农户之间产生了良性循环，订单数量和谷物产量连年增加。总之，正是在这种相互成就中，小香米不但改变了刘三堂一家人的生活也改变了所有种植户的生活，而高茂泉村也从全县有名的后进村、"问题村"，摇身一变成为年人均收入1万余元的文明村、富裕村。

刘峻承常说的一句话是，"我不能忘了农民"。在刘峻承的带领下发展起来的蒙清，更加强化了企业社会责任意识，在他的推动下，多个科普惠农服务体系与培训中心成立，为农户种植提供了多种物资、技术上的支持与培训；与此同时，通过合作社，带动清水河全县上万户农民家庭相继加入蒙清，小香米的种植面积迅速达到了近3万亩。未来，蒙清规划三年内流转10万亩土地，建立杂粮高标准种植农田，实施企业机械化生产+（农户经纪人+生活困难户）精细化田间管理模式；同时积极开展丰收节、春耕节等活动，使杂粮种植这个传统行业进一步焕发出新的生机与活力。

（二）平衡血缘与事缘专注小杂粮产业化

在蒙清的发展过程中，刘三堂也在不断思考，他意识到不能仅仅考虑自己的生存问题，而是要考虑大家的问题，即通过做大做强企业，进而带动杂粮产业化发展，以带动更多人共同致富。但他也意识到，做大企业需要人才和新的理念，这让他想到了在大城市工作学习的儿子。于是他直接去了上海，找到当时还在上海上学和工作的两个儿子，劝说儿子返乡继承他的事业。起初两个儿子都激烈地反对他的意见，不愿意放弃上海的事业回乡种地，几次谈判都无功而返。最后，在离别上海之际，刘三堂推心置腹地对大儿子刘峻承说道："你是农民的儿子，农民的儿子都不考虑农民，不替农民考虑发家致富，那我当初辛辛苦苦培养你上大学还有什么意义？你是大学生，懂得比我多，如果你真的有本事，就是回来了将来还能再回到大上海，我们还可以从农村再到大城市，一步一步往前走。而且这一走，不只是你，还会有很多的农民跟着你一起进入城市，过上好日子呢。你自己也能够实现比现在更大的人生价值。"

在父亲的感召下，刘峻承回到了高茂泉村，他帮助父亲注册公司。为把蒙清小香米推出内蒙古，推向全国，他带领团队组织成立了"清水河县蒙清小香米有限责任公司""内蒙古蒙清科技开发有限责任公司"和"蒙清农畜产品专业合作社""蒙清绿色有机农庄""蒙清科技富民及农村党员培训中心""科普惠农服务站及科普宣传栏""小香米标准化栽培科普示范基地"以及"谷之味"有机绿色餐饮服务连锁店等生产加工经营机构和科普服务体系，进一步做大了小香米产业。2006年至今，蒙清的农产品走进了千家万户。当下，健康有机的食品已受到全社会前所未有的重视，从农庄到餐厅，从蒙清到"谷之味"，刘峻承始终秉承着以绿色捍卫大众餐桌的理念。未来，刘峻承对于自己的目标做出了规划，希望城市高品位的需求拉动农村的经济，希望将蒙清打造成中国食品绿色产业标杆，使农村到城市形成一个垂直供应产业链，助力中国健康产业进一步做大做强。

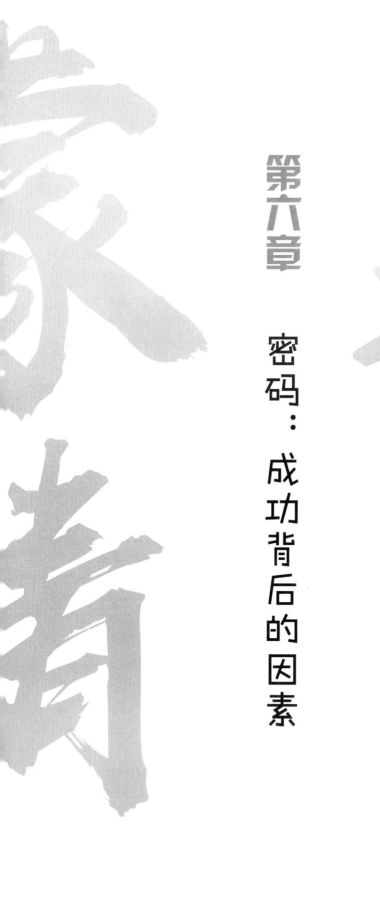

第六章

密码：成功背后的因素

在公司孕育、成长乃至发展壮大的过程中，蒙清始终秉承"爱家敬农"的情怀、深受"五谷文化"的浸染，秉持"社会责任"的担当和"与时俱进"的精神，最终形成了开放包容的发展格局和诚信敦厚的价值品质，进而指引蒙清确立正确的"义利观"、开放的发展观，厚重的家国情怀和坚韧不拔的精神品质，以及坚定的创新意识和顺应政策导向、抢抓政策机遇的发展意识，这就是蒙清公司的成长密码。蒙清充分契合我国农业农村发展的时代大势，紧紧把握市场需求变化脉搏，躬耕农业这片天地，开辟出了一条农业、农村、农民和企业、政府、社会共进共荣的发展之路。

一、爱家敬农的情怀

在农业领域谋求发展，需要怀有一颗懂农业、爱农业的初心，耐得住寂寞的定力，愿为之投入毕生精力的热忱和深耕农业的智慧，以及视农业为事业、希望的"信仰"，这是农业企业做大做强的重要前提。反之，如果仅仅是抱着赚钱甚至是赚快钱去干农业这一行，这样的企业扎不下根，也不可能长久。我们一直困惑，作为农业领域的一家家族企业，究竟是什么原因使其展现出蓬勃的发展生机呢？世界著名的汤普森金融咨询公司的一份调查研究结论使我们茅塞顿开，"我爱我家""视企如家"的情怀恰恰是家族企业成功的最主要因素，也是使家族企业表现好于非家族企业的关键原因，这种情怀在蒙清身上体现得十分充分，从"爱家爱企"进一步升华为"爱企敬农"、爱生我养我这片土地和感恩回报整个社会。

农耕文化在整个中华文化中占据着重要一席。回望历史，几千年以来中国一直都是以农立国，稷神崇拜和祭祀之风相延。对稷的崇拜经历了"稷官—后稷—稷神"的演变，古代稷神与社神祭祀往往并提，"社稷"成为国家的象征。粟文化深深烙印在国人的精神世界中，并深刻影响着人们的思维和人文情怀。蒙清的创始人刘三堂，就出生于清水河县这样一个谷海黍香之地，父子两代人正是源于对五谷文化的热爱使他们成为懂农业、爱农村、爱农民的人；正是对五谷文化的推崇，他们将奋斗的意义定义为让家人更加贴近土地，寻找精神家园的本底，而农业正是实现这一价值的最佳纽带。刘三堂从乡村"赤脚医生"成长为农业致富大户，从担任高茂泉村党支部书记到当选全国人大代表，从创办清水河县小香米加工厂到成立内蒙古蒙清科技开发有限责任公司，人生的诸多成就都是来源于这片他们热爱的黄土地，以及蒙清成长基因中永远都绕不过去的黄河水。

"建设农村的迫切任务摆在我的眼前，我要成为建设新农村的可用之才，带动更多农民走上富裕的道路……"这是父亲对刘峻承的教诲。热爱家乡，让家乡走向致富路的情怀一直萦绕着他，只要是想做的事、正确的事，刘峻承都会坚持去做，正如他当初毅然离开上海的优越环境回到家乡投身农业事业、发展"小香米"产业一样。想当初，同济大学毕业的刘峻承找到一份外企的工作，工资待遇高出同龄人很多，女朋友也入户上海，发展形势极好。三年的努力工作，让他成为了这家企业大中华区的负责人。就在此时，陷入发展困局的老父亲思考再三，决定亲身前往上海说服儿子，希望他回农村和自己一起创业，提出将小香米产业化的想法。经过深思熟虑后，刘峻承认定这是一件极有意义的事情，人生需要热血，生命不能枉费！今天城里长大的孩子享受着城市经济高速发展带来的繁荣和便利，却很少有机会真正了解和理解农村，未来的中国，如何建设成为一个更加美丽、富饶、可持续发展的国家，在很大程度上取决于我们建设一个怎样的农村。刘峻承回忆道："我始终认为我们生逢其时，如此幸运。尽管我不想放弃一切，但经过一番权衡之后，还是决定回乡，忠孝可以两全。"就这样，他辞掉安稳的工作带着未婚妻回到了养育他的高茂泉村，全身心投入广阔的农业事业中。回到家乡，他做的第一件事就是帮助父亲注册了内蒙古蒙清科技开发有限责任公司，"蒙清小香米"作为一个品牌正式面世。经过不懈的努力，他终于把父亲苦心培育出的小香米打造成一种全新的产业模式。刘峻承说："我是带着使命感从城市返回农村的，父辈为黄土地付出了一辈子，到了我这里，虽然外出读书，在大都市成家立业，但与农村的联系断不了，也不该断，我们需要考虑该为农村做些什么，让它在未来能有更好地发展。"

但不可否认的是，投身农业是一件冒险的事情，农业生产周期长、风险大、成本高、效益低。在农业领域打拼，需要有非同寻常的决心、耐心和韧劲。刘峻承的行为深深感染了自己的兄弟姐妹，几年以后，在刘峻承的影响和说服下，他的妹妹与妹夫也加入了返乡创业的队伍中，回到了高茂泉村，助力小香米产业。就这样一群热爱农业的"痴心人"为了心中的那份热爱与坚守齐聚于此。当这个家庭两代人用心用情投身农业、打拼未来，我们仿佛看到了从黄土地上走来的先辈，以及从这里再次出发的蒙清人。

二、社会责任的担当

　　企业受益于社会，也要回馈社会，发展中的蒙清一直默默地践行着这一理念。刘峻承认为，企业家不仅是财富的创造者，更应怀有对国家、对民族、对社会的责任与担当，要做一个回馈社会的有心之人。这种情怀折射出一个年轻企业家的智慧与胸怀，这也是蒙清持续发展的坚强基石和不竭动力。在国家提出脱贫攻坚的号召后，蒙清以实际行动作为响应，积极通过产业振兴带领乡亲勤劳致富。刘峻承谈到，"做企业不仅要有民族大义，更要有乡亲情愫，要做一个有良知的人；不仅要做个好人，更要做有智慧、有能量的人"，"龙头企业要对处于相对弱势的上游农户给予大力扶持，这样才能稳定企业发展的根基"。

　　为此，在实践发展中，蒙清始终坚持龙头企业和加盟农户的共赢生产关系，并牵头成立了内蒙古合利农牧业专业合作社。让农户实现零投入入社，并且给予农户以秋收后保护性收购价的优惠和保障，从根本上消除了农民卖粮难、增产不增收等后顾之忧。与此同时，合作社还为入社农户提供春耕资金、种粮计划、种子肥料、农机农具、标准规范、技能培训等各种服务和帮助，并借助蒙清的经营平台有效带动当地农户的脱贫与增收，实现企业与农民的共赢，为助力乡村振兴奠定了坚实基础。

　　与此同时，作为一家农业企业，蒙清时刻铭记"民以食为天"的信条，把做良心企业，为消费者提供绿色原粮、生产健康食品、创造美好生活作为企业最高追求。与近年来市场中屡见不鲜的一些无视食品安全、坑害消费者的不法现象相比，蒙清人始终把食品安全放在重要位置，以对消费者负责的责任意识守住绿色本底，实现了产品从种植到餐桌的全程监控，绿色足迹安全可寻，从源头保证食品的安全。经专业部门检验，蒙清小香米含有 17 种氨基酸和钙、铁、锌、硒等多种微量元素，营养更加丰富。其广告词"熬得住，更出众"，就是作为农业企业蒙清的价值坚守和处事原则的生动体现。正是基于这样的信仰与社会责任意识，蒙清始终秉持以消费者为中心的发展理念和职业精神，心无旁骛地行进在"做中国最好杂粮"的道路上。

众所周知，一方面，与经济作物等相比，粮食的比较效益相对低下。因此，许多企业都不愿意从事粮食生产经营。但另一方面，粮食生产又是牵系生计命脉的大事，既关乎百姓生计，又关乎国家安全，既涉及产量问题，也涉及品种问题。其中种子安全在粮食安全中的地位与作用是不言而喻的。从全国范围内来看，杂粮种子市场发展相对滞后，无法满足杂粮大规模种植对于优质品种的需求。为数不多的杂粮育种企业也都是科研机构主导设立，缺乏市场化的运营。作为清水河地标产品的小香米还没有成为通过国家品种认定的可销售品种，从产品保护和市场运营来讲，都是极大的缺憾。从杂粮产业链条来看，上游的育种环节是获取利润的重要一环。以清水河县周边数千万亩适合种植杂粮的土地计算，每年优质杂粮种子的营收市场就将达到数十亿元。为此，蒙清和国际基因研究领先企业上海弥先科技达成了合作，双方发挥各自优势，分别在基因育种大田种植实验和市场化推广上进行了深度融合，确保了杂粮产品从种源上的优选优育。

三、创新发展的精神

柯达、诺基亚等一大批跨国企业从鼎盛走向衰落，这些案例足以说明，在瞬息万变的时代，创新发展是企业的立身之本。回顾蒙清的发展历程，从发轫到做大，企业发展的推动力恰恰是敢为人先、与时俱进的创新精神，这对蒙清意义重大。

首先是刘三堂"小香米"的培育探索。刘三堂被称为"小香米之父"，他花费十年时间筛选谷种，并采用中草药浸泡种子，最终优育出今天的小香米，种源创新奠定了蒙清发展的坚实基础。早些年，刘三堂曾是村里的一名中医，白天从事农业生产劳动，晚上挤出时间学习医学。就这样日积月累，仔细研读了《黄帝内经》《本草纲目》等多种医学典籍，掌握了针灸、草药配制等理论知识，并终于考取了乡村医生行医资格证书，踏上了行医问药之路。他的这种钻研精神和不服输的韧劲也体现在种地上。在他的潜心试验下，刘三堂在清水河最早探索出开沟覆盖地膜西瓜、搭架栽培蘑菇、套种玉米的立体化农业种植模式，并成为远近闻名的万元户。担任村支书后，他向大家推广先进的栽培和种植技术，带领村民们一起实现了脱贫致富。但他的理想还不止于此，在实践中，刘三堂注意到，女性产后坐月子或男性过多饮酒后，经常会喝小米粥，本着从医的职业敏感性，他认为小米在某种程度上有药用或保健功效，对人体应该有很好的保健作用。基于这样的认知，他开始在谷子上做文章，经过多年探索，终于在1996年培育出独特的"小香米"品种，其栽培的小香米氨基酸含量远高于其他品种，且小米具有健脾益胃、滋补肝肾等作用，可作为高血压、心脏病等患者的辅助调理食品，尤其适于有胃病或产妇等人群食用。种源创新后，如何打开小香米市场销路，成为刘三堂面临的首要难题。经过不断摸索与尝试，终于找到了一条小香米市场化发展的路子，主要可归结为三方面：一是探索品牌化先行。1998年刘三堂瞄准了当地传统种植作物——曾经的"朝廷贡米"小米和绿豆等杂粮作物，并率先注册了"蒙清"牌小香米商标。后经反复试验，刘三堂培育的优质小香米水地亩产达到350公斤，旱地亩产也到250公斤，种植收益相当于当地普通农作物的3倍，由于其产地与品质的独有特性，被国家有关部门认定为"地理标志"农业产品。二是创新营销模式。刚推出市场的小香米，并没有得到消费者的认可。刘三堂后来回忆道，"当时我雇了五个人来呼市市场卖，一斤卖三块钱，人家说'小米子还能卖这么贵，普通小米才五毛钱一斤'。市场打不开，那时候我没少往里贴钱"。而后他不甘心，又拿着小香米样品去国家农业部、内蒙古农科研究所这两个权威部门检验，终于获取有说服力的详细检测数据，然后出去讲解宣传。同时，作为自治区九届人大代表，他利用会议的机会，向代表们介绍小香米，每个代表给拿上一斤，代表们回去尝了之后都叫好，使得小香米一下子赢得了内蒙古"高端客户群体"的口碑。与此同时，他又瞄准了公交车这个"流动广告"媒介的价值，利用其覆盖广大市民群体这一特征，以公交车作为提升产品知名度的载体，通过公交车广告的形式，宣传推广蒙清小香米，至此，蒙清小香米开始成功打开市场销路，成为呼和浩特市人尽皆知的企业品牌。三是积极探索产业发展新模式。随着小香米市场的进一步扩大，清水河县农业部门也着力引导在全县适宜地区推广种植新品种。刘三堂又开始思考新的问题：市场扩大后如何保证产品产量和质量？他想到了走产业化经营这条路，由蒙清为周边种植户提供种子、灭虫中药以及技术指导，广大农民尝到种植小香米谷的甜头，规模不断扩大。并在当地政府的大力支持下，蒙清成立了"合利农牧业专业合作社"，和村民签订产销合同，带动10000多户农民走上了科技兴农致富路。2005年，按照15年不落后的思路，刘三堂聘请专业技术人员规划设计，建成小香米加工厂，被国家有关部门认定为"高新技术企业"，从而形成了"基层党组织+龙头企业+合作社+农民"的新型现代农业产业化发展模式。

其次是新时期刘峻承开启了蒙清的全面创新格局。随着刘峻承的加入，蒙清成功实现了"自我超越与迭代"。凭借其先前在大企业从事管理与经营工作的丰富经验、开放思维与视野，刘峻承带领蒙清走上了农业企业的全面创新之路。一是积极推进产品创新。在小香米的推广取得一定成效时，作为蒙清的继任者，刘峻承意识到：一方面，虽然粗粮作为健康食品，近年来已经得到消费者的广泛认可，但大部分消费者不知道粗粮该怎么做，抑或是觉得做起来很麻烦，因而在一定程度上影响了产品的销量；但另一方面，也预示着精深加工的粗粮产品将面临着极佳的市场机遇。从目前市面上的粗粮食品看，精深加工粗粮产品品种较少、粗粮添加比例少，粗粮的功效性产品开发不足，尤其是高纯度的粗粮面条在市面上基本找不到。蒙清发现了这一供需不平衡点，就开始着力研发"吃粗来"泡食粗粮。经过两年多时间的反复研发，泡食时间从20分钟缩短到7分钟后又缩短至5分钟，采用非油炸生产工艺，粗粮纯度达到100%，不含小麦粉添加，产品的每一步突破都是蒙清人对匠心产品孜孜不倦的追求，旨在为消费者提供便捷、健康的粗粮正餐。产品上市一年时间销售额已近千万元，并且生产线核心环节设备已取得国家发明专利。

事实上，早在2011年，蒙清就首次实现了从原料到食品品牌的重大创新——蒙清粗粮月饼进入消费者视野。蒙清产品开发团队在对京式、广式、苏式、台式、滇式、港式、潮式甚至日式等类型月饼上做了充分的产品研究，并对月饼市场进行了较为深入的消费调察的基础上，发现目前市场上大多数的月饼普遍或甜或腻或干难以下咽，大部分月饼仅仅是被用来送礼，脱离了其最根本的食品属性，最后的宿命不是被转送就是被扔掉。

那么，能不能做一款不甜不腻好吃好看还健康的月饼呢？蒙清以此为定位，经历 10 个月，走访 9 个省份，进行了多达 73 次配方实验，对千余人进行口味评测，终于开创了月饼新品类——粗粮月饼，产品一经问世，瞬间引爆本土月饼市场。蒙清粗粮月饼诞生十余载，产品开发团队每年都会进行为期 4 个月的粗粮月饼开发工作，从而保证每年 40% 产品的迭代升级。

二是营销方式创新。在起步之初，刘峻承没有充足的启动资金，他摒弃了传统的产品进入超市销售的高成本策略，而是实事求是地实施了"农村包围城市"的策略，即先进军粮店，在呼和浩特市 300 家粮店中选择 100 家有客户潜力的店铺，从中再筛选 30 家进行重点铺货，最终形成现今广销全国的良好形势，使得企业在不断的"打破与重组"中成长。

三是平台创新。2016 年，伴随着"大众创业、万众创新"的良好形势，刘峻承创立了蒙清·创优乡村创客中心，这是刘峻承打造的乡村创业服务系统平台，专门为返乡创业的大学生、青年和农牧民提供一个能在农村牧区落脚的基础服务平台，为创业青年提供办公环境、资金、实践基地、原料、培训服务、市场开发等一系列帮助，平台成立以来，已有许多创新项目进入产业化转化新阶段。正如在该平台上创业的许占祥所阐述的，"九更"醋以当地粮食为原料，在产品基地进行纯手工酿造。"因为需要每天半夜三更起来操作好多次，故而取名九更。"许占祥表示，通过这样的精深加工和品牌化打造，"九更"醋能够更好地迎合当下的消费理念和消费市场，进而提升电商销售效果，诸如此类的产品还有"每日粥料""吃粗来荞麦面"等。

四、开放包容的格局

无数的常青树企业证明，企业发展必须具备三个基本特征，开放性、包容性、激励性。开放性，就是能请进来和走出去，就是公开的学习、参考和借鉴。包容性，就是允许不同、尊重个性，能够正确看待和对待失误和错误。激励性，就是采取系列手段对员工进行正向引导。也正是因为拥有这种开放包容的发展格局，使得蒙清在市场开拓、管理创新和产品研发中总能得到各方助力，也使得与蒙清合作的朋友圈越来越大，为企业赢得未来发展的广阔空间。

一是走出去积极学习他人经验。在市场经济深入发展的今天，我们已由纯粹的"竞争时代"逐渐步入"竞合时代"。在竞争中合作，合作中竞争，这是"竞合时代"的本质。"竞合"业已成为21世纪全球经济发展的一个重要特征。企业之间保持良好竞争与合作关系的重要基础是彼此互利，核心在于开放与创新，关键在技术与人才。蒙清在乡村振兴战略的宏大背景下，积极开展对外合作，践行着"唯有大合，才能共赢"的发展理念。

2019年8月，蒙清董事长刘峻承受邀与清水河县政协的工作人员一行对浙江省杭州市安吉县鲁家村进行了为期3天的考察调研。鲁家村是荣获首批国家级田园综合示范点、首批国家农村产业融合发展示范园的村庄，并获得了全国十佳小康村、全国农村优秀学习型组织、学习型家庭农场、省级创业园区、省森林村庄、省卫生村等荣誉，是2017年全国休闲农业和乡村旅游大会现场考察点，2018年全国改善农村人居环境工作会议参观点。赴鲁家村的考察调研，使刘峻承深受震动。调研结束后，他对鲁家村的成就总结了五条成功经验：一要有一个好的村委班子；二要有一个好的运营公司；三要有一个好的顶层规划设计；四要有政府强有力的支持；五要有村民的积极参与。这五大要素，缺一不可！根据鲁家村的成功案例，刘峻承进一步思考了有关清水河美丽乡村建设的做法：一要深层次挖掘历史文化资源。清水河县具有悠久的历史文化，形成了黄河、长城两条发展脉络，包括了六种文化类型，遗址遗存几乎覆盖了三镇五乡（除五良太乡外），是开发历史文化旅游产品的重要依托。二要抓好规划。以乡村振兴为目标，以田园综合体为模型，以新农人为抓手，以现代农业为基础，以"三规合一"为引领，将村庄规划、产业规划、旅游规划融为一体，打造集产、学、创、游为一体的乡村振兴示范标杆。三要坚持差异化定位、特色化布局、市场化导向。以黄芩茶、蔬菜果园、特色杂粮等为主题，筹建12个合作社，大力发展智慧农业和乡村旅游，培育全国首个农业品牌集聚区和示范区。四要盘活存量资源，整合老学校、旧厂房等村级集体资产，流转村民承包地、承包山，对河流湖泊进行整治利用，转化为村庄经营资源，进行厕所改善、污水处理、水资源净化，建设老年娱乐中心、健康医疗中心等。2019 年 10 月，刘峻承带着蒙清产品亮相于维也纳举办的内蒙古味道品鉴会。中国驻奥地利大使李晓驷先生出席品鉴会并致辞，向奥地利友人介绍了内蒙古独特的魅力。这是蒙清产品第一次走出国门，走向世界市场，让更多消费者品尝到内蒙古味道，了解了蒙清的独特之处。

二是与其他企业建立互信互助的合作机制。企业之间只有相互团结、相互依存、相互扶持，才能共同成长、共担风险、共享利益，彼此建立共赢理念，提升合作价值。《三国志·吴书·孙权传》有言："能用众力，则无敌于天下矣；能用众智，则无畏于圣人矣。"刘峻承深刻地体会到，没有"朋友圈"的企业难以得到长远的发展，只有深耕"朋友圈"，才能携手发展，互惠共赢。为此，2019 年 1 月 19 日，蒙清携手京东集团，将京东农场高品质杂粮项目落户内蒙古呼和浩特市清水河县，并首次对外披露了京东农场"五位一体"的全流程业务模式。蒙清依托物联网、区块链、人工智能等科技手段，按照京东农场全程可视化溯源体系、高标准农田生产和管理标准体系，着力打造高品质杂粮基地。随着此次项目合作深入，蒙清从种植、生产管理到销售上行支持，平台企业也实现了业务扩张与模式完善。

三是搭建员工成就事业的载体。作为当地的龙头企业，蒙清在完成自身快速发展的同时，将项目整合资源和孵化资源更多向创优乡村创客中心倾斜。为了便于城市与乡村之间的项目、资源对接，蒙清创优乡村创客中心在呼和浩特市赛罕区金桥电子商务园区成立了"一座农桥"分享交流实体空间，为清水河县的农民和创业者提供了用以交流、共享、合作、资源链接的聚合平台，成为农民及农业精英技能共享、经验交流、资源对接、人才培养的展现和孵化渠道。"咱们的意图就是协助创业团队一同打造农业创业平台，并将乡村优质的产品经过创业项目推向市场，为企业和项目创意孵化找到市场、找到开展的方向。"刘峻承说。目前，创客中心已为 5 家合作社、2 家农业公司成功提供了训练、孵化、村庄科普等各项服务，而这些主体，都已成为清水河县县域经济发展、产业助力乡村振兴的生力军。

五、诚信敦本的品质

农业，是最古老的产业，又是长盛不衰的产业。人类要想生存下去，离不开农业产业的支持。然而，农业又是典型的投入高、见效慢、回报周期长的产业。从事农业经营，包括延伸的食品产业，需要面对更多的困难与利益诱惑，最终能够坚持下来的企业，往往是守得住底线、抵得住利益诱惑、诚信敦本的企业。蒙清从创始人刘三堂老先生开始，就一直本着向善向上的精神，秉持诚信敦本的品质，致力于不断改善自身和村民生活条件和水平。刘峻承说，作为企业家，要时刻保持本真与初心，努力提升自我，用心做好企业，为社会做出实质性的贡献。企业家对于商业的本真追求，是需要倾尽一生用生命去坚守的信仰。蒙清在探索的道路上用心去经历、去感悟、去奉献、去追求，以爱心为本，耐得住寂寞，守得住初心，才能经得起风雨挑战，抓得住发展机遇：独具匠心，敦本务实。

一是专注打造绿色放心产品。蒙清自成立以来，专注绿色食品的种植与开发，全力打造"从田间到餐桌"的绿色产业链，以成为中国优秀的优质杂粮供应商为旨归。面对消费者对健康食品日益显著的需求，"让每个人都能吃到蒙清的健康食品"成为每个蒙清人共同的愿景。因此，企业在生产经营过程中，认真贯彻国家有关农业发展及食品安全相关政策，严格把控从田间到餐桌的每一细小环节，努力为消费者提供营养、健康、美味的粗粮食品，这些坚守与付出，最终使蒙清赢得社会各界特别是广大消费者的信任与认可，也因此成就了今日的蒙清。

二是将诚信融入企业经营各环节。著名学者弗朗西斯·福山考察了社会信任度在各国经济生活中的作用，论述了信任文化对经济发展的基础性与重要性。企业的诚信文化是以企业生命体为载体从而生存和延续的，这就犹如人类的基因，会代代相传，体现在企业的经营理念、各种制度以及企业品牌、销售等环节之中。企业诚信价值观是企业诚信文化基因的基石，进而成为每位企业员工信仰的精神支柱。蒙清的成长实践，恰恰很好地诠释了这种理念。诚信是蒙清发展的重要保证，蒙清以诚信为核心，将诚信贯穿于经营管理、客户服务、沟通合作、发展共赢等每一个环节，实现了产品从种植到餐桌的全程监控，绿色足迹安全可寻，从源头保证食品的安全。这种诚信敦本的品格，业已为社会所认可，2018 年"诚信建设万里行"活动举办方为蒙清颁发了诚信证书。

三是以诚信铸就稳固的战略合作联盟。"一个人不讲信用，在社会上是不能立足的；一个人不讲诚信，也是走不远的"，这是老董事长对刘峻承的谆谆教诲，也是蒙清人一贯的行为准则。企业的价值观是企业创始人对企业性质、目标、经营方式的取向所做出的选择，是企业全体或多数员工一致认同的关于企业意义的终极选择。而企业文化是以价值观为核心的，价值观是把所有员工联系到一起的精神纽带也是企业生存、发展的内在动力。蒙清的掌舵者始终坚持当利润、效率与诚信发生矛盾时，蒙清一定会选择后者，使利润、效率让位。正是因为蒙清诚信为上的经营原则，从而吸引了众多合作伙伴。在种植环节，蒙清坚守价格优惠收购承诺和农资费用公开透明收取等，与周边种植户建立起了长期巩固的合作联盟。在重大战略合作领域，蒙清与国内首个田园综合体建设者——田园东方投资集团达成战略合作，双方在农业产业、农创产品、田园餐食以及田园综合体方面合作，联合打造具有中国西北特色的田园综合体标杆项目。为扩大其品牌影响力，完善与优化其线上线下推广的下一步发展规划，蒙清与袈蓝设计达成了共识，本次战略签约有利于双方企业建立持续、稳定的合作关系。为了寻求优势互补、互惠互利，蒙清与内蒙古力莱品牌设计有限公司进行合作，双方在各自领域内的长袖善舞一定能为彼此的合作与发展带来更多惊喜及可能。

六、政策红利的惠及

由于农业的极端重要性和相对弱质性特点，农业企业的发展离不开政策的扶持。蒙清也不例外，在其成长发展的每个阶段，总是认真研究国家农业政策，积极主动顺应政策导向，抢抓政策机遇，借力政策红利，从而在市场经济竞争大潮中脱颖而出，一步步实现了企业的华丽蝶变。

（一）产业初创期的点对点帮扶

20世纪80年代初期，清水河县农业局组织当时号称"五虎上将"的农业技术人员，成立了小杂粮（糜谷黍）、莜麦、胡麻、马铃薯、蔬菜5个科研课题组，并与县农技推广站一起搞糜谷黍等小杂粮的农业技术研究试验、示范推广，在县推广站试验基地搞试验，在高茂泉村搞示范，在全县搞推广。从那时起刘三堂和农业技术人员便开始共同搞糜谷黍等小杂粮新品种、新技术的引进推广等试验示范，取得了一定成效。1989年，刘三堂和县科协、科委一起搞立体种植，当时亩收入就达到2400多元，但他们还是想在清水河的优质特色小杂粮上搞突破，为清水河农民脱贫致富、农业产业发展、农村经济促进找一条有效途径。

1996年，偶然的一次机会，刘三堂在一份刊物上看到一篇介绍小香米品种的文章，当时清水河县小米的价格仅为每斤0.4元，而陕西杨凌现代农业示范园区的小香谷米由于米质优、口感好、口味香，出口价为每公斤1美元，这吸引了刘三堂的注意。但他通过县科协的朋友了解到，杨凌那边只卖小香谷米，不卖谷种。当时县里正在筹备召开清水河县科技大会和科协第二次代表大会，与刘三堂合作多年的县科协职工周刚在给时任清水河县县长郝勇汇报筹备情况时说起此事，郝勇县长非常重视，马上联系，正好他要到延安考察学习，通过他的老首长搞到并带回了一小袋谷种，交给爱科学、懂科技、有头脑、善经营的时任高茂泉窑党支部书记刘三堂试种，并责成县科协负责跟踪指导。

小香谷米种刘三堂没舍得全部种，当年只种了2亩，留了一半谷种以防当年试种不成功时，来年再试，经过三年试验，1998年小香谷米实现了亩产750斤，是当时本地谷子产量的2倍，而且米质特别好，米粒小，色泽金黄，熬煮时间长，很筋道，米皮厚，香味浓郁可口，味道极佳，刘三堂就把它命名为"小香米"。第二年，在清水河县政府指导与协调下，刘三堂发动高茂泉村的农民种植了1500多亩小香米，并创办了小香米精深加工厂，按照"六统一"的模式搞订单种植，带领当地农民脱贫致富。

（二）营销阶段的专门化扶持

2000 年，刘三堂参加内蒙古自治区农业博览会时，委托朋友将"小香米"寄到国家农业部（哈尔滨）谷物检测检验研究所进行检测检验，检验报告显示：清水河县生产的"小香米"含有的人体必需的营养成分全面，比例均衡。当时研究所的工作人员还曾专门电话问询小香米的来源，带种子过去化验的人回答：这个品种的原产地是陕西米脂县。又问：为什么营养成分比原产地高？又答：小香米谷在原产地生育期只有 100 天左右，而在清水河县的生育期长达 145~150 天，刘三堂还试验用中草药防虫防病、提高品质，同时进行品种优选和改良，因此营养成分高。此后，在清水河县县委和政府的指引与推动下，清水河县小香米在 2000 年内蒙古首届农博会上被评为"内蒙古自治区优质名牌农产品"。

刘三堂在参加内蒙古九届人民代表大会时，把小香米带到会上，请代表们品尝，大家都说非常好。在代表团讨论发言时，作为基层党组织农民代表，刘三堂提出的发展有机绿色优质特色小杂粮的建议，得到代表们的一致赞同，特别是得到了时任内蒙古自治区政协副主席傅守正的肯定，说一个贫困山区的农民能有如此高的境界和思路，一定大力支持。刘三堂回来后，在当地政府相关部门指引和协助下，他立即准备相关材料，报请有关部门认定，小香米当年就被认证为内蒙古自治区有机产品，为小香米的发展奠定了基础。

2004 年，为了小香米产业的健康发展，提高小香米产业的科技含量，在当地政府相关部门指导下，刘三堂积极着手策划筹备成立小香米专业技术协会。2005 年 2 月，呼和浩特小香米专业技术协会，经清水河县和呼和浩特市科协核准，呼和浩特市民政局民间组织管理办公室注册登记正式成立，成为呼和浩特市第一个农村专业技术协会，此后，协会一直为小香米产业发展提供技术服务和技术支撑，2012 年被中国科协评为"全国科普惠农兴村先进集体"。

（三）新阶段的全方位和全链条式支持

随着国家乡村振兴战略的提出和推进，农业产业化发展政策红利前所未有。2016 年，农业部印发《全国种植业结构调整规划（2016—2020年）》，明确提出要支持薯类杂粮扩大面积、优化结构，加工转化、提质增效；明确指出西北地区积极发展特色杂粮杂豆，扩种特色油料，增加市场供应，促进农民增收。在具体政策方面，提出要从完善农产品价格政策、建立合理轮作补助政策、加强高标准农田建设、推进农业科技创新、提升农机装备水平等方面提出具体的支持政策体系。与此同时，2017 年内蒙古自治区农牧业厅发布的《内蒙古杂粮杂豆产业发展指导意见》中明确提出，要加强基础设施建设，改善生产条件。研究选育、引进筛选、示范推广高产优质专用新品种，扩大良种覆盖率。在主产区建设规模适度、管理科学的杂粮良种繁育基地和种子经营企业。推广谷子轻简栽培、滴灌栽培、荞麦大垄双行机械化作业、燕麦全程机械化栽培等配套技术模式，提高杂粮杂豆标准化、机械化生产技术水平。开展特色杂粮杂豆标准化生产示范，在内蒙古自治区杂粮杂豆优势主产区创建一批杂粮标准化生产基地。推进绿色、有机等认证，健全投入品管理、生产档案、产品检测、基地准出和质量追溯等制度，加快农产品质量安全追溯平台建设应用。加强投入品监管和风险评估监测，确保从田间到餐桌的质量安全。在各优势产区扶持建设杂粮杂豆加工产业基地，推进杂粮杂豆分等分级与精深加工，开发营养健康、药食同源的功能性产品，建立一批优质杂粮杂豆原产地生产保护区。提升加工规模和水平，延长产业链、提高产品附加值。同时，要在支持现有品牌的同时，打造开发新的名、优、特加工品牌，通过引进先进技术和设备，努力提高加工品质和品位，培育和开拓国内外市场。在具体的政策支持层面，明确提出要大力支持杂粮杂豆科技创新、加强杂粮杂豆政策扶持、加强杂粮杂豆全产业链信息平台建设和加强农企对接发展订单生产等方面给予相应政策支持。结合国家规划及自治区指导意见，呼和浩特也明确提出要推进杂粮高质量发展，打造清水河县小香米地理标志品牌，并从政策、资金和项目方面提出了具体的支持举措。

　　具体到清水河县，经历产业初创期的点对点帮扶和营销阶段的专门化扶持后，在乡村振兴全面拉开大幕背景下，蒙清等一批农业龙头企业得到了清水河县县委、县政府全方位和全链条式支持。

　　一是平台支持。为有效解决农畜产品销售渠道窄、信息不畅通的问题，清水河县将蒙清、蒙宏、蒙鑫、蒙羊羊等 25 家龙头企业组建成为清水河县特色农牧业产业化联合社，对贫困户的农畜产品进行订单收购加工，这样保障了企业发展有稳定的后方原料来源。清水河县委、县政府结合脱贫攻坚、农业供给侧结构性改革、乡村振兴等重大战略，打造了"窑上田"农产品区域公共品牌，培育了一批有特色、有竞争力、有规模、有文化的本土市场经营主体，提升了清水河县特色农产品整体附加值和产地品牌声誉形象，带动当地产业加快转型升级、贫困群众脱贫致富、乡村振兴战略落地生根。通过有效整合县域内现有快递公司、物流公司等资源，以企业运营、政府支持的方式，打造形成了县、乡镇、村三级农村电子商务物流配送体系，助力当地企业拓宽了产品销售渠道。正如刘峻承所说："清水河县中小网商是'小火苗'，而天猫、京东等电商平台及一些电商园区是'大火盆'，政府的政策引导和支持好比是'扇子'，把'小火苗'越扇越大，最终形成燎原之火，从而形成了一个完整的生态体系，这也是电子商务带来的巨大效应。"此外，还通过召开乡村振兴论坛、春播节和丰收节等活动，为企业带来了商机和合作机遇的同时，对提升企业知名度也起到了积极的作用。2019年，由中共呼和浩特市委宣传部、中共清水河县委、清水河县人民政府主办，中共清水河县委宣传部、清水河县发改经信局、清水河县农牧业局、内蒙古蒙清农业科技开发有限责任公司共同承办的"清水河县乡村振兴发展论坛暨项目合作签约仪式"在内蒙古呼和浩特举行。袈蓝建筑创始人邹迎晞受邀出席，并同京东集团京东农场总经理乔志伟、田园东方创始人兼CEO张诚分别与内蒙古蒙清农业科技开发有限责任公司签订项目合作协议。2020年在第二届清水河县春播启动仪式暨清河田园农牧业产业化联合体发展大会上，清水河县农牧和科技局、内蒙古蒙清农业科技开发有限责任公司、内蒙古农牧业科学院、内蒙古农业大学、内蒙古合利农牧业专业合作社5家主体的代表共同签署了《关于共同建设农业科技示范基地》的合作协议，进一步推动科技示范基地的建设。2021年，《清水河县国民经济和社会发展十四个五年规划和二〇三五年远景目标纲要（草案）》中进一步提出：要全面提升"窑上田"区域公用品牌影响力，重点打好"绿色牌"，持续提升海红果、米醋、小香米、黄米、胡油、花菇等地理标志产品的品牌效应，扩大特色农作物种植规模，建设有机杂粮标准化示范基地；建设高效绿色循环农牧业，构建农畜产品的绿色产业体系，增强绿色农产品的竞争力。引进绿色农产品生产加工龙头企业，扶持本土龙头企业，带动杂粮、蔬菜、林果、鲜奶、肉食品精深加工产业集群化发展，强化区域协调合作，打通开放新通道，推动外向型经济新突破，全力将绿色农产品加工园区建设成为自治区农牧业产业化示范区及辐射京津冀地区绿色农产品输出基地。要实施品牌发展战略。制定地标产品生产标准，扩大清水河海红果、米醋、小香米、黄米、胡油、花菇等国家地标产品的生产规模，打造"窑上田"区域公用品牌，加大宣传推销力度，逐步形成面向京津冀、辐射晋陕北的绿色杂粮供应市场，进一步提高地标产品知名度及农民受益度。

二是项目、土地和资金支持。各级政府部门给蒙清等农业龙头企业予以项目和土地上的扶持（见表6-1）。例如，清水河县政府共流转农民10万亩旱地，每年给流转出去土地的农民补贴100元/亩，其中政府每年每亩补贴70元，用地企业每年每亩出30元。除此之外，县政府为了保护市场的纯洁性，加大对伪劣小香米的打击力度，将假冒产品驱逐出市场。另外，县政府还帮助蒙清积极开拓小香米市场，例如宣传"熬制小香米粥的工艺"等，此举不仅解决了因为熬制方法有误而对小香米造成误解的问题，还宣传了蒙清小香米的独特之处。

表6-1　各级政府部门扶持蒙清项目明细

序号	年份	支持单位	扶持项目	补贴金额
1	2017	内蒙古自治区科技厅	科技重大专项	300万元
2	2017	内蒙古自治区科技厅	双创示范基地项目	150万元
3	2018	内蒙古自治区财政厅	农业综合两类试点项目	500万元
4	2018	内蒙古自治区人社厅	创新创业园区"以奖代补"项目	50万元
5	2018	内蒙古呼和浩特市科技局	2018年市级科技研发中心	20万元
6	2019	呼和浩特市科技局	2019年农业科技园区	50万元
7	2019	清水河县农牧局	2000吨杂粮精深加工产业项目	80万元
8	2019	清水河县科学技术协会	小微企业新农人孵化服务项目	100万元

三是创业创新活动的支持。2016年在各级政府部门的大力支持下，蒙清发挥龙头企业在科研、市场两端的资源优势，顺利获得项目用地申请，牵头创办了星创天地——蒙清·创优乡村创客中心，创客中心建筑面积886平方米，内部配置了现代化办公设施，实现了全网络覆盖。创客中心紧邻蒙清的农业种植基地和有机绿色杂粮精加工基地，为返乡创业和致力

于农业创新创业的大学生、青年和有经济实力的农民提供了优越的办公环境、实践基地以及资金、原料、技术、培训、市场开发服务等一系列帮助。与此同时，在县政府相关部门的指导下，蒙清通过举办"大学生乡村社会实践""大学生项目孵化""公共空间沙龙"等活动，鼓励对接一批批的大学生和创业青年回乡实践、体验，为有意愿留在农村的人创造了相应的就业创业机会。

创业创新关键要有人才支撑，围绕这一现实，清水河县农牧和科技局联合蒙清公司、蒙羊羊乳业、蒙宏公司、圣泉酒业公司等15家企业，与中国农业大学副教授高灵旺，内蒙古农业大学教授李小燕、索全义等15名具有教授和研究员等高级职称的科技人才签订了"三区"科技人才三方协议书，为企业提供专业技术和科技服务。企业有了这批人才的支持，不仅技术难题得到了解决、市场竞争能力也得到了提高，而且还推动了行业供给侧结构性改革和健康绿色发展。同时，企业的发展成果惠及周边区域、农民，最新研究成果及时传递到农村中去，及时用在农民身上，促进了农民经济收入的大幅增加。此外，刘峻承认识到，科研成果转化为商业价值会越来越快，高等学校与公司都有育人功能，这也是公司可利用的潜在资源。在当地政府相关部门的积极支持下，刘峻承秉承"让创新创业不再孤单，让创新创业更加简单，让创业创新更加好玩"的理念，指导和鼓励创业者组建团队，与高校科研人员、科技部门人员，围绕本地农业优势资源开展头脑风暴，促成联合创业，共同打造"乡村创业创新天堂"。

四是产业融合方面的支持。2019年，呼和浩特市清水河县国家农村产业融合发展示范园获批；与此同时，在清水河县委县政府相关部门帮助下，蒙清入围人民网"乡村振兴示范基地"。在两大政策红利叠加下，在清水河县委县政府相关部门指导下，蒙清正在全力打造田园综合体，推进一二三产业融合发展，这一总体战略业已获得清水河县主要领导及相关职能部门的高度认可，已先期批复同意蒙清将松散破败的乡村小学校升级为一座小型综合体田园建筑。建筑空间主要配置包括：40余人床位，10个卫生间，60人讲堂，40余人休闲座位，1个双面开放式厨房，1处窑洞小客厅。未来，随着国家农村产业融合发展示范园建设的纵深推进，清水河县委、县政府拟进一步统筹利用各项涉农资金，支持示范园符合条件的项目建设，完善示范园供水、供电、道路、通信、仓储物流、垃圾污水处理、环境美化绿化等设施条件。对示范园用地在年度土地利用计划安排上予以倾斜支持，依法依规办理用地手续，鼓励按照国家有关规定，通过城乡建设用地增减挂钩、工矿废弃地复垦利用、依法利用存量建设用地等途径，多渠道保障示范园用地。支持示范园入园农业产业化龙头企业，优先申报发行农村产业融合发展专项企业债券，支持入园小微企业以增信集合债券形式发行农村产业融合发展专项企业债券，这些都对蒙清的发展提供了重要政策利好，我们有理由相信，在清水河县委、县政府的各项政策支持下，蒙清未来的产业融合之路定会越走越宽广，也定会为清水河产业融合发展树起新的标杆。

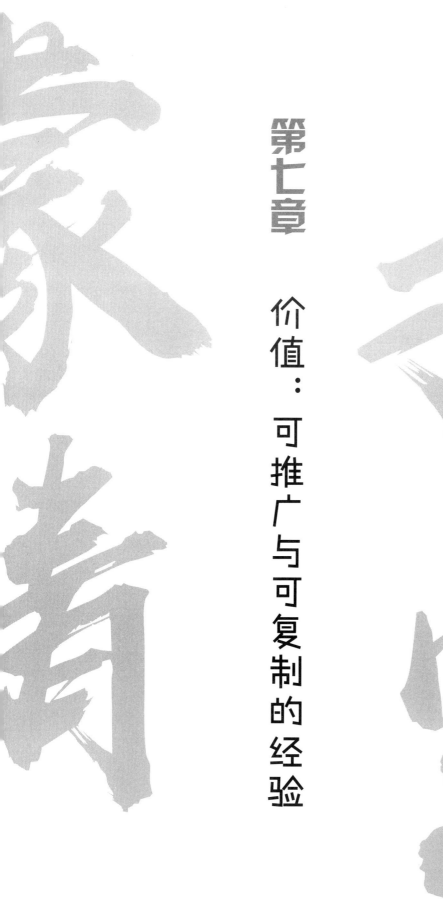

第七章

价值：可推广与可复制的经验

作为一家发轫于农村、扎根于农村、成长于农村的企业，蒙清一路走来充分契合了我国农业农村发展的时代大势，并在躬耕农业这片事业天地中，开辟出了一条企业与乡村共进共融之路，不仅提振了乡村振兴的精气神，同时也为新时期乡村振兴提供了弥足珍贵且可推广、可复制的经验借鉴。

一、时代意义

实施乡村振兴战略，是解决我国城乡发展不平衡不充分问题的迫切要求，事关 21 世纪中叶我国能否建成富强、民主、文明、和谐、美丽的社会主义现代化强国。当前我国发展的不平衡、不充分突出体现在农业和农村领域。由于地理条件和资源禀赋差异，不同乡村的发展基础与条件差异很大，探寻符合村情的发展道路是推进乡村振兴战略的当务之急。

从全国来看，乡村振兴拥有共同的目标任务体系与时间节点要求，同时，大多乡村均面临着人才流失、要素短缺等共性问题。相较于东部和中部地区，以清水河县高茂泉村为代表的西北地区乡村，在推进乡村振兴战略中，面临的问题更为特殊与棘手。清水河县在自然生态上属于典型的西北干旱地区，农业发展条件差；经济社会发展整体较为落后，区域贫困程度深；交通基础设施弱，发展环境差，难以借助外力；更为关键的是该区域普遍缺乏集体经济或存在集体经济发展弱化等问题，这使得推进乡村振兴更是难上加难。在实践探索中，蒙清与当地农业、农村的共进共融，其发展轨迹及其发展进程中积累的经验对新时期深入推进乡村振兴的现实意义自不待言。

（一）有利于提振乡村振兴的精气神

蒙清的发展以及其带动高茂泉村走出贫困的生动实践，可以说为清水河县、内蒙古自治区乃至全国实现乡村脱贫都提供了很好的示范，特别是对于贫困落后地区实现"真脱贫"具有重要意义。换言之，乡村脱贫乃至乡村振兴最终要以农民自身努力为主，政府的好政策、社会各界有形无形的支持均是"外因"，只有农民转变观念、振奋精气神才能实现高质量的脱贫致富，只有不等不靠、自力更生、艰苦奋斗，才能顺利实现从"0"到"1"的飞跃和跨越，老百姓的日子才能芝麻开花节节高。

　　蒙清创始人刘三堂是高茂泉村土生土长的农人，曾经的高茂泉村也是全清水河县有名的贫困村、问题村，年人均收入不足700元，基础设施落后，外债高筑，许多村里的孩子因家境贫困而失学，村里很多人都陷入贫困的代际传递，以及从贫困到更为贫困的循环怪圈。蒙清创始人刘三堂主动求变，从内蒙古农业大学引进"夏普"优质马铃薯种与小香米倒茬轮作，以确保小香米种植地块的地力和肥力；与此同时，为了致富一方，刘三堂决心要将小香米做大做强走企业化道路，与种植户签订单合同，订单农业进一步使蒙清与种植户之间产生了良性互动，2005年，高茂泉村人均纯收入达到4000多元，全村人扬眉吐气，一举摘掉了"贫困村"的帽子；如今，在蒙清引领与带动下，高茂泉村村民致富积极性达到了前所未有的迸发，正在向着更加富裕的美好生活前景全力奋进。2013~2018年，内蒙古及清水河县地区生产总值增速走势如图7-1所示。

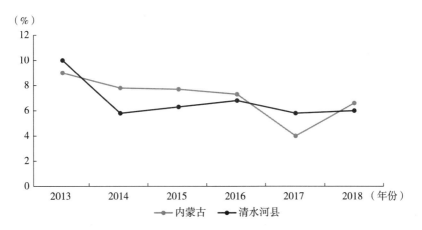

图7-1　2013~2018年内蒙古及清水河县地区生产总值增速走势
资料来源：根据内蒙古及清水河县政府年度工作报告整理所得。

　　纵观蒙清发展史，作为植根于农村发展起来的企业，从刘三堂第一次创业期的个体经营，到成立小作坊搞小范围的承包经营，再到继任者刘峻承建立现代企业制度，实现规模化经营，每个阶段的成就都凝结着众多蒙清人经年累月的辛勤汗水。当然，奢望人人都成为新时期农业经营领域的刘三堂和刘峻承很不现实。但是，在当前全面实施乡村振兴战略的大背景下，蒙清人通过努力奋斗，成就自我的勇气与精神，可以说为新时期乡村振兴树起了一面标杆，尤其对于那些边远地区来说，借鉴意义更为显著。在原来老少边穷的清水河县境内，蒙清的发展壮大以及带动高茂泉村及周边村庄共同致富的探索，为西北干旱地区的无数乡村勾勒出了一幅美丽图景：在落后地区也有可能实现乡村振兴，实现这一目标需要充分挖掘村情特点，找准产业发展方向，选好带头致富的能人，坚持艰苦奋斗、百折不挠的拼搏精神，走出贫困、共同富裕并不是天方夜谭。

（二）有利于坚定乡村振兴的信心

信心比黄金更重要。实施乡村振兴战略，是党的十九大作出的重大战略部署，是决胜全面建成小康社会、全面建设社会主义现代化国家的重大历史任务，是新时代"三农"工作的总抓手。但同时，发展经济学表明，落后地区一般存在迟发展效应，即先发展地区起步较早，较好的初始条件、先发机遇以及更充裕的发展时间和空间提供了巨大的占先优势；与此同时，相较于先发地区，后来者在发展中会出现一系列因迟发展而带来的正面与负面效应。区域发展的大多数实践表明，而在这两种效应中，后发展地区负面效应往往大于正面效应，在发展中会形成马太效应，使得落后地区难以形成赶超或快速发展的模式，这一效应无论是国家间或地区间和城乡间都是客观存在的。基于此，要实现乡村振兴这一重大目标，必先振"心"，这个心就是信心。

当前，国家对乡村振兴战略的政策支持力度空前，但依然很难从根本上改变要素在农村难以聚集和农村青壮年劳动人口大量外流的尴尬境地。尤其从多年推进农村发展的实践看，对于大多数地区而言，农村面貌依旧如故，变化不大，农村依旧沿袭着传统的"日出而作，日落而息"的生产生活方式，农民分散播种，难以形成规模，也很难开发出具有市场竞争能力的优质、特色农产品，无法形成规模经济和特色经济。在不少人的潜意识中，农业尤其农副产品市场的大多数品类都早已经规模化，比如乳业、小麦、黄豆等，这些成熟的产业基本不大可能有再诞生一家大中型企业的机会。

而蒙清的发展以及带动高茂泉村致富的实践，可以说为立志于躬耕农业的人和需要振兴的广大农村地区吃上了一剂"定心丸"，会使更多人和更多地区认识到从事农业也可以成就事业、成就人生。农村依然是广阔的天地，农业仍然大有可为。"惟其艰难，方显勇毅；惟其磨砺，始得玉成。"蒙清的发展壮大，充分说明只要走对路子，落后地区是完全可以创造出好的发展模式带动乡村振兴的；同时也表明，农业产业化经营也不是发达地区的"专利"，与发达地区相比，落后地区也是完全可以实现农业产业化（只是相比较而言起点不同罢了），这对于提振乡村（尤其是不发达乡村）的振兴信心意义重大。

（三）　为乡村振兴笃行致远提供重要参照

惟其笃行，才弥足珍贵。乡村振兴战略，为解决"三农"问题号脉定位，做出方向性指引。但方向锁定，并不意味着美梦成真，实施乡村振兴战略，是系统工程，是长远规划，不是造盆景、树典型，更不是乡村发展"大跃进"，而是蹄疾步稳、持之以恒、脚踏实地地干。对于广大的农村地区来讲，乡村振兴战略"是什么""为什么""干什么"不甚了了，因此也就没有办法，也找不到出路。迷茫、彷徨是不少从事乡村振兴工作干部的认知盲点，无经验借鉴、无点子启发是许多地区在谋划乡村振兴时面临的现实困难，因而使得不少地方要么对推进乡村振兴忙乱无绪、无从下手，要么出现简单模仿、千村一面等现象。

蒙清自身发展以及带动高茂泉村村民共同致富的生动实践，为廓清乡村振兴战略落地实施中存在的迷雾提供了实证依据。一方面，谋发展，就是要有目标、有定位，定位明确奋斗方向，目标凝聚人们的力量和精气神。做事就要认定目标，坚定不移。蒙清取得今天的成绩，充分说明了从事农业坚定笃行的重要性，与当前部分地区在乡村振兴中出现的大干快上、浮皮潦草现象形成了鲜明的对比。另一方面，持久奋斗精神从来都是从事农业事业并取得成功的必要条件，但并不是充要条件，如何做到在笃定前行中与时俱进地进行创新，这正是蒙清发展壮大的核心价值所在。一路走来的蒙清，始终如一地秉持做清水河县乃至全国优质小米的信念，围绕这一信念，蒙清人从种源、种植环节、加工环节等实施严格的质量管理，并结合消费者需求变化特征，与时俱进进行产品创新，以更好满足人们日益升级的消费新需求，从而保证了如今蒙清在杂粮行业内的领先地位。

（四）为西北干旱地区杂粮产业发展锚定了新方位

在当前乡村振兴大背景下，蒙清的发展以及带动高茂泉村共同致富的现实，除了有利于提振乡村振兴的信心、士气和重要参照以外，同时也为西北干旱落后地区杂粮产业振兴锚定了新方位。包括清水河县在内的西北干旱地区，是我国北方主要的旱作农业区，区域降水量欠缺，年内分布不均，年际间变化大，旱灾已成为该区域最大的自然灾害，加上严重的水土流失，常常困扰着旱作农业生产的可持续性发展。因此，耐旱耐瘠、适应性强的小杂粮，自古以来一直在黄土高原旱作农业区作物生产中占据着主体地位。近年来，我国以杂粮为原料的食品加工业有了一定的发展，目前全国小杂粮加工企业达到了 6000 家左右，并出现了一些名特优新产品，小包装杂粮食品也逐渐在超市货架上崭露头角，老百姓餐桌上也出现了一些杂粮及其制成品，杂粮饭店在许多城市也悄然兴起，逢年过节以精美包装的杂粮馈赠亲友也正在成为时尚，但相较于乳业与小麦产业，小杂粮优势产区的种植户杂粮种植收益有限，种植户种植积极性不高，再加上信息闭塞，有的地区小杂粮只能作为家畜的饲料用品，这在一定程度上也制约了杂粮全产业链的构建，使得小杂粮的知名度不高，不能形成品牌，从而卖不上好价钱。而蒙清通过整合资源，形成了杂粮"研发—种植—加工—销售—体验—品牌"全产业链模式，开创了我国杂粮行业发展的全新路径，提升了小杂粮行业的品牌知名度和市场吸引力，把西北干旱地区名不见经传的小香米做成了全国知名的大产业，可以说为西北干旱地区更多小杂粮产业化与杂粮产品走出去锚定了新方位。我国小杂粮种类以及分布特点如表 7-1 所示。

表 7-1　我国小杂粮种类以及分布特点

杂粮种类
高粱、谷子、荞麦（甜荞、苦荞）、燕麦（莜麦即裸燕麦）、大麦、黍子（糜子）、薏仁、籽粒苋以及菜豆（芸豆）、绿豆、小豆（红小豆、赤豆）、蚕豆、豌豆、豇豆、小扁豆（后豆）、黑豆等

杂粮分布特点	
地理分布	主要分布在我国高原区，即黄土高原、内蒙古高原、云贵高原和青藏高原
生态环境分布	主要分布在我国生态条件较差的地区，即干旱半干旱地区，高寒地区
经济发展区域分布	主要分布在我国经济不发达的少数民族地区、边疆地区，经济不发达地区和革命老区
行政区域分布	主要分布在内蒙古、河北、山西、陕西、甘肃、宁夏、青海、新疆、云南、四川、贵州、重庆、西藏、黑龙江、吉林等省份

二、价值借鉴

　　一路走来的蒙清既有高光时刻，也经历过挫折、痛苦乃至彷徨。但也正是在痛并快乐的成长过程中，蒙清实现了华丽蝶变，对于当前乡村振兴战略推进有着重要的实践借鉴意义，即西北干旱半干旱地区只要立足自身实际，顺应发展新趋势，就能走出符合地区特色的创新发展之路，同时也启示我们不能自甘落后，要坚决摒弃"等、靠、要"思想，主动创新思路与模式，做起而行之的新时代乡村振兴的探索者和实践者。

（一）乡村振兴龙头企业不可或缺

　　刘三堂研发出小香米新品种，创办了小香米加工厂，提升了小香米价值，但作坊式生产经营方式对于当地居民增收的带动作用依然较为有限。只是在其后，随着新农人刘峻承的加入，进行公司化运作，带领蒙清走上了规范化和规模化发展之路，在做大当地龙头企业的同时，形成了小香米从种植到加工再到产品销售和产品研发一体化新格局，并在这一格局形成过程中逐步带动了当地种植结构优化、居民增收和小香米品牌的增值，带动了当地、周边乡村乃至整个清水河小香米产业化发展。

实施乡村振兴战略，"产业兴旺"居于首位。党的十九大报告将巩固和完善农村基本经营制度和构建现代农业产业体系、生产体系、经营体系等作为其重要内容。家庭农场、农民合作社和农业产业化龙头企业（以下简称"龙头企业"）作为新型农业经营主体的重要组成部分，是构建现代农业产业体系、生产体系、经营体系的重要参与者、贡献者和引领者，也是推进农业产业化经营、健全农业社会化服务体系的积极践行者和引领者。但是，龙头企业、农民合作社和家庭农场的功能作用往往有所不同。总体而言，龙头企业不仅是带动农民增收的中坚力量，也是按照规模化、集约化、组织化方式引导农民、帮扶农民、提升农民的骨干力量。不仅是新型农业经营主体中的"精锐部队"，也是加快转变农业发展方式、推进农业绿色发展的"开路先锋"。在构建现代农业产业体系、生产体系、经营体系的过程中，龙头企业发挥着越来越重要的作用。在新时期乡村产业发展中，龙头企业的这些作用将会更加突出，作为重要组织者的作用也会迅速凸显，甚至可以成为完善农业产业化利益联结机制、促进农业发展由生产导向向消费导向转变的主动探索者。与此同时，在许多农业产业化联合体中，龙头企业、家庭农场、农民合作社优势互补、各展其长，农村一二三产业融合互动、协力提升，龙头企业凭借对资金、信息、品牌、关键技术、营销网络、高端服务等影响力，在很大程度上决定了整个产业链的竞争力、供应链的协调性和价值链的高度，也决定着产业链、供应链的创新能力，甚至影响到无效供给能否转化、能在多大程度上转化为有效供给。而通过小香米产业发展与居民增收致富的生动实践看，乡村振兴离不开产业助推，产业的发展在很大程度上还是以龙头企业为主。在这方面，蒙清的发展为乡村产业振兴提供了重要经验启示：

一是千方百计做大做强龙头企业。火车跑得快，全靠车头带。龙头企业关键作用无须赘言，据农业部第七次监测合格农业产业化国家重点龙头企业统计（数据截止到2016年底），我国合格农业产业化国家重点龙头企业总共为1131个，这些企业正在成为带动乡村振兴的关键引领者。对于高茂泉窑乃至整个清水河县杂粮产业来说，做大蒙清的过程，就是清水河县整个杂粮产业做强的过程，同时也是带动当地居民共同富裕的过程。基于此，未来推进乡村产业振兴，就是要立足当地资源条件，把培育和壮大龙头企业作为发展的首要任务，充分发挥龙头企业的资金、技术和管理优势，在特色种养殖、加工增值、产业链延伸和产品附加值提升上下功夫，以龙头企业带动基地、带动市场，实现富民惠企。而要培育提升一批农业龙头企业，提升农业生产效率，全面推进农业高质量发展，就要积极打造有利于龙头企业发展的产业场景，要推广强村公司做法，支持符合条件的项目村建设特色产业园、小微创业园，利用闲置厂房、农房等建设共享办公、共享创业空间，吸引年轻人回来、城里人进来。

二是强化龙头企业在产业化中的引领作用。农业产业化龙头企业是产业化经营的组织者，一端与广大农户连接，另一端与流通商或消费者连接，充当着农产品供需市场的桥梁，同时也是产业化经营的营运中心、技术创新主体和市场开拓者，在经营决策中处于主导地位，起着关键枢纽的作用。如何发挥龙头企业在产业化中的领袖作用，对于乡村产业振兴和居民致富至关重要。作为区域性杂粮行业龙头企业，蒙清借助企业自身优势，在做大杂粮产业的同时，引领了农村一二三产业融合发展，在技术研发和品牌打造方面形成了独特优势，从而带动了整个清水河县杂粮行业的品质和价值提升，带动了产业的提质增效和居民的增收致富。基于此，乡村振兴中要充分发挥龙头企业在产业化中的领袖作用，着力推动龙头企业向创新驱动、绿色生产、集约经营、融合发展转变，带动传统农业向科技农业、绿色农业、品牌农业、质量农业转型升级，从而实现乡村产业的质价齐升。与此同时，乡村振兴中要支持龙头企业大力发展农产品加工流通与现代农业服务业，充分发挥龙头企业在产业链、价值链的关键作用，在产业发展、农民增收中输入更多现代生产要素和经营模式，使其成为农业转型升级和构建新型农业经营体系的引领者。

三是构建平衡各方的利益联结机制。无论是乡镇龙头企业，还是农民合作社或家庭农场，它们发展到一定阶段后，往往都面临规模小、层次低、功能弱、经营分散、同质性强等问题。但蒙清通过契约形式，最大化平衡各方利益，从而充分激发了单个个体户和农民合作社的合作意识，更好地提升了现代农业经营体系的整体效能，增强了"实现小农户和现代农业发展有机衔接"的乘数效应。基于此，未来乡村振兴中培育和壮大龙头企业，要以平衡好各方利益为抓手，通过订单收购、利润返还、股份分红等多种形式，引导企业、农民合作社、个体家庭相互之间加强联合与合作，引导龙头企业加强面向农民合作社、家庭农场甚至龙头企业的服务体系建设，促进其分类发展、分层发展，鼓励其优势互补、各展其长，以达到提升农业产业整体效能的目标和效果，更好地激发龙头企业、农民合作社和普通农户之间的连接关系。

四是发挥龙头整合要素关键作用。实施乡村振兴战略是一个系统工程，"产业兴旺、生态宜居、乡风文明、治理有效、生活富裕"是总要求，人、地、钱是关键，这其中企业的深度参与是整合优化人、地、钱三要素的关键黏滞点。但如何解决人、地、钱要素，目前还没有很好的理论界定和经验借鉴。而蒙清的做法为这一问题的解决提供了重要参照。首先，通过利益联结机制的构建和创新平台的搭建，蒙清既吸纳了本乡本土劳动者就业，也吸引了大量有志于创业创新的城市人员的回流，很好地解决了当地人的就业和外部人员返乡问题；通过创新经营模式（租种或提供技术服务指导），逐步形成了规模化种植基地，实现了土地的规模化经营；其次，为农户种植提供种源和化肥等农资，等收成后再收回费用，通过田园综合体建设，完善了高茂泉村部分公益基础设施条件，在解决种植户生产和乡村基础设施建设资金来源方面提供了新的途径。有鉴于此，推动农业振兴关键要发挥龙头企业关键黏滞点的作用，推进农产品精深加工、乡村旅游、休闲康养、电子商务等新产业新业态，坚持将乡村产业放在乡镇或村，把产生的效益、解决的就业、获得的收入留在农村，真正让农业就地增值、农民就近增收和农村条件改善。

五是依托企业进行乡村价值挖掘。乡村在其成长过程中，始终沿着两个维度发展：适应乡村生产；方便乡村生活。在此基础上衍生出诸如生产、生活、生态、社会、文化以及教化等乡村价值体系，维系着乡村的和谐与可持续发展。乡村振兴也不是要另起炉灶建设一个新村，而是要在尊重乡村固有价值基础上使传统乡村价值得到新的提升。虽然在理论层面能达成一致共识，但到实践层面，如何提升乡村价值一直是难点。而蒙清通过打造田园综合体，既盘活了窑洞资源，同时也真正构建起了一二三产业融合新体系，不仅为乡村价值提升指明了方向，同时也提供了重要实践参考。一方面，企业的深度参与有利于提升乡村的生产与经济价值。依托企业的先天优势，与农村新型经营主体合作，能够实现集约效应和规模效应，从而促进乡村产业兴旺，提升乡村生产与经济价值。另一方面，企业的深度参与，通过一二三产业融合发展，赋予了乡村体系新的价值和功能。如发展文旅农融合产业，既能把乡村生态、生活、教育等价值资源转变成财富资源，又能进一步挖掘乡村的其他功能与价值。此外，企业的深度参与也有利于乡村管理价值的创新与提升，企业对接乡村，在给当地带来更大经济增量的同时，也对当地经济社会管理模式的转变起到潜移默化的影响作用。

（二）乡村振兴的重点是产业振兴

乡村振兴需要人，人在村里生活需要钱，要赚钱就得有就业、有产业，而原有传统单纯的作物种植之路，在新时代农业供给侧结构性改革大背景下已经行不通了。解决之道就在于通过改变传统的种植模式，因地制宜、因时而宜，推动立体化、农产品产供销一条龙发展，走产业化之路。这是因为，农业产业化将农产品的生产、加工、销售有机结合起来，既克服了小生产与大市场的矛盾，又延长了传统农业的产业链，提高了附加值，成为增加农民收入、提高农业竞争力、促进农业经济社会发展、推进乡村振兴的重要途径。当前理论界、政策制定者对于产业振兴在乡村振兴中的重要作用已经形成了共识，但在实践层面，尤其是在杂粮领域，如何把小众的杂粮做成产业从而带动乡村产业振兴，可以说鲜有成功的典型案例可资借鉴。如图 7-2 所示，蒙清开创的全产业发展模式，把杂粮做成大产业的成就，为乡村产业振兴提供了重要实践借鉴，概括起来主要包括以下三个方面：

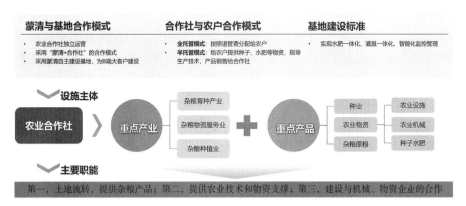

图 7-2　蒙清开创的全产业发展模式

一是以基地规模化保障产业化。农业产业化首要问题就是要把基地建设规模化作为整个产业发展"第一生产车间"第一突破口，解决农民一家一户生产与规模化的矛盾，从根本上实现和提升农业产业化，推动农村经济全面、协调、可持续发展。清水河县是传统的农业县，该县历史上就有种植杂粮的传统，但主要以分散的个体种植为主。而蒙清通过发展订单种植、成立合作社等措施，推进了规模化种植和产品的规模化生产，进而进一步扩大了市场份额，从而有力地支撑了整个清水河县杂粮的产业化发展。这也为更多农村产业振兴提供了重要启示：推动乡村产业（尤其是农业领域）振兴，要把规模化发展放在首要位置，千方百计引导和鼓励龙头企业采取"公司+农户""公司+合作社+农户"等模式，发展农业适度规模经营，实现土地、资金、技术、劳动力等生产要素的有效配置，推进农业产业链整合和价值链提升，从而让农民共享产业融合发展的增值收益。要推进节水改造，更新升级农田灌溉泵站机埠、堰坝水闸，推进永久基本农田集中连片整治，发展生态农业、休闲农业、创意农业、体验农业。加快三产融合、产村融合，做优做强农家乐民宿，壮大电子商务、养生养老、文化创意、运动健康、乡村旅游等业态。做强村庄品牌、农产品品牌、活动品牌，提倡市场化举办农事节庆、体育赛事和音乐、美食等活动。

二是以市场需求引领产业化。市场需求是引领产业化的指挥棒，是延伸产业链的关键，但在众多市场竞争主体中，如何做到创新性和差异化，就成为产业持续发展的关键所在。而蒙清通过发挥链条效应，围绕杂粮这个主业，借助移动互联网和大数据等新兴技术，将种植、生产加工、线上销售和线下餐饮体验融为一体（见图7-3），将先进的营销理念与传统产业相对接，实现了可追溯和可体验，不仅获得了消费者的信任与口碑，同时也奠定了蒙清在杂粮行业的竞争优势，也为我国农业产业化指明了方向，提供了重要经验借鉴——紧紧把握市场的脉搏，密切关注市场的动向，根据市场需求来组织和安排生产，全力推进产销无缝对接。与此同时，结合信息化新趋势，聚焦农业市场化拓展中存在的短板，加快推进乡村新基建，实现千兆光纤网络、5G移动网全覆盖，推动更多农业生产、经营、服务、监管等多跨场景落地应用，形成"乡村大脑+产业地图+数字农业工厂（基地）"发展格局，完善农村电子商务配套设施，壮大社交电子商务、直播电子商务等新业态，全面构建基于"互联网+"的农产品冷链物流、信息流、资金流的网络化运营体系。迭代乡村教育、健康、养老、文化、旅游、住房、供水、灌溉等数字化应用场景，推动城乡公共服务同质化，基本实现村民办事不出村。建设乡村气象、水文、地质、山洪、旱情等数据实时发布和预警应用。

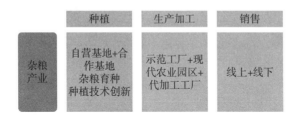

图7-3　蒙清种产销一体化发展构架

三是以品牌建设提升产业化。品牌是产业（或企业）的生命，农业产业化在提升我国农业实力的同时，也带来了许多问题，比如产能过剩，一味追求生产规模而忽视市场规律，从而无法及时应对市场变化，导致近年来全国各地不时出现农产品产量屡创新高而产品滞销的尴尬局面；再比如产品同质化，农业技术的提升，使得原本因地域特征而树立的农业生产壁垒逐渐被打破，各地农产品特色鲜明的竞争优势不再明显。如何避免和克服这些问题，就成为乡村产业振兴绕不开的难题。而蒙清一如既往地坚持走质量兴企、品牌强企之路，强化在产品研发、质量管理和品牌设计等方面的做法，无疑为未来农业更高水平产业化发展提供了重要经验借鉴。其主要做法与经验可归结为三点：①加大产品研发。主动对标消费需求变化新特征，蒙清加强了与中科院、内蒙古自治区内高校、研究院所等机构的合作，对粗粮市场消费潜力进行了充分挖掘，先后研制和推出了包括燕麦泡食面、粗粮饭、燕麦脆等产品，解决了粗粮不好吃、不方便吃的问题。②抓好质量管理。坚持以确保食品安全为底线，以争创名品名牌为目标，严把原料准入关、生产工艺流程关、产品入市关，建立全员、全过程、全方位的质量管理体系和质量诚信体系，引入了食品安全管理体系和质量管理体系，不断提高产品的质量标准。③抓好市场营销。好酒也怕巷子深，为进一步扩大市场占有率，蒙清通过各种招商引资会、农业博览会、产品展销会，以及在北京设立销售中心、设计和完善企业LOGO等措施，有效提升了蒙清杂粮产品的知名度和影响力。这为未来农业品牌化提供了重要启示：一方面，在农业品牌化日益重要的今天，推动乡村产业振兴，要围绕地域产业特色，结合农业品牌化中的生态化、价值化、标准化和产业化等特征，积极走差异化和规模化之路，全力形成主打品牌；另一方面，打造品牌的过程中，要秉持质量第一、高端引领的发展理念，千方百计把好质量关，同时创新性做好品牌设计和品牌营销工作。如图7-4所示，经过多年努力与积累，蒙清获得了众多荣誉。

图7-4　蒙清所获荣誉

（三）乡村振兴的核心是人的振兴

乡村振兴，关键在于人。乡村没有人了，谈何振兴？但我国乡村的现状是，大量农村普遍存在"空心村"现象，农村劳动力已出现短缺，村里的青壮年劳动力少之又少。原因主要可归结为两点：一方面是人口老龄化问题突出；另一方面是农村（尤其是西部）地区大量的劳动力外流，农民都外出打工了。村里的年轻劳动力即使没有远离家乡，也很少从事农业工作，这些人有活时出去打工，没有活时才在家里待着。这一现象同样在蒙清所在的高茂泉村上演着，截至目前，高茂泉村人口已不足300人，并且留下的大多以老人、妇女和孩子为主。在此背景下，如何让越来越多的人成为口袋鼓囊囊、精神亮堂堂的职业农民，让村子成为引人入胜的天地，就成为当地乡村振兴的关键问题。而蒙清带动高茂泉村发展的生动实践，可看作乡村振兴核心在人的生动诠释，对于深入推进乡村振兴有着重要的借鉴与启示意义。

一是要选好产业"带头人"。乡村经济要提速，离不开本土产业的发展，产业带头人是重要支撑和领头雁，是新技术、新知识的推广者和农村生产生活变革的示范者，是创新创业的探索者和实践者，是自力更生、艰苦奋斗的典范。他们在着力致富方面对农民增收发挥着辐射、示范和带动作用，对加快实现乡村振兴具有重要的现实意义。高茂泉村脱贫致富的实践充分表明了选好产业带头人的重要作用。

过去，高茂泉村是全县有名的"贫困村""问题村"，年人均收入不足700元，基础设施落后，外债高筑，许多村里的孩子因家境贫困而失学。1994年，刘三堂当选为村支书后，首先将脱贫致富列为村里的头等大事，并制定出了三年规划。第一年，他引进了覆膜技术，搞地膜覆盖玉米套种平菇、蔬菜、搭架西瓜，到了秋天，实现农田每亩纯收入2000多元；第二年，他实施了玉米秸秆青贮、微贮、氨化和舍饲技术，发展肥羊养殖业；接下来又发展经济林和用材林；要想富先修路，紧接着他又为全村修筑了直通国道全长10千米的柏油路。虽然系列措施实施后，高茂泉村整体发展面貌有了很大改观，但整体贫穷落后的状况尚未得到根本扭转。

如何改变这种状况？刘三堂经过深入思考与探索后，凭借自己在种地方面的经验和钻研精神，培育出了小香米，建立了加工厂后，并尝试与种植户签订单合同，走产业化和小规模化经营之路。之后，随着小香米销售市场的进一步扩大，越来越多的农户加入了订单。订单农业的发展，不但改变了刘三堂一家的生活，也改变了所有种植户的生活，2005年，高茂泉村人均纯收入达到了4000多元，全村人扬眉吐气，一举摘掉了"贫困村"的帽子。2007年，仅靠种植小香米一项，高茂泉村的村民人均增收1000多元，到年底，村民人均纯收入达到6800多元，全村有8户人家购置了15万元以上的小轿车。当然这个故事在刘峻承新任董事长的接力下还在继续上演。刘峻承大学学的是国际贸易专业，当初毅然辞去上海一家外资公司年薪25万元的职位回到"蒙清"，并带动了"蒙清"二次创业，实现了企业的进一步壮大，在此过程中，其与高茂泉村的发展更加高度融合，截至2018年，蒙清种植基地已扩达到了3万多亩，较2005年增长了30倍，直接带动周边农户达到了3万人左右，较2005年增长了近10倍。

产业振兴根本在于人的振兴，但相对于城市，大多数乡村在发展资源和人才保障方面存在很大不足，再叠加青壮年劳动力的大量外流，就连基本的人口数量都难以保持，更遑论推动产业的各类能人了。在这方面蒙清董事长刘三堂和现任掌门人刘峻承（见图7-5）实现自身发展、带动高茂泉村共同致富的实践，为今后推动乡村振兴提供了重要启示，那就是乡村振兴关键要选好带头人，尤其是产业带头人。推进乡村振兴，首要任务是要做好带头人的文章，要加快编制乡村产业人才开发路线图，引进海内外适用人才，引导农民工、大中专毕业生、退役军人、农业科技人员和"田秀才""土专家""乡创客"创新创业，培育一批富有活力的农村产业带头人。

图7-5　蒙清新老董事长

二是乡村振兴要吸引"外来客"。面对村里年轻人外流和村内老弱病残等问题，蒙清在解决职工来源方面进行了积极探索。一方面，吸引外来创客。蒙清先后成立了"蒙清大学生创客中心"和"一座农桥"体验店，广泛吸引周边高校大学生前来创业就业，如今很多外来大学生已成为蒙清发展的骨干，这些人在成就自身的同时也成就了蒙清和高茂泉村的发展。同时通过吸引大学生等创业创新群体，为农业的发展培养和储备了后备人才，解决了创新创业动力不足问题，提升了乡村振兴内在驱动力。另一方面，吸引外来游客。通过策划节庆活动和打造田园综合体，增强游客吸引力，这些既为高茂泉村增添了活力，同时也带动了当地居民增收。

蒙清在解决乡村吸引"外来客"方面的做法，为其他同类企业开阔了思路，提供了启示。从我国未来农村发展趋势看，一方面，城镇化是很长时间内我国城乡发展的主旋律，未来依然会有更多的农村人离开乡村，进入城市工作生活。另一方面，伴随着城市居民收入的不断增长，对养生度假、农事体验、休闲观光的消费需求不断增加，城市居民向农村"回流"也会加快。在此背景下，如何吸引"外来客"，既解决好乡村流失劳动力的补充问题，又能创新性地吸引旅游度假游客的流入，最终达到产业发展和村民致富的目标，成为乡村振兴的重要考量。要借鉴蒙清的做法，全面提高农村基础设施水平，改善乡村生产生活环境，优化人才待遇政策，通过缩小城乡差距，为人才创造良好的乡村创业机遇与发展空间，同时也要搭建好成就事业的平台，从而在尽量留住本地人的同时，吸引更多的社会人才融入乡村发展，使他们愿意为乡村振兴贡献自己的力量。蒙清部分外来骨干及创客如图7-6所示。与此同时，蒙清通过文旅融合吸引外来游客的做法，也为乡村振兴提供了重要启示。此外，蒙清还充分发挥乡村文化旅游资源，将农业农村的田园风光、农耕文明与自然景观等资源有机结合，构建"农业+文创+旅游"的发展模式，培育"田园变公园、农房变客房、产品变商品、劳作变体验"的休闲业态，真正实现乡村与城镇的深层互动、田园风光与民俗文化的深度融合。

三是乡村振兴要配好"专业队"。近年来，围绕公司职能设置和优化，蒙清先后从外部引入了大量高端人才，以此来推动和支撑蒙清的后续发展，目前基本形成了以总经理黄福星为首的专业团队。专业团队的配备，进一步整合了蒙清公司的资源，提高了相关部门的专业技术含量，在很大程度上优化了企业内部的人才结构，从而进一步提升了蒙清在农业全产业链发展方面的人才支撑优势与整体市场拓展能力。

蒙清专业团队的配备为今后推进乡村振兴提供了重要启示，那就是乡村振兴是全方位的振兴，需要有专业的人干专业的事。未来的乡村振兴，除了需要新时代的部分农民"回流"外，也需要从城市里引进大量的专业技术人才。吸引大批懂科技、懂市场、懂法律的专业实用人才到农村来，为农村经济社会发展注入活力和动力。尤其要围绕乡村发展经济的核心任务，加快扶持培养一批农业职业经理人、经纪人、乡村工匠、文化能人和非遗传承人等，发挥科技人才、工匠能人以及经济管理人才对乡村振兴的支撑引领作用。

图 7-6 蒙清部分外来骨干及创客

（四）乡村振兴要遵循客观规律

作为一个微观主体来说，蒙清在把脉国家宏观环境和政策的前提下，一方面，遵循市场、产业和企业发展规律，结合市场需求新特征与具体产业化发展的阶段性新要求，走出了"小规模小香米种植+家庭小作坊初加工+礼品营销"，到"大规模杂粮种植基地+机器精深加工+广告营销"，再到"研发+五谷杂粮种植基地数字化+五谷杂粮机器精深加工数字化+一二三产业融合+线上线下精准营销"多阶段转型之路。与此同时，聚焦企业发展规律，结合自身任务需求，主动完善了公司架构，优化了职能配置。另一方面，在产业发展过程中注重生态保护，蒙清结合当地土壤和大气等特征，通过抗旱节水新品种培育、智慧施肥和雨水精准灌溉等途径，大力发展生态农业的方式，实现了种植效益和资源利用的最大化；围绕当地生态脆弱的实际，积极发展林果等产业，实现了生态产业化，在厚植当地生态优势的同时实现了经济收益。在开发当地旅游业态过程中，遵循文化规律，通过修旧如旧措施，既避免了窑洞的破败，也保住了附在其上的文化底蕴。此外，在人才引进和使用、当地村民聘用和订单签订等方面，也充分体现了蒙清对于乡村社会发展规律以及人才发展规律的充分遵循。正是秉持尊重规律基础上的大胆开拓创新，在多年发展中，蒙清才能够始终走在行业发展的前列，成为引领杂粮行业发展的风向标。蒙清的这些做法为乡村振兴提供了重要借鉴和启示：作为微观层面的企业，遵循规律是其获得发展的重要前提；而作为更高层面的乡村振兴，既涉及产业方面的振兴，也有人才、组织和文化等方方面面的振兴，在实际推进中，更要遵循产业、市场、社会和人才等相应发展规律。尊重规律，但不循于规矩。在遵循规律的基础上，不断寻求新的突破。这也正是蒙清多年来行稳致远的关键所在。

一要遵循产业发展规律。乡村振兴，必须产业先行、产业兴旺。当前，我国农村产业发展还很不充分，同时农业发展面临"大路产品"供过于求与优质产品供给不足并存的结构性矛盾，加快农业转型升级、发展动能转换势在必行。未来推进乡村产业振兴，要紧扣农业供给侧结构性改革"牛鼻子"，坚持质量强农，调优农业结构，大力发展现代农业，加快构建现代农业产业体系、生产体系、经营体系，大力培育农业新型经营主体，带动小农户与现代农业发展有机衔接。要促进农村一二三产业融合发展，支持农业龙头企业做大做强，积极发展农村电商、乡村旅游等新产业、新业态，鼓励农民创新创业，不断壮大农村发展新动能。要深化农村承包地所有权、承包权、经营权"三权"分置，宅基地所有权、资格权、使用权"三权"分置，吸引各类市场主体和社会资本参与农业农村发展，增加农民土地收益和财产性收入，让广大乡村充满活力、农民群众生活富裕。

二要遵循社会发展规律。乡村振兴就是要使乡村发展紧随国家现代化的步伐，实现城乡协调发展，在这一发展过程中，对乡村社会发展规律的遵循应该是实现各项振兴的前提。一方面，乡村振兴要遵循人口流动规律。农业人口转移是大趋势，在经济发达大国或国家联合体（如欧盟），农业人口占总人口的比重多在5%以下，农村区域总人口的比重多在20%以下。在这样一个经济结构水平上，农民收入与城市人口收入大体相当，农村人口占总人口的比重变化才会趋于稳定。从现状看，我国农业人口占比依然较高，农村与城镇在发展不足与不平衡方面依然问题较为突出，这些都使得未来依然会有很多的农牧业人口进一步转出，对这一趋势应该有合理清晰的认识；同时，原有人口转出的同时，也要充分做好新进人口的吸纳与融入，唯有如此，才能真正保持住乡村的生机与活力。另一方面，乡村振兴也是农村传统熟人社会关系的重构过程。传统农村地区，一般很看重和熟人之间的关系，认为多个熟人好办事，特别是邻居之间，有什么困难大家可以相互帮忙。但从现在看，比较讲究合约精神，比如口头协议、纸面合同等，以约束双方的行为。如蒙清除了依托合作社外，也更多地与周边农户以合同的形式来承包地块，并在此过程中明确了各方权利与义务，从而客观上有效推进了农村社会关系的重构。此外，要利用公共空间和场所，改造提升配套设施，建好村民茶余饭后互动交流的"乡村会客厅"。弘扬邻里团结、守望相助的传统美德，加强对优抚对象、困难家庭、独居老人、残疾人等的帮扶。完善购物、餐饮、金融、电信等生活配套，打造 15 分钟幸福生活圈。

三要遵循人才发展规律。人才是第一资源，是乡村振兴的关键。"人才兴，事业方兴。"当前，农村缺人特别是缺少能人的问题突出，已成为"三农"发展的瓶颈。为此，推动乡村振兴，就是要把人力资本开发放在首要位置，打造一支强大的乡村振兴人才队伍，在乡村形成人才、土地、资金、产业汇聚的良性循环。要着力培育一大批新型职业农民、优秀的基层组织带头人、发展的领头雁等本土人才，千方百计招入一批懂科技、懂市场、懂法律、懂经营、懂管理的外来人才到农村创新创业，努力吸引一批外出成功人士返乡兴业发展，建设一支懂农业、爱农村、爱农民的高素质专业化"三农"工作队伍。要完善人才服务机制，让农村成为各方贤才能人共展宏图、大有作为的广阔天地。

四要遵循乡村文化发展规律。文化是乡村振兴之"魂"，是乡村振兴的力量源泉。乡村振兴，既要"富口袋"，又要"富脑袋"，在体现现代气息的同时，传承历史文化，确保始终有持续前进的精神动力。要针对传统乡土文化被忽视、被破坏等问题，大力挖掘弘扬根植于优秀农耕文化中的乡土人文、古风礼尚、道德伦理，保护并继承好文明古迹、优良民俗、民间工艺等文化遗产，把传统之根留住、把文化之脉护好，使乡村特有的道德礼俗和农耕文明世世代代传承下去。要抓住当代农民精神文化生活缺乏等短板，加强农村社会主义思想道德和公共文化建设，鼓励高校、艺术团体和当地企业在乡村设立实践基地，高水平建设等级幼儿园、义务教育标准化学校。积极开展文明村、文明家庭、身边好人等选树活动，全面提升农村文化礼堂，配置新时代文明实践站、乡贤馆、百姓戏台等，推动县级图书馆、文化馆在乡村设立服务点，把优秀传统文化充分融入到当代乡村教育、家风民风、村规民约建设中，重构农民精神家园。

五要遵循生态发展规律。生态是人类赖以生存、发展的基础，是乡村振兴的重要支撑点。"绿水青山就是金山银山"，乡村振兴必须走生态优先、绿色发展之路。传统的农业发展方式对山水资源破坏严重，生态环境不堪重负。因此，新时代的乡村振兴，必须立基于生态环境资源负担不增加，留住乡村清新的田园风光、独特的风情风貌。要落实节约优先、保护优先、自然恢复为主的方针，统筹山水林田湖草系统治理，严守生态红线，保护农村自然生态资源，提高生态服务能力，推进自然生态资本增值。要落实农业主体功能区划，优化农村生态空间布局，建立农业资源环境保护利用管控、农业绿色低碳循环生产等制度，推动农业生产方式向生态化、绿色化转变，增强农业生态产品供给。要瞄准农业面源污染较严重及生活污水、垃圾处理设施不健全等问题，大力实施农村厕所革命等重大生态工程，尊重乡土风貌和地域特色，保留村庄原有纹理，以"绣花"功夫推进乡村微改造、精提升，加强农村人居环境综合整治。推进美丽乡村建设，加强对新建农房式样、体量、色彩、高度等的引导，迭代优化农房设计通用图集，让广大农村成为宜居宜业的人间乐园。要夯实农村供水县级统管机制，健全农村人居环境长效管护机制，全面普及生活垃圾分类，深入开展农村生活污水治理"强基增效双提标"行动，扎实做好农业农村领域节能减排工作，大力提倡节约用水，积极发展太阳能、天然气、风能等可再生能源，提高乡村生产生活的电气化、清洁化水平。弘扬生态文化，建设生态文化基地和生态文化村。

（五）乡村振兴要以共同致富为旨归

从经济史来看，很多农业企业都曾创造过高速增长的经济奇迹，但极少能够真正做到与农民共进退、共致富，现实中甚至有的农业企业以损害农民利益来达到自身发展的目的。而蒙清自成立以来，就以厚重的乡土情怀致力于地方的发展和当地居民的共同致富，正是这种共同致富的价值观，在带动当地居民增收致富的同时，也成就了今天的蒙清。一方面，蒙清通过采取"企业+合作社+农产品基地+农户""企业+扶贫户"的产业化发展模式，切实解决了农民"种什么、怎么种、怎么卖、卖多少"的困惑，带动种植户和贫困户实现了稳定增收。同时，通过培训和技术指导等形式，增强了当地居民增收致富能力，刘峻承投入了大量的时间、精力与资金，构建并运行的蒙清·创优乡村创客中心项目，现已成为国家科技部首批培育试点单位星创天地，借助这一载体，大大提升了当地农民科技种植水平。此外，在道路修建、幼儿教育设施等公益建设方面，蒙清也在逐步加大投入。另一方面，在带动当地农民致富的同时，也为企业发展赢得了良好的口碑和群众的信任，在很大程度上促成了蒙清的持续快速发展和壮大。

蒙清带动当地居民共同致富的实践，对推进乡村振兴提供了重要启示：乡村振兴，首先，要推动产业振兴，尽快做大农村经济"蛋糕"，为乡村振兴夯实物质基础。为此，要正确认识和处理供给与需求的关系，深入推进农业绿色化、优质化、特色化、品牌化，推动农业由增产导向转向提质导向；要推进特色农产品优势区创建，要着力构建现代农业经营体系。培育发展家庭农场、合作社、龙头企业、社会化服务组织和农业产业化联合体，发展多种形式适度规模经营，做大做强区域特色产业。其次，在产业发展过程中，更要强化村民利益，保障广大劳动群众共享发展成果，实现共同致富。要创新方式和模式，引导龙头企业和农民合作社通过双向入股方式实现利益联结，鼓励专业合作社、家庭农场、种养大户和普通农户以土地、劳务、资金等入股企业，支持企业以资金、技术、品牌等入股专业合作社。完善利润分配机制，推广"保底收益+按股分红"分配方式，明确资本参与利润分配比例上限，维护农民利益。最后，要积极打造未来治理场景，顺应基层治理体系变革，全面实施阳光治理工程，深入开展平安乡村建设和省级善治示范村创建，规范提升全科网格建设，推动自治、法治、德治、智治融合，发挥好各类社会组织作用，强化农村集体"三资"（资金、资产、资源）云监管、"三务"（党务、村务、财务）云公开。大力推进移风易俗，有效革除陈规陋习，引导乡贤（或各类能人）在党组织领导下依法依规参与乡村治理，促进项目回归、人才回乡、资金回流、技术回援、文化回润、公益回扶，加快补齐基本公共服务短板。

第八章

定向：未来发展新方位

党的十八大以来，中国特色社会主义进入新时代，我们实现了第一个百年奋斗目标，全面建成小康社会。面对中华民族伟大复兴的战略全局和世界百年未有之大变局，特别是世界经济低迷、产业链供应链受挫、国际局势风云变幻，我国把乡村振兴和保障国家粮食安全提到了前所未有的高度。在这样的大背景下，蒙清作为一个杂粮产业化龙头企业，其发展不仅取决于自身发展条件，更取决于外部宏观环境、市场趋势、技术变迁和产业政策的新变化。只有站在历史和未来的交汇点上重新审视蒙清公司所处的行业发展新格局新方位，抓住消费升级加快到来、多重利好政策叠加、农业技术快速迭代与应用、农业价值提升和功能拓展等宏观环境红利，才能推动企业继续创造效益，进而更好地探索符合西北干旱地区特点的乡村振兴模式。

一、政策环境

进入新时代以来，围绕"三农"发展、乡村振兴、粮食安全、农业现代化和杂粮产业发展，国家、自治区、清水河县都相继出台了一系列新政策，形成了关于农业供给侧结构性改革、实现巩固拓展脱贫攻坚成果同乡村振兴有效衔接、农业农村现代化、城乡融合发展等逐渐完善的制度框架，建立了包括农产品价格、轮作补助、建设高标准农田、农业科技创新、农业机械设备现代化等全方位的支持政策体系，上述政策将对蒙清公司发展起到重要的指导和约束作用，也是未来很长一段时间企业发展必须遵循和依赖的政策框架。

（一）乡村振兴政策引领方向

2017年党的十九大报告中提出乡村振兴的战略，指出乡村振兴是治国安邦之本，农业、农村、农民（即"三农"）问题是关系国计民生的根本性问题，必须始终把解决好"三农"问题作为全党工作的重中之重，实施乡村振兴战略。此后，中共中央、国务院连续发布中央一号文件，对新发展阶段优先发展农业农村、全面推进乡村振兴作出总体部署，为做好当前和今后一个时期"三农"工作指明了方向。

1. 国家层面

如图8-1所示，近年来每年的中央一号文件都对乡村振兴战略作出重要部署：2018年印发的《中共中央 国务院关于实施乡村振兴战略的意见》，瞄准农业农村现代化总目标，坚持农业农村优先发展的总方针，围绕产业兴旺、生态宜居、乡风文明、治理有效、生活富裕的总要求，通过建立健全城乡融合发展的体制机制和政策体系，加快推进农业农村现代化，走中国特色社会主义乡村振兴道路，让农业成为有奔头的产业，让农民成为有吸引力的职业，让农村成为安居乐业的美丽家园。其中特别强调了以产业兴旺为重点，提升农业发展质量，培育乡村发展新动能。突出了以完善农村产权制度和要素市场化配置为重点，强化制度性供给；畅通智力、技术、管理下乡通道，造就更多乡土人才，强化人才支撑；健全投入保障制度，开拓投融资渠道，强化投入保障；制定国家乡村战略规划，强化规划引领作用等重点政策举措。此外，还涵盖农村文化、治理、民生、生态在内的乡村整体性提升和全面振兴规划。2019 年印发的《国务院关于促进乡村产业振兴的指导意见》指出，要牢固树立新发展理念，落实高质量发展要求，坚持农业农村优先发展总方针，以实施乡村振兴战略为总抓手，以农业供给侧结构性改革为主线，围绕农村一二三产业融合发展，与脱贫攻坚有效衔接、与城镇化联动推进，聚焦重点产业，聚集资源要素，强化创新引领，突出集群成链，培育发展新动能，加快构建现代农业产业体系、生产体系和经营体系，推动形成城乡融合发展格局，为农业农村现代化奠定坚实基础。同时提出了突出优势特色培育壮大乡村产业、科学合理布局优化乡村产业空间结构、促进产业融合发展增强乡村产业聚合力、推进质量兴农绿色兴农增强乡村产业持续增长力、推动创新创业升级增强乡村产业发展新动能、完善政策措施优化乡村产业发展环境六个方面的任务举措。2020 年印发的《中共中央　国务院关于抓好"三农"领域重点工作确保如期实现全面小康的意见》指出，要坚决打赢脱贫攻坚战，对标全面建成小康社会加快补上农村基础设施和公共服务短板，保障重要农产品有效供给和促进农民持续增收，加强农村基层治理，强化农村补短板保障措施。2021 年印发的《中共中央　国务院关于全面推进乡村振兴加快农业农村现代化的意见》以"两个决不能，两个开好局起好步，一个全面加强"为主题，进一步对新发展阶段优先发展农业农村、全面推进乡村振兴作出总体部署，并提出实现巩固拓展脱贫攻坚成果同乡村振兴有效衔接、加快推进农业现代化、大力实施乡村建设行动、加强党对"三农"工作的全面领导的具体举措。

　　总体来看，乡村振兴战略政策体系在中央与地方的范围内初步建立，详细梳理可划分为乡村产业政策体系、乡村生态政策体系、乡村文化政策体系、乡村治理政策体系和民生保障政策体系这五个维度，各维度政策协同共生、同向发力，才能推进乡村振兴总战略扎实落地实施。我国乡村振兴相关会议及政策如表8-1所示。

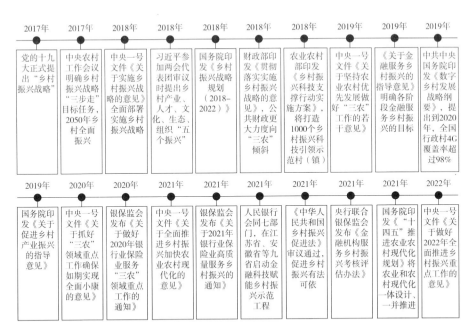

图 8-1　2017 年以来乡村振兴政策梳理

表 8-1　我国乡村振兴相关会议及政策

日期	会议/政策	重点内容
2018 年 9 月 26 日	《乡村振兴战略规划（2018-2022 年）》	对实施乡村振兴战略第一个 5 年工作作出具体部署，对促进乡村产业发展、加强乡村基础设施和生态环境建设、补齐乡村基本公共服务短板等方面提出明确要求
2020 年 10 月 29 日	《中共中央关于制定国民经济和社会发展第十四个五年规划和二〇三五年远景目标的建议》	实施乡村建设行动。完善乡村水、电、路、气、通信、广播电视、物流等基础设施，提升农房建设质量。因地制宜推进农村改厕、生活垃圾处理和污水治理
2020 年 12 月 16~18 日	中央经济工作会议	要充分挖掘国内市场潜力，以改善民生为导向扩大消费和有效投资。要把扩大消费同改善人民生活品质结合起来。要全面推进乡村振兴，推进农村改革和乡村建设

续表

日期	会议/政策	重点内容
2020 年 12 月 21 日	全国住房和城乡建设工作会议	实施乡村建设行动，提升乡村建设水平。推进以县城为重要载体的就地城镇化和以县域为单元的城乡统筹发展
2020 年 12 月 28～29 日	中央农村工作会议	坚持把解决好"三农"问题，作为全党工作重中之重，举全党全社会之力推动乡村振兴。构建新发展格局，把战略基点放在扩大内需上，农村有巨大空间，可以大有作为。实施乡村建设行动，继续把公共基础设施建设的重点放在农村。接续推进农村人居环境整治提升行动，重点抓好改厕和污水、垃圾处理。要把县域作为城乡融合发展的重要切入点
2020 年 12 月 29～30 日	全国扶贫开发工作会议	抓好基础设施建设衔接，按照实施乡村建设行动统一部署，持续改善乡村道路、水利、电力、通信等生产生活条件和村容村貌。抓好公共服务提升衔接，持续改善乡村义务教育办学条件和医疗卫生基础条件
2020 年 12 月 31 日	全国财政工作会议	完善财政支农政策，支持全面推进乡村振兴。保障国家粮食安全，提高农业质量效益，支持巩固拓展脱贫攻坚成果同乡村振兴有效衔接
2021 年 1 月 4 日	中国人民银行工作会议	引导金融机构加大对"三农"、科技创新、小微和民营企业等国民经济重点领域和薄弱环节的支持力度。做好脱贫攻坚与乡村振兴金融服务有效衔接
2021 年 1 月 4 日	《中共中央 国务院关于全面推进乡村振兴加快农业农村现代化的意见》	对于发展不平衡不充分问题、农业农村短板弱项问题、城乡协调发展问题提出了解决方案；对于构建新发展格局，扩大农村需求，畅通城乡经济循环等方面提出了规划和远景前瞻
2021 年 3 月 12 日	《中华人民共和国国民经济和社会发展第十四个五年规划和 2035 年远景目标纲要》	"提高农业质量效益和竞争力""实施乡村建设行动""健全城乡融合发展体制机制""实施巩固拓展脱贫攻坚成果同乡村振兴有效衔接"四大方向建设规划
2021 年 3 月 16 日	《关于深入扎实做好过渡期脱贫人口小额信贷工作的通知》	切实满足脱贫人口小额信贷需求，支持脱贫人口发展生产稳定脱贫

续表

日期	会议/政策	重点内容
2021 年 3 月 22 日	《中共中央 国务院关于实现巩固拓展脱贫攻坚成果同乡村振兴有效衔接的意见》	到 2035 年，脱贫地区经济实力显著增强，乡村振兴取得重大进展，农村低收入人口生活水平显著提高，城乡差距进一步缩小，在促进全体人民共同富裕上取得更为明显的实质性进展
2021 年 4 月 29 日	《中华人民共和国乡村振兴促进法》	第一部直接以"乡村振兴"命名的法律，也是关于乡村振兴的全局性、系统性法律保障。以法律形式对产业发展、人才支撑、文化繁荣、生态保护、组织建设、城乡融合提出促进保障措施
2021 年 7 月 1 日	《关于金融支持巩固拓展脱贫攻坚成果 全面推进乡村振兴的意见》	金融机构要围绕巩固拓展脱贫攻坚成果、加大对国家乡村振兴重点帮扶县的金融资源倾斜、强化对粮食等重要农产品的融资保障、建立健全种业发展融资支持体系、支持构建现代乡村产业体系、增加对农业农村绿色发展的资金投入、研究支持乡村建设行动的有效模式、做好城乡融合发展的综合金融服务等八个重点领域，加大金融资源投入
2021 年 7 月 27 日	《关于为全面推进乡村振兴加快农业农村现代化提供司法服务和保障的意见》	充分发挥人民法院审判职能作用，为全面推进乡村振兴、加快农业农村现代化提供有力司法服务和保障
2021 年 9 月 3 日	《数字乡村建设指南 1.0》	系统搭建了数字乡村建设的总体参考框架，明确了各类应用场景的建设内容、建设主体任务、注意事项等关键要素，分别从省、县两级层面给出指导性建议
2021 年 9 月 30 日	《关于印发全国特色小镇规范健康发展导则的通知》	为逐步建立特色小镇文件体系，更好推动特色小镇规范纠偏，更广范围推行好经验好做法，提出关于特色小镇清单统一管理制度的明确要求
2022 年 2 月 22 日	《中共中央 国务院关于做好 2022 年全面推进乡村振兴重点工作的意见》	明确了两条底线任务：保障国家粮食安全和不发生规模性返贫；三方面重点工作：乡村发展、乡村建设、乡村治理；推动实现"两新"：乡村振兴取得新进展、农业农村现代化迈出新步伐

乡村产业政策以提升农业的竞争力、推动农村经济发展为政策目标，旨在加快农业现代化进程，提高国家粮食安全水平，壮大并多样化乡村产

业。"产业兴旺"中"产业"不仅指农业，还包括第二、第三产业。"农业"也不能简单理解为以提供"食品"为唯一功能的狭义农业，而应从覆盖全产业链的视角看，拓宽"农业"的内涵、功能、形态和实现方式。在产业兴旺总目标的指引下，乡村产业政策主要包括农业生产能力提升、完善经营体系、资金支持夯实，同时引导产品流通渠道扩大、产业转型升级五大关键领域。在提升农业生产能力方面包括提升农业装备和信息化水平、制定粮食安全保障机制及耕地建设政策，建立农业科技创新平台基地、加快农业科技成果转化应用等政策，如引导市场化主体参与农业技术推广服务，建设长期稳定的农业科技试验示范基地，建立农科教产学研一体化农业技术推广联盟，选拔学历水平和专业技能符合岗位职责要求的人员进入基层农业技术推广队伍并实施技能培训等一系列具体细则；在构建多元化的现代农业经营体系方面突出融合发展、利益共享的特征，包括鼓励发展家庭农场联盟、合作社联合社等蕴含多种资源组合的融合方式，鼓励组织龙头企业与农户共同经营、设立风险资金、提供信贷担保，鼓励新型经营主体与小农户建立契约型、股权型利益联结机制来探索实行保障农民利益的分配机制等；在保障资金支持方面，要求资金在推动产业兴旺发展的过程中起到杠杆和枢纽的作用，支农扶农相关政策着力于完善农业支持保护制度，在财政支持中体现对农村产业发展的必要倾斜，如农业补贴政策、农产品收储制度、农业保险制度等，其中农业补贴政策更是特别注重提高补贴对象的精准性与实施的精确性，补贴政策之间搭配分工明确，有针对性地回应产业的"弱势特征"。同时通过金融支农政策盘活农村外部资本，为社会资本流入农村降低壁垒、拓宽渠道，完善商业性保险与政策性保险联合体系，以分散涉农资本风险，包括建立 PPP 综合信息平台项目库，划定农业绿色发展、现代农业产业园、互联网+现代农业等重点领域，创建国家农业 PPP 示范区，规范项目管理过程中的绩效、债务、风险和信息公开等；在农产品流通渠道方面，强调信息化是各类产业发展的主导趋势，互联网与农业的结合有助于拓宽农产品流通渠道，解决农产品的销路问题，出台各项政策着力推动大力发展农村电子商务，以电信基础设施建设作为基础，开展农产品电商出村试点，打造农产品电商供应链，健全农产品质量检测和追溯体系。在保证粮食安全的前提下，实施农业对外合作政策，开拓国外市场，鼓励农产品国际贸易，出台了农业国际交流合作、农业外贸发展、农业对外投资合作、出口农产品生产基地建设等具体政策，体现出加快推动形成农业全面开放新格局、促进农业外向型经济进一步深入的政策导向；在产业转型升级方面，强调调整农业结构包括农业区域结构、产业结构和品种结构，强调质量兴农，包括推进农业全程标准化、培育农业品牌、提高农产品质量水准等，强调发展特色农业，重点支持绿色农业促进项目，提供财政支持并举办项目试点，强调促进一二三产业融合，如开展特色互联网农业、小镇试点、乡村旅游等。除此之外，农业数字化被置于产业转型升级的前沿阵地，从电子商务到结合区块链、大数据、5G 等最具发展前景的技术应用，许多支持数字乡村建设的政策也相继出台。

生态宜居政策一方面需要通过限制开发来保护生态资源，另一方面需要与产业政策中的要求相呼应，推进农业自身的绿色发展，平衡生态与开发的关系。在生态宜居总目标的指引下，乡村生态政策主要包括如何修复治理已遭受污染的生态环境，如何平衡好生态保护与农业开发的关系，以及如何改善人居环境四大关键领域。在环境修复治理方面，出台一系列政策与法规，如化肥农药施（使）用量零增长行动、推进养殖粪污综合治理行动、秸秆综合利用行动、耕地修复、面源污染防治技术推广行动等，以有效地支持政策，确保打好农业污染防治攻坚战。同时还强调将修复治理与安全利用相结合，在加强资源和生态保护的同时考虑农业的可持续性发展；在生态资源保护方面，不断健全生态系统保护机制，包括生态红线制度、水（耕地、草原）等资源保护政策（如河长湖长制、草原禁牧、水源地保护）、生态搬迁政策、生态补偿政策等；在农业绿色发展方面，注重资源节约、环境友好、生态保育、产品质量，出台了如农业清洁生产政策、农业节水政策、循环农业政策、农业废弃物资源化政策、农药化肥减量化政策、轮耕轮休政策等。这些政策着眼于农业生产的各个环节，加快生产方式变化转型；在人居环境改善方面，大力推进"厕所革命"、农村生活垃圾治理、农村生活污水处理、乡村绿化、乡村规划、村庄景观开发、完善建设和管护机制等。

乡风文明政策以繁荣发展乡村文化、满足农民精神文化生活需求为目标，旨在焕发出新时代乡风文明的新气象、扩大和丰富中华优秀传统文化内涵并继续传承下去。乡风文明政策主要包括思想道德建设、乡村教育、乡村文化传承与发展和乡村公共文化服务。农村思想道德建设是乡风文明的重要内容，起到为农村发展提供思想保证的作用，需要依托中华传统文化，致力于弘扬道德、宣扬正义、见义勇为、帮扶弱者等传统美德，培育淳朴民风。其政策包括家风建设、移风易俗等，倡导的道德标准涉及社会生活的各领域，包括社会、职业、家庭及个人坚守的各类"德"。同时辅以文明村镇、农村文明家庭、星级文明户、五好家庭等评选工作，将教育与表彰寓于一体，充分发挥道德模范引领作用；在乡村教育方面，培养乡村人才可以说是乡村振兴的长远之道，更是乡村振兴的重大任务实施。在《乡村教师支持计划（2015—2020 年）》《教育脱贫攻坚"十三五"规划》等综合类纲领性文件之下，具体政策有继续普及义务教育、完善学生资助体系、学校基础设施建设、教师队伍建设，此外还包括关注度日渐提升的民族教育发展、职业教育提升等。这些政策实施对象涵盖学生与老师，实施阶段覆盖学前教育与高中教育，实施领域包括普通教育与职业教育等教育全阶段，形成了服务于全年龄段、各阶段教育的政策循环；在乡村文化传承发展方面，包括乡村文化的保护政策，可具体到文物、古迹、传统村落、农业遗迹、民族村寨、非物质文化遗产保护政策等，也包括从传统中推陈出新、挖掘商业价值、推动乡村文化产业发展等政策；在公共文化服务方面，为向乡村居民提供公共文化产品与服务、保障农民文化权利、丰富乡村居民的文化生活，出台了包括加强基层文化产品供给、文化阵地建设、文化活动开展和文化人才培养等政策，还倡导结合民俗活动，根据当地特点开展文体活动。

治理有效政策旨在加强共产党领导基层乡村组织，健全乡村现代化治理体系，打造共建共治共享的现代社会治理格局。为了实现治理有效的总目标，乡村治理政策可划分为以下关键点：组织体系、法治建设、政务服务和人才队伍建设。在组织体系建设方面，强调党在乡村治理中发挥着统一领导的作用，村民自治组织和监督组织则是微观治理的基础，为完善以村党组织为领导的乡村治理体制机制，人事方面的政策安排要求村党组织书记不仅担任村民委员会主任，同时兼任村级集体经济组织、合作经济组织负责人。同时推行村"两委"班子成员交叉任职、村"两委"换届候选人县级联审机制，完善完善村民（代表）会议制度，赋予村民更多机会加入村域公共事务。在法治建设方面，着眼于法治文化推广与法治服务供给的结合，主要包括法律服务供给、法律业务培训、乡村矛盾纠纷调处化解机制、"民主法治示范村"创建活动、平安乡村建设以及农村法治宣传教育工作。在政务服务方面，推动建立有效的乡村治理格局需要减轻村级组织负担，规范村级政务工作，将政府服务与农民需求更好对接，以真正发挥便民与治理的目的，包括规范村级组织工作事务、乡村便民服务、村级事务阳光工程、行政审批下移政策等制度。在人才队伍方面，首先，将各类人才资源聚合到人才队伍中，既在当地吸引人才进行带头人队伍建设，又通过乡村人才培育引进政策吸引农村致富能手、在外务工人员、大学毕业生、退伍人员等参与乡村治理。其次，完善已有的人才队伍管理，保障村干部报酬，健全报酬兑现机制，将其与绩效考核挂钩，分层分类推进培训工作，保证队伍的积极性并不断提升工作水平。这些政策综合考虑了全国各地乡村人才能力建设的多方面需求，有助于切实提高乡村治理人才队伍的素质水平与业务能力。

生活富裕政策是要让农民过上好日子，生活富裕模块的政策以农民收入水平提高，脱贫攻坚成果得到进一步巩固，保障改善农村民生为主要目标。主要包括农民增收政策、农村社会保障政策、农村劳动力就业政策以及生活基础设施政策四大方面。在农民增收方面，农民增收处于乡村振兴战略中的突出位置，是生活富裕政策模块下最直接的目标，是在农村扶贫到乡村振兴转换过程中不变的核心内容。

一是提高农民的家庭经营性收入，首先要保障农民个体能在产业整体的发展中获得收益分享，因此需要农民共享发展成果的政策完备。农民参与农业产业化联合体、惠农富农的利益联结机制、联农带农激励机制等政策均是针对农民家庭经营性收入提高提出的方案。这些政策一般与产业政策寻求结合，在促进产业链发展的同时带动农户获取红利。二是提高农牧民的工资性收入。大力支持农民工稳定就业，尽量降低疫情对其全年工资收入的影响。为在城镇已经有了固定岗位、工作比较稳定的农民工提供最大程度的帮助和服务，积极主动地与输入地对接，组织好"点对点、一站式"直达运输服务。充分发挥乡村资源和生态优势，大力发展适应城乡居民需要的休闲度假、观光旅游、餐饮民宿、养老服务等乡村新型服务业。开发季节性、灵活性就业岗位，减少农民剩余劳动时间。三是提高农民的转移性收入。各类直接补贴、大县奖励政策、农业保险补贴政策不断为农民收入提高提供基础支撑。财政部、农业农村部每年发布的《重点强农惠农政策》都将此类政策作为重点，根据每年的实际情况进行适当调整；在农村社会保障方面，为保障乡村居民的基本生活质量、调节农村收入分配、促进农村社会和谐稳定，进而更好地建设生活富裕、幸福愉悦的乡村社会，出台了农村基本医疗保障建设、基本养老保险建设、社会救助体系建设、特殊群体社会保障建设一系列措施。四是提高农民的财产性收入。需要加快破题以宅基地、承包地、山地、林地等为重点的农村土地制度，健全城乡统一的建设用地市场流转制度，改革或完善各项土地产权制度，发展新型农村集体经济。健全农村金融服务体系，努力引导资金回流。在政策扶持上，不妨规定金融机构对农村地区贷款的最低比例；在金融支农上，要发挥新型农村金融机构和小额贷款公司服务"三农"的重要作用，为农民推出农户联保贷款、农户小额信用贷款、个人住房按揭、创业贷款等多元化金融产品。同时，开展金融工具创新，建立并完善针对性较强的多层次资本市场体系。

2. 内蒙古自治区层面

为进一步落实国家乡村振兴战略，贯彻好习近平总书记考察内蒙古时的重要讲话精神，内蒙古自治区党委和政府、乡村振兴局等相关部门、各地区结合实际区情，在财政、金融、审计、农牧业、林业、水利、工业、交通、商贸、海关、旅游等多方面出台了全方位支持乡村振兴的若干政策措施。2018年出台的《内蒙古自治区党委自治区人民政府关于实施乡村振兴战略的意见》编制了乡村振兴规划，并制定了内蒙古乡村振兴的规划目标。这些不同阶段目标与任务的确立，为全区乡村振兴战略实施指明了方向，提供了基本遵循，同时围绕自治区深化农牧业供给侧结构性改革、着力推进乡村绿色发展、繁荣兴盛乡村文化、创新乡村治理体系、提高农村牧区民生保障水平、深化农村牧区改革、强化乡村振兴人才支撑、加大乡村振兴投入保障力度、加强党对"三农三牧"工作的领导等方面提出了具体保障措施。在《内蒙古自治区党委关于制定国民经济和社会发展第十四个五年规划和二〇三五年远景目标的建议》中，提出必须全面实施乡村振兴战略，优先发展农牧业和农村牧区，促进乡村产业、人才、文化、生态、组织全面振兴，加快农牧业和农村牧区现代化，特别提到集中支持乡村振兴重点帮扶旗县。2021年4月出台了《内蒙古自治区党委、自治区人民政府关于全面推进乡村振兴加快农牧业农村牧区现代化的实施意见》，进一步强调要深入贯彻习近平总书记关于内蒙古工作重要讲话重要指示精神，统筹推进"五位一体"总体布局，协调推进"四个全面"战略布局，坚持稳中求进工作总基调，坚持加强党对"三农三牧"工作的全面领导，坚持新发展理念，坚持农牧业现代化和农村牧区现代化一体设计、一并推进，落实加快构建新发展格局要求，以推动高质量发展为主题，以深化农牧业供给侧结构性改革为主线，以科技创新为动力，坚定不移走以生态优先、绿色发展为导向的农牧业农村牧区高质量发展新路子，全力保障国家粮食安全和重要农畜产品有效供给，扎实做好巩固拓展脱贫攻坚成果同乡村振兴有效衔接，走中国特色社会主义乡村振兴道路，加快农牧业农村牧区现代化，促进农牧业高质高效、农村牧区宜居宜业、农牧民富裕富足，为在新时代新征程书写好内蒙古发展新篇章提供有力支撑。2021年4月，自治区党委农牧办、农牧厅制定了《内蒙古自治区"十四五"农牧业优势特色产业集群建设规划（2021—2025）》，明确在杂粮杂豆产业方面，重点支持优势产业带的龙头企业做大做强，延伸产业链条，培育杂粮知名品牌，到2025年实现全产业链产值达到280亿元。同月，自治区党委农牧办印发《内蒙古自治区培育农牧业产业化重点龙头企业五年行动计划（2021—2025年）》，明确将加大政策扶持力度，强化对龙头企业的指导服务，支持龙头企业创新体制机制，推动技术升级、产品研发、品牌培育，延伸产业链、完善供应链、提升价值链，使其成为增强乡村产业发展活力的领航者、创新乡村产业发展模式的先行者、构筑乡村产业发展高地的新引擎、构建乡村产业体系的排头兵。此后《内蒙古自治区实施乡村振兴战略考核办法（修订）》《内蒙古自治区关于推进产业扶贫与产业振兴衔接的政策措施》相继出台，提出内蒙古要发展优势特色农牧业，做优做强玉米、马铃薯、杂粮杂豆、向日葵、奶业、肉牛、肉羊、羊绒、饲草料等优势主导产业，支持脱贫旗县推进品种培优、品质提升、品牌打造和标准化生产，引领农牧业绿色发展，提升农牧业质量效益和竞争力，还围绕生态产业、电商综合示范等提出具体要求和举措。2023年5月，内蒙古自治区党委和政府印发了《关于做好2023年全面推进乡村振兴重点工作的实施意见》，强调要以建设国家重要农畜产品生产基地为牵引，坚持农牧业农村牧区优先发展，坚持城乡融合发展，强化科技创新和制度创新，牢牢守住确保粮食安全、防止规模性返贫等底线，扎实推进乡村发展、乡村建设、乡村治理等重点工作，加快建设农牧业强区，建设宜居宜业和美乡村，为内蒙古全面建设现代化夯实根基，为保障国家粮食安全作出更大贡献。

3. 呼和浩特市层面

《呼和浩特市国民经济和社会发展第十四个五年规划和2035年远景目标纲要》指出，将"依托武川、清水河、和林格尔等马铃薯种植带和杂粮产业带，做优马铃薯杂粮产业链"；明确将修建"呼和浩特新机场至清水河高速公路"，提升公路交通辐射能力；围绕文旅产业的布局，指出将"建设清水河县黄河文化公园"，"逐步升级改造沿黄旅游公路，整合托克托县、清水河县旅游资源，打造沿黄河、沿长城、沿浑河、沿清水河等4条旅游环线，形成集黄河文化创意主题公园、黄河非遗博物馆、蒙晋民俗体验、峡谷山水观光等多功能于一体的旅游观光区"，这些举措将为蒙清农业三产融合提供更好的契机。《呼和浩特市高标准农田建设方案（2021-2030年）》指出，全市高标准农田2021年建设任务51.2万亩（含旱作高标准农田1.2万亩），2022年计划新建37万亩（含旱作高标准农田2.8万亩），到2030年全市高标准农田达到324万亩，这也将为蒙清农业持续在旱作农业领域深耕发力提供良好机遇。

可以看到，国家关于乡村振兴的宏观政策在不断推进、不断完善，为农业农村的发展注入了持续动力，更为像蒙清这样的农业企业在实现自我发展和助力当地乡村振兴提供了清晰的思路和有力的政策依靠。

（二）农业现代化成为必由之路

近年来，我国在脱贫攻坚和乡村振兴上取得了良好成就，但在我国农村仍然有许多地区没有摆脱传统农业的生产生活方式。农业现代化是从根本上解决农业发展滞后、难以适应工业化和城镇化需要的重要举措，是社会主义新农村建设的重要着力点，同时也是统筹城乡和工农业发展的基本前提与物质保障。因此我国出台多项政策推动农业产业现代化发展。早在2014年11月中共中央办公厅、国务院办公厅印发的《关于引导农村土地经营权有序流转发展农业适度规模经营的意见》指出，要以保障国家粮食安全、促进农业增效和农民增收为目标，坚持农村土地集体所有，实现所有权、承包权、经营权三权分置，引导土地经营权有序流转，坚持家庭经营的基础性地位，积极培育新型经营主体，发展多种形式的适度规模经营，巩固和完善农村基本经营制度。2015年1月，农业部办公厅、财政部办公厅印发的《2015-2017农业机械购置补贴实施指导意见》实施农机购置补贴政策，推动了农机市场总量的持续增长和产业结构的不断升级。2015年8月，农业部等11部门印发《关于积极开发农业多种功能大力促进休闲农业发展的通知》，提出要积极探索有效方式，改善休闲农业和乡村旅游重点村基础服务设施，鼓励建设功能完备、特色突出、服务优良的休闲农业专业村和休闲农业园；鼓励通过盘活农村闲置房屋、集体建设用地、"四荒地"、可用林场和水面等资产发展休闲农业和乡村旅游；加强品牌培育，继续开展中国最美休闲乡村推介、中国美丽田园推介、全国休闲农业星级示范创建等品牌培育工程。同年商务部等 19 部门印发的《关于加快发展农村电子商务的意见》中提出，到 2020 年，在全国培育一批具有典型带动作用的农村电子商务示范县。电子商务在降低农村流通成本、提高农产品商品化率和农民收入、推进新型城镇化、增加农村就业带动扶贫开发等方面取得明显成效，农村流通现代化水平显著提高，推动农村经济社会健康快速发展。2016 年发布的《中华人民共和国国民经济和社会发展第十三个五年规划纲要》中提出，农业是全面建成小康社会和实现现代化的基础，必须加快转变农业发展方式，着力构建现代农业产业体系、生产体系、经营体系，提高农业质量效益和竞争力，走产出高效、产品安全、资源节约、环境友好的农业现代化道路。2016 年 12 月发布的《中共中央　国务院关于深入推进农业供给侧结构性改革　加快培育农业农村发展新动能的若干意见》中提出，以规模化种养基地为基础，依托农业产业化龙头企业带动，聚集现代生产要素，建设"生产+加工+科技"的现代农业产业园，发挥技术集成、产业融合、创业平台、核心辐射等功能作用。2017 年 5 月，中共中央办公厅、国务院办公厅印发的《关于加快构建政策体系培育新型农业经营主体的意见》中提出，加快培育新型农业经营主体，加快形成以农户家庭经营为基础、合作与联合为纽带、社会化服务为支撑的立体式复合型现代农业经营体系。2018 年 7 月印发的《农业农村部　财政部关于 2018 年批准创建国家现代农业产业园的通知》对达到考核认定标准的现代农业产业园认定为"国家现代农业产业园"。对创建进展缓慢、辐射带动作用难以发挥、年度绩效考核成绩落后的产业园，将采取通报、限期整改直至撤销其创建"国家现代农业产业园"资格的处理措施。2019 年 2 月，中共中央办公厅、国务院办公厅印发的《关于促进小农户和现代农业发展有机衔接的意见》，在鼓励发展多种形式适度规模经营的同时，完善针对小农户的扶持政策，加强面向小农户的社会化服务，把小农户引入现代农业发展轨道。2020 年 3 月，农业农村部办公厅、财政部办公厅印发的《关于开展 2020 年国家现代农业产业园创建工作的通知》指出，2020 年重点支持创建优质粮油、健康养殖、现代种业产业园，鼓励结合产业发展需要创建中药材产业园。优先支持符合条件的贫困县、粮食生产功能区、重要农产品生产保护区、特色农产品优势区、国家现代农业示范区等申请创建。2021 年 4 月，科技部、中国农业银行联合制定的《关于加强现代农业科技金融服务创新支撑乡村振兴战略实施的意见》中强调，要强化金融支持农业高新技术产业发展、将更多的金融资源引入农科园区、县域和科技企业，助力推进农业农村现代化。同期发布的《农业农村部关于开展现代农业全产业链标准化试点工作的通知》中提出，"十四五"期间，试点构建 30 个农产品全产业链标准体系及相关标准综合体，制修订相关标准 200 项，遴选命名现代农业全产业链标准化基地 300 个，按标生产培训 5 万人次，培育一批全国知名的绿色、有机和地理标志农产品，全产业链标准化协同推进机制基本形成。

（三）杂粮产业迎来良好机遇

2013 年 1 月 15 日，时任中共中央政治局常委、国务院副总理李克强到国家粮食局科学研究院考察调研，并主持召开座谈会。李克强就"关于重视粮油食品营养健康问题"作出了重要批示："目前国内存在粮食加工过精过细的倾向，不仅造成粮食浪费，而且不利于人民群众身体健康。建议制定相关产业和投入政策，推广全谷物和杂粮食品。"2012 年 2 月，工信部、农业部联合制定的《粮食加工业发展规划（2011—2020 年）》明确提出，"推进全谷物健康食品的开发"，"鼓励增加全谷物营养健康食品的摄入，促进粮食科学健康消费"。2015 年，农业部出台的《全国农产品产地市场发展纲要》指出要加强农产品产地市场建设。2016 年，国家发展改革委、国家粮食局印发的《粮食行业"十三五"发展规划纲要》明确提出，支持建设一批设施完备、功能齐全、具有一定规模的公益性粮食批发市场。到 2020 年，建设面向国内外的特色杂粮批发市场。从 2016 年至今，我国在陆续出台的一系列中央一号文件规划和指导意见中，数次强调要加强粮食产业供给侧结构性改革和产地市场建设，做强做大杂粮产业。做好杂粮生产布局规划，鼓励发展特色产业。2016 年 2 月，农业部制定的《2016 年全国杂粮生产指导意见》对东北、华北、西北、青藏、西南等不同杂粮区杂粮生产发展、布局规划提出指导意见。2017 年，国家发展改革委、农业部、国家林业局联合印发《特色农产品优势区建设规划纲要》，引导黄土高原区、内蒙古及长城沿线区、东北地区，因地制宜发展特色粮豆，打造一批特色鲜明、优势集聚、产业融合、历史文化厚重、市场竞争力强的特色农产品优势区。同时，促进农业绿色高质高效发展。近年来，农业农村部支持谷子等杂粮主产区和特色农产品优势区，以县为单位开展绿色高质高效整建制创建，示范推广高产高效、资源节约、生态环保的技术模式，打造优质杂粮生产基地。对干旱、半干旱地区统筹利用水土资源，优化种植结构，推动杂粮等特色产业发展等起到重要引导作用。此外，根据国家种植杂粮补贴新政，杂粮可以享受到农业支持保护补贴、杂粮直接补贴、杂粮良种繁育基地项目申报、农业技术推广财政补助资金、农产品产地初加工补助项目等多种优惠补贴。

各地区根据自身资源禀赋，建立特色产区发挥杂粮优势，并出台相应政策鼓励发展。2018年1月，内蒙古自治区农牧厅印发《内蒙古杂粮杂豆产业发展指导意见》，提出要加强基础设施建设，改善杂粮的生产条件，推广机械化栽培等配套技术，建设杂粮标准化生产示范基地，建设加工产业基地，政策的合理规划和大力扶持，对杂粮生产提供了良好的契机。山西省也积极出台政策，建立杂粮产业基地，已建立形成谷子基地、荞麦基地、红芸豆基地、绿豆基地等，带动农户致富成果显著，并积极形成产业链条，打造沁州黄小米、广灵东方亮小米等知名杂粮品牌。云南在东南亚国际大通道的开通以及"一带一路"倡议的实施背景下，提出发展高原特色农业，利用地理优势积极发展高原特色产业，打造高原特色粮油和杂粮品牌，发展荞麦系列和杂粮杂豆特色食品，建设"云南省优质粮及杂粮加工工程"，为云南省杂粮产业的发展提供良好的政策环境。

二、经济环境

（一）全球性粮食危机正在逼近

面对国际局势的复杂多变和资源环境约束，全球粮食供给需求市场发生巨大变化，粮食安全面临严峻挑战。尽管全球粮食供求总体保持供大于求的局面，产量和消费量屡创新高，期末库存和库存消费比处于较高水平，但 2018~2020 年全球粮食产需均有缺口，期末库存和库存消费比持续下降（见图 8-2）。

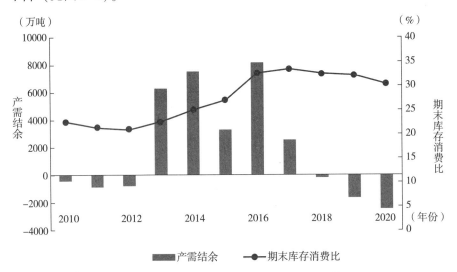

图 8-2 2010 年以来全球粮食供需变化趋势

资料来源：颜波，陈玉中等. 当前全球粮食安全形势与保障国内粮食供给和市场稳定的政策建议 [EB/OL]. https：//mp. weixin. qq. com/s？_biz = MzU1NzI5NzQwOQ = = &mid = 2247504101&idx = 1&sn = 4a4b83f3e14ead7b1bf9816aeebf7999&chksm = fc356a8bcb42e39dfcaa8224f758a29c4500ecb6fd56ced400adeecdb86ea19595803e9534e4&scene = 27.

从粮食需求来看，全球人口增长和城市化推动粮食需求上升。城市人口增加、收入提高改变了居民消费结构，畜产品和水产品消费需求不断增长，粮食需求也在持续增加。2020 年全球人均谷物消费 350 千克，较 2009 年的 325 千克增长 7.7%。全球粮食生产与人口分布不均衡，发达国家与发展中国家人口分别占 1/4 和 3/4，但粮食生产各占一半，一些发展中国家特别是撒哈拉以南非洲等国缺粮问题日益严重。

从粮食供给来看，全球粮食供应形势总量充足，供应形势有所改变。当前全球粮食产量总体波动上升，有利于满足粮食消费需求。根据联合国粮农组织统计，2021 年全球谷物产量 27.4 亿吨，同比增加 3498 万吨，创历史纪录；全球谷物消费量 27.44 亿吨，同比增加 5244 万吨；全球谷物期末库存连续 4 年下降，总体供应相对充足局面还未扭转。其中全球大豆产量 3.66 亿吨，同比增加 2700 万吨，增幅 8.0%；全球大豆消费量 3.73 亿吨，同比增加 1270 万吨，增幅 3.5%；全球大豆期末库存 4940 万吨，同比下降 13.2%，大豆库存降至七年来最低。

但同时，自然灾害频发威胁全球粮食生产和供给稳定性。厄尔尼诺和拉尼娜现象周期性变动造成极端天气频发，严重干旱、洪涝等自然灾害威胁全球粮食生产。2006～2007 年澳大利亚小麦连续减产，2010 年俄罗斯小麦大幅减产，2010～2012 年美国玉米连续减产，2018 年阿根廷大豆大幅减产，均造成世界粮食供求失衡和粮价大幅波动。2020 年以来，联合国粮农组织连续多次调减粮食产量预测，表明新冠肺炎疫情和不利天气造成粮食供给增长潜力减弱。拉尼娜现象对全球粮食生产前景带来的不利影响表现为：美国冬小麦苗期作物优良率处于历史较低水平；缺少降雨的黑海地区俄罗斯、乌克兰等国家小麦播种面积减少而且作物苗情不佳；南美大豆播种期间天气干旱，直接影响南美大豆供应前景；受干旱天气影响，欧盟、乌克兰玉米产量低于预期。

此外，国际形势变局增加了全球粮食安全的不确定性。近年来，逆全球化苗头加剧，个别国家大搞单边主义、保护主义，美国采取一系列贸易保护主义措施，挑起中美经贸摩擦，使全球粮食贸易格局发生变化。贸易保护主义对我国粮食进口稳定性带来直接影响，粮食供应、价格的波动性提高，加剧了我国合理利用国际粮食市场的风险。近年来世界主要经济体多数为经济负增长，部分国家经济大幅衰退，格局变化、地区冲突、经济增长放缓等复杂因素叠加，深刻影响着世界粮食安全。而且，俄乌冲突给全球粮食安全带来更为巨大的冲击。俄乌是全球小麦、玉米、食用油等重要生产和出口国，2021 年粮食产量分别位居世界第四和第九，俄乌小麦出口量合计占到全球 29% 左右，玉米出口占全球 19%，葵花籽油出口大约占全球的 80%。当前有 50 多个国家 30% 及以上的小麦供应依赖从俄罗斯和乌克兰进口，许多欧洲和中亚国家超过 50% 的肥料供应来自俄罗斯。①

（二）国家粮食安全压力激增

粮食事关国运民生，粮食安全是国家安全的重要基础。党中央、国务

---

① 前所未有的粮食危机！"粮仓"乌克兰播种面积预期减少 30%，全球这场"粮食保卫战"该如何进行？[EB/OL]．凤凰网财经，https：//finance.ifeng.com/c/8EhNF720Bg5.

院高度重视粮食安全问题，始终把解决人民吃饭问题作为治国安邦的首要任务。特别是党的十八大以来，以习近平同志为核心的党中央立足世情国情粮情，确立了"以我为主、立足国内、确保产能、适度进口、科技支撑"的国家粮食安全战略，提出了"谷物基本自给、口粮绝对安全"的新粮食安全观。国家相关部门和地方各级政府高度重视，切实扛起粮食安全政治责任，制定出台了一系列政策措施，充分发挥市场调节和政府调控作用，确保国家粮食安全。

总体来讲，我国的粮食安全形势是好的，中国的粮食是安全的，老百姓的饭碗是有保障的。首先，我国粮食综合生产能力比较强。自 2004～2020 年，粮食生产实现"十七连丰"，2020 年粮食产量为 13390 亿斤，创历史新高，粮食产量连续六年稳定在 13000 亿斤以上，实现了谷物基本自给、口粮绝对安全[①]。国家在粮食生产上采取了一系列有力措施，严守 18亿亩耕地红线，到 2022 年将建成 10 亿亩高标准农田，切实保障粮食生产能力；实施"科技兴粮"，发展智慧农业，强化现代农业科技和物资装备支撑，为粮食生产奠定坚实基础。我国"十四五"规划首次将粮食综合生产能力作为安全保障类约束性指标之一。针对供需形势出现的新变化，国家综合采取稳定口粮生产、重点支持玉米生产等一系列措施，增加市场供应。[②] 其次，我国粮食储备流通体系安全可靠。"十三五"时期以来，国家加大了粮食仓储物流现代化建设，我国粮食仓储设施水平总体达到世界较先进水平，粮食库存数量充足、质量良好、储备安全，特别是稻谷和小麦两大口粮品种库存能够满足一年以上的消费需求。36 个大中城市主城区及市场易波动地区的地方成品粮油储备达到 15 天及以上市场供应量。[③] 此外，进口供应总体正常，大豆、玉米等粮食品种进口渠道畅通，可有效增加和补充国内市场供应。最后，我国粮食安全管理体系健全。我国从 2015年起实施粮食安全省长责任制，中央农村工作会议和 2022 年中央一号文件提出要实行粮食安全党政同责，进一步推动粮食安全政治责任落地，筑牢

① 2020 年全国粮食总产量 13390 亿斤 中国粮食生产"十七连丰"［EB/OL］. 人民网，http://finance. people. com. cn/n1/2020/1211/c1004-31962636. html.

② 国家发改委：我国粮食安全形势是好的、百姓的饭碗是有保障的［EB/OL］. 国际在线，https://news. cri. cn/20210408/3198b4b2-3e53-4f66-1619-958f3c0236be. html.

③ 国家发改委：36 个大中城市主城区成品粮油储备至少 15 天市场供应量［EB/OL］. 观察者网，https://www. sohu. com/a/501441645_115479.

粮食安全根基。粮食安全领域系列法律法规和相关文件的制修订工作也都在有条不紊地进行中。《粮食流通管理条例》的修订出台，为新形势下切实维护粮食流通秩序提供了制度依据和遵循。① 因此可以说，我国粮食安全保障体系是经得住考验的，能够确保粮食市场的稳定供应。中国有基础、有条件、有能力、有信心把 14 亿中国人的饭碗牢牢端在自己手上，把粮食安全的主动权牢牢掌握在自己手中。

但中国的粮食安全问题绝不能掉以轻心。首先，我国粮食供需形势长期偏紧，可以预见今后相当长一段时间内仍将维持"紧平衡"。伴随人口增长和消费升级，城乡居民的粮食需求不断增长、需求结构也会发生巨大变化，但国内粮食供需错位、结构性矛盾依然存在。在当前技术水平和资源环境硬约束下，我国的粮食生产能力或已接近极限、粮食持续增产势头面临停滞、成本优势渐失、种粮收益下降、政策空间紧缩，未来"谁来种粮""如何种粮"的困境亟须破解。更进一步地，国内粮食产业尚处于成长和发展阶段、国际竞争压力大，粮食流通效率和现代化程度仍然不高，全产业链条较短、延伸不够，制约粮食产业经济的扩大化。其次，在大粮食安全观的视角下我国粮食结构存在一定失衡。我国主要农作物自主选育品种达到95%以上，主要粮食作物良种基本全覆盖，但优质新品种培育缓慢，单产仍有较大提升潜力，尤其是大豆、玉米等进口占比较大的农产品单产水平和国外存在较大差距。2021 年，我国大豆单产只有 1.95 吨/公顷，尚未达到美国 60% 的水平。② 面对人民生活的多样化需求，一些适宜设施栽培、加工专用的蔬菜品种仍需进口。正因为如此，近年来，中国粮食进口依存度显著提高，2021 年已升至 19.1%，粮食安全压力凸显。从主要粮食类型看，2021 年玉米、稻谷、小麦三大主粮的进口依存度只有6.5%，但大豆进口依存度则高达85.5%，成为可能影响我国粮食安全的关键农产品之一。③ 另外，现阶段国内外粮食市场的联系更加紧密，确保中国粮食安全必须置身于全球视角。从贸易形势来看，确保中国粮食安全尤

---

① 李慧. 维护流通秩序 保障粮食安全——相关负责人解读新修订的《粮食流通管理条例》[N]. 光明日报，2021-04-09（10）.

② 农业农村部：我国大豆玉米单产水平不足美国 60% [EB/OL]. 光明网，https://m.gmw.cn/2021-02/22/content_1302125225.htm.

③ 季晓莉. 粮食安全成全球焦点 我国态势颇为稳健 [N]. 中国经济导报，2022-05-21（02）.

其在饲料粮安全方面仍需借助国际市场。适度的粮食进口存在必然性和必要性，但我国粮食进口依存度增强、来源地集中和结构性失衡等潜在风险并存，参与全球粮食治理与贸易规则制定的角色定位有待深化，各种不稳定、不确定性因素叠加造成威胁或将成常态。最后，最为重要的是种子这一现代农业的"芯片"的安全仍需巩固。尽管我国种子市场潜力巨大，但种子产业发展较晚，远远落后于世界上的一些种业强国，进而对种子安全带来了一定的隐患。一方面，种子领域发展不平衡。我国重视粮食作物的研发，尤其是杂交水稻的研发成功，不仅解决了中国人吃饭问题，也解决了农业的基础安全问题，水稻、小麦、大豆等"中国粮"用上了"中国种"，但玉米、马铃薯种子等部分依赖进口，还有一些农作物、畜牧种子需要依赖大量进口才能满足，而辣椒、洋葱、胡萝卜、茄子、番茄、西兰花等最常见的蔬菜，不少都是由引进的种子长成的，有的甚至全部依赖进口。另一方面，种子市场控制力弱化。一直以来，美、法、德等西方国家的种业公司供应了全球大多数农业种子。自我国种子产业开放以来，外资不断进入，尤其是一些大型跨国种业巨头的加入，不仅使得原本较为弱小的我国种子产业面临着严峻的挑战，而且国外种子巨头对我国种子市场的控制力也在逐渐增强。在这样的背景下，"洋"种子不仅占据了我国较高的市场份额，有的种子价格也远高于国内种子。为确保种子安全，保障国家粮食安全和农业农村高质量发展的"源头"，一定要实现种业科技自立自强、种源自主可控。

过去几年我国粮食供给保障体系经受住了新冠肺炎疫情带来的巨大考验，依靠"以我为主、立足国内"有效化解了潜在的粮食危机。"十四五"开局之年全国粮食总产量再创新高，比2020年增长2.0%，特殊之年大国粮仓的根基更加牢固，为保供给、稳大局、增信心提供了有力支撑。显著成绩的背后是党和政府一直高度重视和全力支持粮食供给的结果，但是同时也应看到我国粮食安全的内部矛盾和外部风险相互交织，国内外环境条件正发生着深刻变化，这对未来保障国家粮食安全提出了更高要求。在此背景下，确保国家粮食安全不仅为国内国际双循环发展提供了坚实的物质基础，也是构建双循环新发展格局的重要组成和关键环节，同时用好双循环战略已成为保障国家粮食安全的重要路径。因此，审时度势加快构建国家粮食安全新发展格局，既是基于现实国情主动适应粮食安全新发展阶段要求的必然选择，也是积极应对复杂多变的国际形势尤其在激烈国际竞争中占据优势、掌握主动的客观要求，将进一步促进我国粮食安全保障体系完善和保障能力提升，确保"手中有粮、心中不慌"。[①]

（三）国民经济基础扎实、稳中向好

面对复杂多变的全球政治经济环境和国内改革发展面临的困难及挑战，我国经济持续稳定恢复、符合预期，呈现稳中加固、稳中向好态势，经济平稳复苏。如图8-3所示，2021年我国国内生产总值达到114.4万亿元，稳居全球第二大经济体，比2020年增长8.1%，两年平均增长5.1%。[②]与此同时，经济结构持续优化，第一产业增长显著高于疫情之前，第一产业增加值为8.3万亿元，比2020年增长7.1%。第二产业实现强劲增长，增加值为45.1万亿元，比2020年增长8.2%。不同行业复苏进度出现分化。电信广播电视及卫星传输服务、货币金融服务、资本市场服务等行业商务活动指数保持在较高景气区间，住宿和餐饮业，交通运输、仓储和邮政业存在下滑风险。生产需求继续回升，质量效益稳步提高，2021年居民人均可支配收入35128元，比2020年实际增长8.1%，居民消费水平的提高为杂粮行业市场需求提供经济基础。与此同时，全社会各个领域改革开放不断深化，内生动力逐步增强，人民生活持续改善，社会大局和谐稳定。

从自治区经济发展情况来看，党的十八大以来内蒙古从高速增长期进入转型发展时期，地区生产总值和增速下行压力较大，在全国排名靠后，投资、消费、进出口、企业经营效益、财政收入、居民收入等多项综合指标与其他省份甚至全国平均水平都有差距。内蒙古贯彻新发展理念，努力探索出一条符合战略定位、体现内蒙古特色，以生态优先、绿色发展为导向的高质量发展新路子，在推动产业转型升级、乡村振兴、优化营商环境、对外开放等方面重点发力，综合经济实力稳中求进。如图8-4所示，2021年全区地区生产总值首次突破2万亿元，达20514.2亿元，按可比价格计算，比2020年增长6.3%，两年平均增长3.2%。其中，第一产业增

[①] 构建国家粮食安全新发展格局［EB/OL］.人民网，http://www.msweekly.com/show.html?id=135414.

[②] 盛来运.逆境中促发展 变局中开新局——《2021年国民经济和社会发展统计公报》评读［EB/OL］.新浪财经，https://finance.sina.cn/2022-02-28/detail-imcwiwss3311858.d.html.

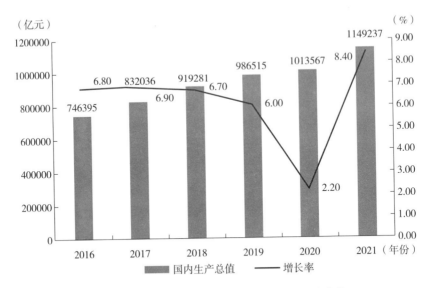

图 8-3　2016～2021 年国内生产总值及其增速变化

加值 2225.2 亿元，同比增长 4.8%，两年平均增长 3.3%；第二产业增加值 9374.2 亿元，同比增长 6.1%，两年平均增长 3.6%；第三产业增加值 8914.8 亿元，同比增长 6.7%，两年平均增长 2.8%，[①] 总量和增速都保持在合理区间。但与全国平均水平和其他地区相比，内蒙古仍然面临着经济恢复基础尚不稳固、中小微企业经营困难、转变经济发展方式任务艰巨等诸多困难与挑战。

从县域经济层面来看，清水河县在"十三五"时期经济稳中有进，地区生产总值年均现价增速 8.2%，一般公共预算收入年均增长 19.72%。清水河县坚持农业农村优先发展，成功申报了一批以小香米为代表的国家地理标志产品，以杂粮为代表的一大批特色农畜产品出村进城，远销区内外；以蒙清为代表的一大批农产品生产加工龙头企业逐步壮大，带动力明显。相继建成一批奶牛、肉驴、奶山羊等规模化养殖基地，肉羊、奶山羊育繁推一体化链条初步形成，特色种养殖业已成为农民增收致富达小康的主导产业，农村常住居民人均可支配收入突破 1 万元。坚持创新引领，旭

---

① 2021 年全区地区生产总值突破 2 万亿！内蒙古发布全区经济运行情况［N/OL］.内蒙古商报，http：//news. sohu. com/a/517493984_120700762.

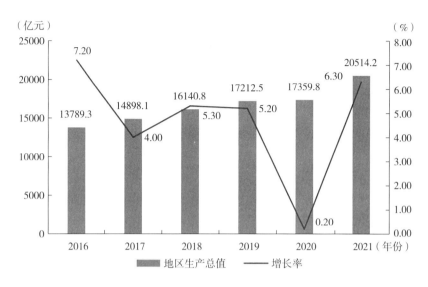

图 8-4 2016~2021 年内蒙古地区生产总值及其增速变化

资料来源：根据国家统计局数据绘制。

阳中燃、恒源高岭土等企业落地见效，规模以上工业总产值翻一番，园区经济步入发展快车道。随着十七沟、鼎轩等现代智慧物流园区的相继建成，境内工农业产品销售市场极大拓展，并将大幅度提升境内乃至周边区域企业的供应链市场竞争力。以老牛湾、老牛坡两个 4A 级景区为引领的全域旅游格局初步确立，发展前景十分广阔。中国农业银行、农村信用合作联社、中国邮政储蓄银行、内蒙古银行、中国农业发展银行等金融机构支持地方经济发展的能力不断增强。2020 年，全县地区生产总值完成 65.89 亿元，同比增长 4.5%，三次产业增加值分别完成 6.87 亿元、28.85 亿元、30.17 亿元，同比分别增长 0.7%、11.2%、-0.3%；固定资产投资完成 7.8 亿元，同比增长 17%；社会消费品零售总额完成 6.5 亿元，同比下降 8.9%；城镇常住居民人均可支配收入 30152 元，同比增长 2.4%；农村常住居民人均可支配收入 11395 元，同比增长 11.7%；一般公共预算收入完成 4.71 亿元，完成年度任务的 114.9%。全年经济运行态势良好，有效应对了疫情和全球经济下行压力带来的影响。稳住经济基本盘的县域经济对于蒙清公司的平稳发展起到了至关重要的支撑作用。

（四）杂粮市场前景广阔

1. 产量连年攀升

粮食安全是国家安全的重要基础，从供给角度出发，近年来，习近平总书记深刻阐述了粮食安全的极端重要性，指出"保障国家粮食安全是一个永恒课题，任何时候这根弦都不能松"。在保障粮食安全一系列战略举措下，在国家高度重视粮食安全的背景下，以科技为核心内涵的现代种业、农业机械、智慧农业、农业投入品、农业社会化服务等产业迎来全新发展机遇。如图8-5所示，2015~2021年中国粮食产量连续7年超6.5亿吨。根据国家统计局公布的数据，即使在全球粮食安全压力激增的背景下，2021年全国粮食总产量仍达到68285.1万吨（见表8-2），比2020年增加1336万吨，增长2.0%。其中，谷物产量63276万吨，比2020年增加1602万吨，增长2.6%，确保了中国饭碗牢牢端在自己手中。

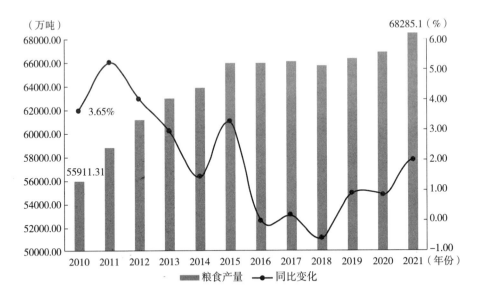

图8-5 2010~2021年中国粮食产量和变化

资料来源：根据国家统计局及前瞻产业研究院相关资料整理。

表 8-2　2021 年全国及各省区市产量情况

	播种面积（千公顷）	总产量（万吨）	单位面积产量（千克/公顷）
全国总计	117631.5	68285.1	5805.0
北京	60.9	37.8	6196.8
天津	373.5	249.9	6690.3
河北	6428.6	3825.1	5950.1
山西	3138.1	1421.2	4529.1
内蒙古	6884.3	3840.3	5578.3
辽宁	3543.6	2538.7	7164.4
吉林	5721.2	4039.2	7060.1
黑龙江	14551.3	7867.7	5406.9
上海	117.4	94.0	8004.7
江苏	5427.5	3746.1	6902.0
浙江	1006.7	620.9	6167.6
安徽	7309.6	4087.6	5592.0
福建	835.1	506.4	6064.0
江西	3772.8	2192.3	5810.8
山东	8355.1	5500.7	6583.7
河南	10772.3	6544.2	6075.0
湖北	4686.0	2764.3	5899.1
湖南	4758.4	3074.4	6461.0
广东	2213.0	1279.9	5783.3
广西	2822.9	1386.5	4911.7
海南	271.4	146.0	5379.8
重庆	2013.2	1092.8	5428.4
四川	6357.7	3582.1	5634.3
贵州	2787.7	1094.9	3927.5
云南	4191.4	1930.3	4605.4
西藏	187.2	106.5	5688.0

续表

	播种面积（千公顷）	总产量（万吨）	单位面积产量（千克/公顷）
陕西	3004.3	1270.4	4228.7
甘肃	2676.8	1231.5	4600.6
青海	302.4	109.1	3607.4
宁夏	689.3	368.4	5345.2
新疆	2371.7	1735.8	7318.9

资料来源：国家统计局。

聚焦杂粮生产而言，中国杂粮播种面积呈下降趋势，产量先下降后上升，单产呈上升趋势。1999~2020年，中国杂粮播种面积总体呈明显下降趋势，从1999年的880.19万公顷下降到了2019年的487.21万公顷，下降幅度为44.65%。具体来看，中国杂粮播种面积呈现出两个阶段性特征：1999~2015年，杂粮播种面积呈现出逐年下降趋势，从1999年的880.19万公顷减少到2015年的448.17万公顷，减少了将近一半；2015~2019年杂粮播种面积在波动中有所增加，播种面积从2015年的448.17万公顷增加到2019年的487.21万公顷，增长了8.71%，年均增长2.82%。近二十年，中国杂粮产量先下降后上升。从1999年的1728.13万吨波动下降到了2009年的1096.60万吨，之后总体呈上升趋势，波动上升到2019年的1259.51万吨；2009~2020年，杂粮产量上涨了14.86%，年均增长1.55%。杂粮单产总体呈上升趋势。杂粮单产从1999年的1963.35千克/公顷提高到2020年的2585.15千克/公顷，提高了31.67%。2009~2020年，杂粮产量与单产变化趋势保持一致上升趋势，在此期间，杂粮播种面积呈下降趋势的形势下，可以推测，杂粮产量的提高主要归功于技术进步提高了杂粮单产水平。

从省域分布看，按南北分析，北方是我国杂粮的主要产区，杂粮生产有继续向北方转移趋势。南方杂粮生产集中度基本在45%左右，北方杂粮生产集中度基本在55%左右，北方杂粮产量一直高于南方，并且有差距扩大的趋势。按照东部、中部和西部三大区域分析，杂粮生产主要集中在中部和西部，并且中部地区和西部地区的杂粮生产地位处于交替主导状态。中部地区和西部地区分别生产了全国40%的杂粮；东部地区杂粮生产处于弱势地位，生产了全国 20% 左右的杂粮，并有下降趋势。按八大粮食产区看，中国杂粮生产主要分布在西南区、西北区、蒙新区和东北区，主要集中在内蒙古、云南、吉林、山西和河北等省份。

内蒙古近年来杂粮作物的总种植占比略有提升，总产量持续增加，其中谷子、燕麦产量连年提升，杂粮作物产销量大幅提高。2020 年内蒙古的谷物产量为 3282 万吨，增长 0.6%，其中，谷子在 2019～2021 年的产量分别为 57.2 万吨、59.3 万吨、76.6 万吨，燕麦（包括莜麦）产量分别为 15.1 万吨、20.8 万吨、23.0 万吨，糜子产量分别为 1.5 万吨、0.9 万吨、1.0 万吨。

2. 市场需求不断扩大

随着人民生活水平的提高，大健康理念不断深入人心，饮食观念也在潜移默化地发生着变化。杂粮营养价值高，富含各种维生素和矿物质，如小米益肾和胃，薏仁健脾补肺，荞麦清热解毒，小黑豆等杂粮还具有一定的药用价值。在健康饮食观念占据主流的当下，与单一的精米白面相比，品种多、营养高的杂粮成为不可缺少的调剂食粮，主食化、功能化、营养化的转型方向使杂粮越来越受人们的青睐，近几年也成为了需求持续火热、资本利好、行业前景向好的市场热门行业。

其中小杂粮不仅具有营养丰富的特点，还可以作为食疗保健的食品。以往受到城市居民追求细腻口感这一饮食习惯的影响，小杂粮产品长期需求度较低。近年来，城乡人民的饮食结构发生了很大的变化，由以前单一化向着多样型转变，由生活水平较低时的"温饱型"向不仅吃饱还要吃好的"小康营养型"转变，对除蔬菜、肉类以外的口粮食物的营养、质量、口味要求越来越高，需求量显著增加，小杂粮的平均价格也逐年上升，市场前景看好。

通常粮食生产厂商比较关注食品生产标准、生产环境、产品口味、营养分配情况等消费衡量因素，实际上产品的品牌化效应也能在一定程度上激发消费者的购买欲，而地域间差异化的经济发展水平及消费者收入程度高低导致消费倾向的不同。高收入消费者会对农业食品的销售结构造成巨大影响，因此，在大中城市的消费群体中打造公司的品牌效应十分必要，可以产品质量、绿色、有机等特色为标签，适当走高端路线。借助更新型食用产品加工模式来改善人们消费环境。与之相反的是，低收入人群往往基于满足生活基本需求来购买农业产品，较产品质量和品牌效应相比，往往更倾向于关注市场中体现出的产品价格。基于以上原因，依据差异化的消费需求进行食品的分级和分类工作，是提升产品市场竞争力的有效途径之一。消费者在购买杂粮产品之前，往往会在产品质量、价格、品牌、营养成分和食用体验等方面综合进行考量，其中质量与品牌是影响杂粮购买的主要因素。

长久以来，杂粮加工业的发展以小规模、区域聚集型产业为主，主要满足的是当地居民的需求。而随着人们饮食习惯、消费习惯的改变，对自身健康的"养生型"需求以及高速发展的物流行业和网上购物兴起，杂粮消费日渐增长，越来越多的城镇居民也开始将杂粮作为主食。在这样的市场需求背景下，产业园区的兴建取代了传统的家庭小作坊，这类园区以及当地龙头企业的发展逐渐将杂粮原材料聚集起来，传统种植和加工制造中脏乱、散点分布的局面有所改善，在此基础上，推动了国内杂粮生产加工的规模化发展，也为农民带来了新的经济来源，以杂粮种植为源头、市场销售为终点的产业链条也有了一定规模，下游行业交易规模的增长，为杂粮行业提供了新的发展动力。

虽然杂粮产业链有所延伸，但仍存在杂粮加工层次低、浅加工、技术性不强的问题，浅加工的杂粮制品营养物质保存完全且成本较低，例如面粉等附加值也相对较小，企业和农民很难从其中获利。而深加工的杂粮制品成本高且工序复杂，对企业生产加工条件有较高的要求，例如酿酒、豆酱一类产品。这两种加工类型都存在于各地区的杂粮产业中，由于整体上的加工工艺和企业资质问题，大多数地区仍旧以浅加工为主，导致经济效益较低，这种落后的加工方式也反过来限制着企业对深层次加工的研究投入和应用推广，导致了成本投入上的恶性循环。因此，蒙清作为西北干旱地区杂粮龙头企业，在实践并推广杂粮全产业链模式方面具有巨大探索空间，也有着助推杂粮产业升级的责任使命。

西方营销的核心是"得品牌者得天下"，而中国式营销历来是"得渠道者得天下"，可以说，跟不上渠道变革的脚步，就无法在市场立足。早期的企业销售产品盈利，主要靠遍布全国的金字塔式分销体系。但随着移动互联网的普及，从线上到线下，从新零售到社交电商、社区团购，不仅涌现了大量的新兴渠道类型，而且渠道竞争的逻辑也不同以往。未来杂粮产业的全新商业模式，要向个性化、会员制、定制化、多元化去创新、去探索。

杂粮产品的消费群体，可能早已很少去超市或者其他线下终端门店购买产品，他们购买杂粮产品的渠道越来越多，形势不断翻新。比如，天猫、京东、拼多多等头部电商渠道，快手、抖音等直播平台，以小红书为代表的工具型 App，还有厂家微店、自媒体、朋友圈、社群、小程序等。如何适者生存、如何抢占先机脱颖而出，这是企业必须要认真思考的问题。

三、社会环境

（一）健康消费观念深入人心

随着健康消费观念日益被广大消费者接受，我国绿色食品的消费快速增长，发展空间十分广阔。而国际市场有机类农产品的市场份额也在逐步扩大，为我国绿色食品发展提供了机遇。清水河杂粮栽培历史悠久，种类繁多，品质优良，很少有工业污染，极少投入化肥和农药，大多数产地具有原生态的环境与资源条件。在大都市，食用杂粮已成为一种新时尚。我国的一些杂粮加工产品，如苦荞挂面、燕麦片、苦荞陈醋等已远销日本、瑞典、俄罗斯等 10 多个国家和地区，备受消费者欢迎。目前市场上杂粮的价格为玉米的 2 倍，经过加工包装，杂粮的价格可再提升 2~3 倍。对粗粮的追求已经毫无疑问地成为了一种新时尚、新潮流，彩色五谷粗粮似乎成了人们现如今餐桌上必不可少的重要组成部分，绿色消费观和大健康观念的深入人心为杂粮的产业化发展提供了广阔的市场空间。

（二）药食同源备受青睐

所谓药食同源，就是许多食物同时也是药物，对人们的健康能够起到一定的保护作用。与药食同源的产品相比，中药的药效强一些，用药正确的时候，效果会很明显；如果用药不当，就会有明显的副作用。而食物的效果虽然不如中药那样突出，但是如果每天坚持食用，也会有同药物一样的效果。我国历来重视传承发展中医药事业，尤其近年来国家卫生部门陆续公布了 110 种按照传统既是食品又是中药材物质，即"药食同源"物质，不少杂粮品种位居其中。

随着大健康理念深入人心，人们越来越注意养生，因此传统中医药学里的"药食同源"等理念和经验方法逐步进入百姓日常生活。2013 年以来，全国保健品市场包括"药食同源"产品产值已达 3000 亿元以上，且每年以 14% 的速度增长。我国"药食同源"食疗经济结构的调整，预计近年将集中表现出来。中国中医药保健生产企业间的合作生产、合并，在未来几年内将逐步爆发，将与食品行业进行重新融合发展。①

而杂粮作为药食同源的食材，其食疗和保健功能已被广泛认可，国内外市场需求越来越大，多年来一直供不应求。科学研究证明，杂粮的蛋白质、脂肪、碳水化合物、维生素、矿物质、纤维素等营养成分是人体摄入的最合理比例。例如，山西沁县沁州黄小米含淀粉 57.55%，蛋白质 10.12%，脂肪 4.22%，均高于大米、白面，比普通小米高 1%~2.5%，可溶性糖类的含量达 1.6%，含 18 种人体所需的氨基酸 7.653 毫克，营养极为丰富。② 长期食用杂粮，对糖尿病、高血脂和心血管病等都有很好的预防作用。近年来，具有浓郁黄土高原特色的小米、荞麦、糜黍、绿豆、红小豆等杂粮日益受到市场青睐，杂粮将在人们的食物结构中占有越来越大的比例。

（三）消费群体覆盖广泛

在影响杂粮产品销量的众多因素中，以年龄这一重要影响因素为例，从杂粮消费者的年龄分布情况上进行探究，超过 50 岁的消费者由于更为重视食品健康、饮食均衡，多基于保健或养生的目的而购买杂粮产品并将其作为日常餐桌上的常规食物。因此，较中年人和青年人相比，处于这一年龄段的消费者占据了杂粮消费群体中的主体地位。但近年来，"90 后""00 后"等群体逐渐成为杂粮行业的消费主力，轻食、减脂、速食等全新

---

① 社科院"药食同源"研究发布：产值超三千亿，14% 年均增长率 [EB/OL]. 食品商务网，https://news.21food.cn/35/2894720.html.

② 山西省著名土特产 小米 [EB/OL]. 豆丁网，https://www.docin.com/p-486794948.html?ss=xg.

饮食理念使得杂粮在青年市场的需求迅速崛起。消费者在购买杂粮时，既看重杂粮的品牌，又关注有机食品、绿色食品的标签，同时还根据个人的口味购买。此外，由于城镇居民生活节奏较快，消费者除了对口味、品牌有所追求以外，还比较关注烹调的便利性。传统杂粮往往不便于烹饪，开发更多的方便类食品会更利于杂粮产品的推广。在消费环境变革的背景下，内蒙古蒙清农业科技开发有限责任公司的产品具有品质高，营养丰富等特点，可通过有效的广告宣传、适当的营销手段来提升人们对杂粮产品的认识度，与此同时，提升杂粮产品的品牌效应，激发消费群体的购买欲望。

（四）杂粮文化独具特色

杂粮不仅是西北干旱地区的特色产业，也是清水河的特色饮食，具有丰富的文化底蕴。清水河县地处晋蒙交界，长城脚下，黄河东岸，是中原农耕文化、草原游牧文化、黄河文化、长城文化西口文化、晋商文化和红色文化的融合地带，有着丰富的历史文化底蕴。清水河窑洞民居文化、民间艺术文化、语言文化造就了其独具特色和魅力的杂粮饮食文化。

但是，由于杂粮市场的供求信息不畅，"杂粮大市场"的前景还未充分被人关注到，一边是城市的"高价杂粮"，另一边是种植户"卖不出去的杂粮"，因此，杂粮市场供求信息不畅成为制约杂粮产业发展的瓶颈。同时，传统杂粮行业市场门槛低，缺乏统一行业标准，服务过程没有专业的监管等极大影响行业发展。

四、技术环境

（一）农业技术快速迭代应用

长期以来，国内存在农业种植产业化程度低、技术密集度低的现象，产品科技含量低主要体现在品种改良繁育少、种植技术落后、加工生产技术水平低下，无法有效借助科学技术的优势来进行杂粮种植工作，因此呈现出了广种薄收、零星种植，管理落后的情况。当前很多农业生产者仍未意识到杂粮具备的商品优势，所以，无论是在种植杂粮的环节还是生产杂粮产品的环节中，都缺乏有效的集中管理，科学种植技术的普及度也不高。在杂粮品种方面来看，许多农产品种植区域都将传统农作物种类作为种植重点，仍以粮食生产作为主要耕种标准，新品种类型的种植和普及范围都很低。而且针对产品质量而言，大多数农户仍更倾向于追求生产的数量，这使得农产品种植类型混杂程度极高、异色率与异形率较高，品种老化混杂、退化情况明显，杂粮质量不稳定，优质率低，在国内与国外都缺乏竞争力。此外，杂粮产业规模化种植不够，商品化程度低，未实现产业化发展，先进的栽培技术应用少，没有形成规模化优势和品牌优势。种植面积不连续，种植方面投入的技术较低，产量不高，"靠天吃饭"的情况明显，因而市场占有率也较低，长期以来杂粮食品无法占据主流餐桌。由于没有先进的生产技术和科学生产设备作为支撑，杂粮食品在原料采集、生产加工和包装及生产规模上都呈现出技术含量低、购买者少的特征。我国小杂粮的生产虽然能够自给自足，但并没有得到应有的重视。种植管理范围零散、不集中，产量低、不稳定，科技含量不高。杂粮食品的商业潜力未能发挥出来，潜在市场仍有待挖掘。小规模生产企业数量和规模都非常有限，没有形成链条式的产业发展格局。深加工和精加工不足，产品附加值低，而且企业效率普遍较低。

进入21世纪后，农业现代化建设取得了巨大成绩，我国农业现代化水平与国外发达国家的差距越来越小，农业技术快速迭代应用。伴随着农业发展标准体系的持续优化，农产品种植技术、农机具应用程度和生产技术都得到了大幅提升，农业现代化普及情况逐年突破。

截至2022年9月，我国农田有效灌溉面积占全国耕地面积的54%，生产了全国总量75%以上的粮食和90%以上的经济作物。其中，大中型灌区7000多处，有效灌溉面积5.05亿亩，为稳定粮食产能提供了重要支撑。①

---

① 加强水利设施建设　夯实粮食产能基础（"三农"这十年）[N]. 人民日报，2022-09-16（18）.

全国农作物耕种收综合机械化率超过 72%，近十年提高了 15 个百分点。①

先进农业生产技术和农业生产设备的逐渐普及，使得现代农业发展体系逐步得以构建，生产效率大幅提升。目前我国农业生产现代化已经达到一定水平，大田种植、农用机械、优良种源、化肥农药现代化生产技术比较完备，杂粮种植完全具备实现现代化生产的条件，应按照现代化产业的要求和规模推进的原则，通过制定和完善生产技术标准，建立健全种植、防疫、生产、加工综合体系。蒙清完全具有实力作为牵头企业，突破规模化种植瓶颈，整合农户、农民、合作社资源，在将现有栽培标准作为理论依据后，利用先进的栽培方式对杂粮种植进行标准性的规范，持续推广小型农机在田间种植区域的应用，在提升种植效率的同时提高杂粮产品质量和产品数量，降低生产运营成本，延长产业链并提升杂粮产业附加值，进而提高企业竞争力。

（二）智慧农业技术大规模推广

智慧农业是利用现代计算机技术和互联网手段与平台，定量数字化模拟、加工与决策，使农作物生长与产供销全过程实现智能化、数字化和信息化。显然，智慧农业是我国农业未来发展的主要方向，也是实现农业现代化的重要举措。现阶段，随着大数据、云计算和人工智能技术的进步，农业领域或将是一片蓝海，阿里巴巴、京东、百度、腾讯等巨头纷纷布局智慧农业，我国智慧农业处于规模应用期，精准农业、无人机植保等的大规模应用，提高了生产效率也改善了生态环境。在新一轮科技革命的浪潮中，人工智能、大数据、云计算、VR、5G 等新技术已经逐步从一二线城市过渡到三四线城市，杂粮行业开始实现科技体验的普及化，智慧农业技术与杂粮产业融合前景更为广阔。从原有的使用传统 ERP、OA 等信息化管理，发展到通过新技术赋能杂粮产业发展。目前国内部分地区已经实现了从一颗种子的选种开始，到后续杂粮的生产、加工、储存、购买、销售等，每一个环节都可以在杂粮大数据区块链溯源平台上进行全面监控。每一件商品都可以在溯源管理平台上拥有自己的区块链溯源二维码，消费者

① 全国农作物耕种收综合机械化率超过 72%，近 10 年提高 15 个百分点 [J/OL]. 光明科技，https://tech.gmw.cn/2022-09/02/content_35997338.htm.

通过扫描该二维码，就可以看到商品从种植、生产到加工、流通的各个环节，实现了"从田间地头到百姓餐桌"的全程可溯源。凭借杂粮大数据平台，种植户可以得到种植计划指导，产业政策指引；企业可以即时了解市场动向，价格行情；政府部门可以了解准确的涉农数据，有效进行宏观调控；出口平台可以更为有效地把控杂粮全产业链各环节。[①] 利用物联网设备，杂粮产业大数据中心可以通过整合产业数据，全面展示杂粮行业相关情况，例如主要作物种植面积、基地状况、仓储信息、加工信息、市场占比、销售价格对比以及出口类目等，再将数据直接对接海关、农业、粮食等部门，搭建信息共享的桥梁。

（三）消费互联网技术颠覆性变革

随着互联网大数据时代的全面发展，商业模式也在不断创新和变革。从最初的线下零售时代到互联网购物（传统电商）再到现在的社交电商融合时代，随着互联网技术进步与普及和新基础设施的完善，媒体营销方式迭代升级，商业模式瞬息万变。农资和农产品交易的电子化发展前景广阔，杂粮的多渠道销售也应运而生。目前部分杂粮企业脱胎于农业新零售，发展于智慧农业 5G 商用时代，试水于区块链技术运营，打造集食养社区、商圈、渠道于一体的全谷物食养生态体系，通过新零售技术赋能农业上下游，运用大数据和 IT 技术打通商品、营销及会员数据流，实现全渠道融合发展，用农业物联网技术及人工智能实现门店智能化体验升级；并通过大数据分析、移动互联网平台、U-pos 管理系统、智慧商圈等多种新科技新方法打通与消费者更多的链接通道，构建多样化的零售场景。作为新零售时代一种全新的商业模式，通过社群社交连接人与人、人与信息、人与商品，共享流量和营收，让商业结构变得空前缜密，监督空前透明，形式空前便捷，内涵空前丰富，功能空前强大。

---

① 大数据赋能 小杂粮也能有大作为 [EB/OL]. 腾讯网，https：//new. qq. com/rain/a/2020 1118A0HIJ300.

第九章

破题：发力新机遇应对新挑战

在梳理分析蒙清农业发展脉络和宏观政策、经济、社会、技术等外部环境的基础上，本章运用战略分析中常用的SWOT分析法，坚持内部条件与外部环境相结合、静态优势与动态机遇相结合的原则，分别从蒙清农业未来发展的机遇、挑战、优势、劣势四个方面进行评价，为下一步蒙清农业的健康发展提供更为开阔的视野，为西北干旱地区的乡村振兴激发更多思维火花。

一、机遇

（一）农业企业逐渐走到舞台中央

粮食和重要农产品供给安全越来越受到关注。我国出台了许多强农惠农政策，以科技为核心内涵的现代种业、农业机械、智慧农业、农业投入品、农业社会化服务等产业迎来全新发展机遇。"十四五"规划指出，我国将继续深入实施国家粮食安全战略，推进藏粮于地、藏粮于技，稳定播种面积，着力提高单产，巩固提升综合产能，确保谷物基本自给、口粮绝对安全。根据农业农村部印发的《"十四五"全国种植业发展规划》（农农发〔2021〕11号），到2025年，我国粮食播种面积稳定在17.5亿亩以上，其中谷物面积稳定在14亿亩以上、口粮稳定在8亿亩以上；确保总产量保持在1.3万亿斤以上，跨上1.4万亿斤台阶。

当前，全球经济前景尚不明朗，投资者更倾向于选择具有战略物资属性、抗周期性强的行业进行投资，因此农业领域得到越来越多投资者的关注，这为西部地区吸纳发达地区高端农业技术人才提供了机会。如果能够在当下多吸引和储备一些优秀农业人才，将有利于加速西北干旱地区的乡村振兴。当前，许多乡镇出现了农民工退出城市劳动市场返乡现象，尽管数量不多，而且以年龄偏大人群为主，但他们已在城市中闯荡历练多年，开阔了视野、增长了见识、转变了观念、学到了技术，他们的返乡弥补了农村劳动力的缺口，有的甚至将技术、资本、科学管理理念带回家乡，他们的返乡将有利于提升农村劳动力的整体素质。如果引导他们投身现代农业发展，将有可能成为推动乡村振兴的宝贵人力资源。

种业是农业的"芯片"，良种作为农业高质量发展的重要抓手，也是提高我国农业国际竞争力的关键。联合国粮农组织的研究表明，未来国际粮食总产增长的20%依靠面积的增加，80%依赖于单产水平的提高，而单产的

60%～80%又来源于良种的科技进步。① 随着全球极端天气增多、水资源减少等多种客观因素的挑战，要想在这样的形势下保障粮食持续增产，就更加需要种业科技的有力支撑。2021 年，中央一号文件就"打好种业翻身仗"作出部署，提出了加强农业种质资源保护开发利用，对育种基础性研究以及重点育种项目给予长期稳定支持，加快实施农业生物育种重大科技项目等重要举措，并指出要尊重科学，严格监管，有序推进生物育种产业化应用。2022 年，中央一号文件提出，全面实施种业振兴行动方案，强化现代农业产业技术体系建设，开展重大品种研发与推广后补助试点，强化种业知识产权保护。

作为农业全产业链企业，蒙清农业始终重视育种工作，目前独立拥有两个小米品种的知识产权。下一步，蒙清农业将配合国家和自治区种业振兴工作要求，加强育种投入，加强技术创新储备，进一步深化种业科技产学研合作。此外，完善科企共建、收益分享的商业化育种创新体系，依靠现代生物技术加速杂粮新品种选育步伐，积极探索培育低糖高纤维或者高抗性淀粉的作物品种，满足消费者"吃得好"和"吃得健康"的需求。同时，积极借力全区乃至全国农业领域的人才、资金、技术成果等优势资源，探索种质资源保护、利用和创新新机制，助推内蒙古杂粮产业加速发展。

（二）健康饮食、健康休闲日益受到推崇

2017 年，党的十九大将"实施健康中国战略"提升到国家整体战略层面，强调人民健康是民族昌盛和国家富强的重要标志，要完善国民健康政策，为人民群众提供全方位全周期健康服务。这是以习近平同志为核心的党中央从长远发展和时代前沿出发，坚持和发展新时代中国特色社会主义的一项重大战略部署。同年，《中共中央　国务院关于深入推进农业供给侧结构性改革加快培育农业农村发展新动能的若干意见》提出，坚持质量兴农，实施农业标准化战略，突出优质、安全、绿色导向，健全农产品质量和食品安全标准体系。我们可以预见，从巩固全面小康成果到基本实现现代化，再到全面建成社会主义现代化强国，健康是满足人民对美好生活需要的重要支撑，具有健康属性的杂粮产品，具有很好的发展前景。

---

① 2021 年中央一号文件看种业——中国粮主要用中国种［EB/OL］.新华财经，https：//baijiahao.baidu.com/s？id＝1692398237019691123.

经此一"疫"，越来越多的人意识到，健康是追求与享受美好生活的基本，是衡量经济社会发展和人民幸福的综合尺度。2021 年 12 月 6 日，国际糖尿病联盟（IDF）发布的《全球糖尿病地图（第 10 版）》显示，我国目前糖尿病患者超过 1.4 亿人，位于世界首位。中国保健学会对我国 16 个百万以上人口城市的居民抽样调查显示，亚健康比例达到 70%以上。① 中国睡眠研究会发布的《2021 年运动与睡眠白皮书》显示，我国有超 3 亿人存在睡眠障碍，中国成年人失眠发生率高达 38.2%。艾瑞咨询、顾家家居、华米科技在 2022 年 3 月共同发布的《2022 睡眠拯救计划：国民深睡运动白皮书》披露，中国人平均睡眠已低于 7 小时，比国际均值还要少 10 分钟。

从古至今，食用五谷杂粮有益于身体健康一直是中国人的共识。《黄帝内经太素》记载："五谷、五畜、五果、五菜，用之充饥则谓之食，以其疗病则谓之药。"中医认为小米有助于安眠健胃，高粱可以养肝护肝，黑豆补肾亮发，绿豆清热解毒，红豆清心火、补心血，薏米有助于消化、延缓骨骼衰老，燕麦、荞麦适合糖尿病人食用，红薯能够预防心血管疾病，蚕豆有益于增强记忆力，豇豆能够解决呕吐、痢疾、尿频等症状。蒙清农业推出的系列粗粮食品受到消费者追捧，表明越来越多的消费者愿意食用有利于身体健康的粗粮食品。

随着城市周边的乡村度假游热度不断攀升，蒙清农业在高茂泉村打造的文旅研学基地发展前景可期，其所提供的优质的生态环境、健康的饮食方式、低密度的生活空间和新鲜的绿色农产品与人们的健康需求不谋而合，能够为更多城里人提供参与健康旅游、领悟文化与健康养生、回归乡村生活的体验。

（三）蒙清农业成长为清水河县的"掌上明珠"

清水河县曾经是国家级贫困县，在脱贫攻坚工作中充分发挥了区位优势，通过调整和优化农业生产布局，推进农业集约化种植，带动广大农民实现了增收致富。蒙清农业的发展壮大离不开清水河县历届政府的关怀与支持，一直以来始终以市场为导向，发展杂粮精深加工，在推动清水河农业发展尤其是集约化现代化种植方面逐渐走在了前列。

---

① 中国养生酒行业发展趋势调研与未来前景研究报告（2022-2029 年）[EB/OL]. 观研报告网，https://www.chinabaogao.com/baogao/202203/583640.html.

蒙清农业探索出的"公司+合作社+基地+农户+乡村创客"的模式，更加强化稳定了杂粮生产与畅通的供销体系，与上游农户建立起了紧密的利益联结机制。其通过土地流转、荒地平整改造，实现了自有杂粮基地上万亩的规模。在此基础上，蒙清农业利用新技术、新设备改造了原有种植模式，在清水河县创新了旱作农业集水灌溉系统，结合水肥一体化节水灌溉新技术的应用，有效解决了旱作农业靠天吃饭的弊端，大大提升了农业生产效率，平均亩产增加 30%~50%。同时，立足地区杂粮产业优势，蒙清农业与中国农科院、京东农场、华维灌溉等全国顶尖机构、企业合作，采用先进的农业种植技术设备，融合物联网、区块链技术，发展杂粮规模化种植及杂粮产品的深加工。

依托杂粮产业，蒙清农业正在谋篇布局高茂泉杂粮产业田园综合体，主要定位是杂粮种植、杂粮领域新技术的研发、新材料及新装备的应用，以及新农人的教育培育，推动一二三产业融合发展。在清水河县的大力支持下，蒙清农业已经有效带动呼和浩特市武川县、托克托县、土默特左旗等地区杂粮种植及杂粮产业化发展，并且有志于长期凝聚行业力量，将呼和浩特市打造成中国杂粮之都，为呼和浩特经济发展增添新的动力。

（四）新业态、新商业模式不断涌现

随着消费观念的不断升级，健康饮食理念逐渐在消费人群尤其是年轻人中普及开来，众多主打"健康"的食品更是竞争激烈，如何吸引年轻消费圈层成为这些品牌重点关注的问题。"95 后""00 后"的年轻人青睐好吃又好玩、具有健康附加值的食品。简言之，产品既要口味特别，还要具备包装美观简洁大方、可以在朋友圈分享等亮点，最好还能植入情感设计，满足社交诉求。该类产品的开发吸引了业内外各方关注，业内企业有传统的保健食品企业以及部分药厂；业外企业包括具有原始社群营销群体的跨界企业。

OEM（委托加工）是社会化大生产、大协作趋势下的必由之路，也是资源合理化的有效途径之一。作为中国优质杂粮供货商，蒙清农业拥有成熟的粗粮泡食面加工生产线，近几年 OEM 业务增长迅猛，除了销售自身品牌的粗粮泡食面，还为一些大健康领域的企业代生产功能性配方代餐面。比如，某饮料巨头正在布局全品类消费赛道，在无糖面包、无糖饼干、低脂粗粮等领域扩军备战；某互联网医疗企业为患者提供的健康食疗产品，还有某健身 APP 为用户推荐的节脂塑身套餐；等等。这些企业的高歌猛进背后均有蒙清农业的"弹药"输送。通过相互借力，不仅解决了需求方的一部分生产研发问题，还为蒙清农业增加了现金流。尤为重要的是，蒙清农业为大品牌企业的爆发式增长提供了强有力的产能保障，为创新创业的中小型企业提供了快速进入市场的关键环节支持，在无形中促进了市场的多元化竞争，推动了整个产业的高速成长。此外，随着国家加大对电子商务的监管力度，那些在互联网野蛮生长阶段急功近利、粗制滥造的企业必将被制裁和淘汰，在更加公平、更加阳光的市场规则下，"熬得住、更出众"的蒙清农业反而能够在大浪淘沙中享受到深耕农业的红利，从而更好地展现出企业蓬勃旺盛的生命力。

二、挑战

（一）资金安全方面的挑战

保障资金安全是企业做大做强的必修课。企业规模的扩大和业务的拓展，对蒙清农业的资金安全提出了更高的要求。一方面，蒙清农业必须要避免因款项被拖欠陷入经营危机的风险。长期以来，蒙清农业与上下游合作伙伴之间形成了赊销、预付等稳定的商业信用关系，但受宏观经济下行压力带来的外部性影响，蒙清农业存在无法按时回款的风险。尤其自新冠肺炎疫情发生以来，这种现象出现的频次较高，对蒙清农业的长远发展不利。另一方面，蒙清农业短时间内在文旅产业领域还难以实现盈亏平衡。窑洞民宿、研学、文创等探索极大地丰富了蒙清农业的业务矩阵，帮助企业获得了较多的曝光，提升了企业的知晓度，但文化产品创意成本高，旅游产品季节性强，文旅产业涉及的上下游链条需要长期磨合，目前蒙清农业的三产领域内容构成与品牌建设还不够完备，公共服务部门的配套设施也没有及时跟进，垃圾处理、污水处理等问题单纯依靠蒙清农业投资花费巨大，如果进一步长期养护更是不切实际的。

（二）营商环境方面的挑战

营商环境对民营经济发展至关重要，良好的营商环境不仅能够推动经济发展，还能提升企业生产力。当前，杂粮产业发展势头良好，具备杂粮种植的省份都在谋篇布局，加紧推动小杂粮做成大产业。与内蒙古邻近的山西省近年来高度重视杂粮产业发展，围绕忻州市打造了"一都六乡"的杂粮产业格局。据了解，忻州市种植的杂粮有四大类 20 余个作物种类，常年种植面积达到 350 万亩以上，约占山西全省的 1/4；总产量 60 万吨以上，约占山西全省的 1/3。① 依托"中国杂粮之都"品牌优势，忻州市围绕优质谷子、红薯、莜麦、红芸豆、甜糯玉米、藜麦、大豆、糜黍和马铃薯等特色杂粮，大力发展有机旱作农业，未来将启动建设山西（忻州）杂粮出口平台，推进忻州现代农业产业学院和忻州杂粮功能食品体验中心建设，全力打造"中国杂粮之都"产业融合园区，创建国家级现代农业产业园和国家农村产业融合发展示范园。"十四五"时期，忻州市将以传统优势杂粮食品开发创新为重点，打造特色鲜明的杂粮食品产业集群，力争每个县建成 1 个杂粮精深加工产业园，到 2025 年，全市杂粮食品年产值力争达到 30 亿元。此外，忻州市保德县 2022 年招标金额 1.8 亿元的特色农产品及功能食品加工生产线建设项目，建设年产 2 万吨杂粮系列功能食品精深加工生产线及配套设施。与山西相比，内蒙古对杂粮产业的培育扶持力度相对欠缺，"把小杂粮打造为呼和浩特的第二张名片"口号响亮，但具体推进工作进展缓慢，这样在无形之中就减少了内蒙古杂粮产品的竞争优势。

此外，近年来从中央到地方关于农村土地改革的相关配套政策不少，但是农业企业的融资环境不佳，得到的金融支持仍然相对偏少，融资成本高、手续烦琐，很多投入无法转化成被认可的资产，流动性差，限制了企业扩大再生产和发展的积极性。政府每年的惠农惠民政策在落地性和实效性方面存在不足，政策和扶持资金落实不到位，没有起到应有的效果。

（三）同类地区、同质企业带来的挑战

近年来，杂粮产业的重要市场价值逐渐被认可，山西、陕西、内蒙古

---

① 山西忻州：小杂粮托起大产业［EB/OL］. 搜狐网，http：//news.sohu.com/a/504978967_257321.

等省份的一些地区，围绕杂粮产业纷纷布局，投入大量资源打造杂粮产业园区，短短几年内出现了众多生产销售杂粮产品的农业企业。蒙清农业的竞争企业，既有清水河县本县的，也有呼和浩特市其他旗县的，还有乌兰察布、鄂尔多斯、赤峰的，以及山西省忻州市的。这些企业与蒙清农业生产的杂粮品种基本一致，销售渠道也大同小异，线下主要与大型连锁商超、小型超市、便利店等合作，线上涵盖了天猫、京东、拼多多等几大主流电商平台以及自身搭建的线上商城。

随着销售渠道日趋多样，消费者购买杂粮产品的方式也在不断翻新。除了抖音、快手等直播平台，很多人习惯在"小红书"上看博主推荐，通过网易严选、知乎好物、京东京造、小米有品、淘宝心选、苏宁极物等平台购物。这些渠道尽管都属于电商平台，但各自有不同的特点。蒙清仍然需要深入研究渠道的变化和消费者的偏好。2020年5月，蒙清农业与知名主播李佳琦的合作是一次很好的尝试。李佳琦直播带货当天，蒙清农业的每日粥料、荞麦面等产品单品销售超过10万单。此外，通过与燕之坊、十月稻田、柴火大院、方家铺子等杂粮品牌的对比可以发现，蒙清农业目前的产品品类相对较少，对消费群体的细分不够，还没有真正的拳头产品、明星产品，对于长远发展的准备还要下大气力。在商业模式日新月异的大背景下，蒙清农业要想在杂粮市场站稳脚跟、扩大市场，未来必须要在营销渠道创新上紧跟步伐、精准发力。

三、优势

（一）地理优势：主产区位于全球小杂粮黄金种植带

清水河县地处北纬 39°35′~40°35′之间，十分有利于土壤的发育以及有机质的积累，是全球小杂粮黄金种植带，特别适合高品质杂粮的种植及产业化发展。清水河县是内蒙古传统的杂粮、杂豆种植区域和优势产区，主要种植的杂粮作物品种有谷子、黍子、糜子、荞麦、莜麦，以及黄豆、黑豆、绿豆、豇豆等豆类。由于海拔差异大、气候温差比较大，再加上一年仅种植一季，杂粮的生长期相对较长，有利于谷物积累更多的营养物质。同时，清水河县采用五谷轮耕的方式，让土地可以获取不同的微量元素，也让土地能长久维持健康的生态循环，从而使这里种植的杂粮口感好、营养丰富，产品广销全国各地，收获了良好的口碑。截至 2020 年 9 月，清水河县杂粮有 40 多个品种，在全县种植面积达 27 万亩，占全县播种面积的 1/3，总产量也达到了 4.7 万吨。

（二）人才积淀：已形成一支许身农业的新农人队伍

乡村振兴离不开人才，企业的永续发展同样离不开人才。从企业创立至今，蒙清农业的管理层始终怀揣着对农业的热爱，在许多人并不看好的杂粮产业默默耕耘，在激烈的市场竞争中闯出了一条路子。刘三堂是合格的带头人，他担任过 18 年的村支书，曾当选十一届全国人大代表，向时任国务院总理温家宝同志汇报过工作。刘峻承在父亲打下的良好基础上继续前进，他牵头成立内蒙古合利农牧业专业合作社、蒙清绿色有机农庄、蒙清科技富民及农村党员培训中心、科普惠农服务站、小香米标准化栽培科普示范基地，曾打造"谷之味"有机绿色餐饮服务连锁店等生产加工经营机构和科普服务体系，担任中国农业大学 MBA 企业导师、内蒙古大学研究生学院"创业创新"客座教授、内蒙古绿色与有机食品协会副会长、呼和浩特市创业指导专家、中国妇女发展基金心灵财富基金公益讲师，也是呼和浩特市第十五届人大代表。多年的努力和付出赢得了社会各界的认可，刘峻承荣获 2014 年中国科协"乡村情 科技梦"农村领军人物、2015 年内蒙古创业先锋人物、2017 年中国农村新闻人物、2018 年全国农村创业创新第二批优秀带头人、2021 年内蒙古自治区脱贫攻坚先进个人等荣誉。

自 2016 年起，蒙清农业与内蒙古农业大学、内蒙古师范大学等驻呼本科院校合作，每年利用大学生寒暑假时间，组织实施"大学，有一种生活叫乡村社会实践活动"项目。截至 2022 年，该项目累计吸引 400 余名青年学生走进高茂泉村参与农业生产实践。这些年轻人朝气蓬勃、充满活力，与当地的老农民一起吃粗茶淡饭，一起住简朴的窑洞，一起在田间劳动，真真切切地感受到农民的淳朴、农村生活的不易和在农业领域创业的挑战。读万卷书，不如行万里路。通过乡村生活的体验，他们开阔了视野，学到了课堂上老师没有讲授的知识。尤其对于那些生在城市、长在城市的大学生而言，在他们世界观、人生观、价值观形成的重要时期，有这样一段经历弥足珍贵。不少大学生表示，正是通过参与蒙清农业组织的乡村社会实践活动，他们才丰富了对中国农业、农村、农民的认知，多了一份改变农村落后面貌的责任感，对任劳任怨的广大农民群体增添了更多的理解与共情。有的大学生毕业后再次来到高茂泉村，立志从这里开启人生新的起点，把创业创新的梦想种子埋在乡村的沃土之中。

2015年，蒙清农业成立了"蒙清·创优乡村创客中心"，致力于打造乡村人才创业创新服务系统集成平台、服务平台，从雇佣思维转向平台思维，为怀揣创业创新梦想的大学生群体提供了充分展示才华的机会。蒙清农业拥有一二三产业完整成熟的产业链条，公司高管担任大学生的创业导师，结对指导、悉心关怀，从创业项目的设计、研究、孵化等环节倾囊相授。经过几年努力，乡村创客中心培养出一批热爱乡村热土、熟悉农业知识、充满理想抱负、综合素质出众的新农人队伍。许占祥、郭瑞等就是这批新农人队伍中的杰出代表。

2017年，许占祥年来到高茂泉村，在公司领导和村里乡亲们的支持下，酿造出了"九更"醋，孵化了"遇见海棠"果丹皮项目，带领返乡大学生搭建了清水河县农产品交易平台，推动蒙清创客中心取得了一系列成绩。2019年，许占祥被呼和浩特市总工会授予呼和浩特市五一劳动奖章；2021年，荣获全国"互联网+创新创业大赛"铜奖，被共青团中央、农业农村部授予首届"全国乡村振兴青年先锋"荣誉称号，其创业事迹被新华社、人民日报、内蒙古电视台等多家媒体报道。郭瑞是内蒙古高茂泉文教科技有限责任公司负责人，加入蒙清的时间要比许占祥晚一年，但是他的创业成绩让人刮目相看。郭瑞以高茂泉村为项目案例示范点，以农业产业和五谷文化为基础，结合高茂泉村自然资源，整合乡村种植、生产、闲置民居、劳动力、环境资源，融合在地和外部资源，探索乡村文旅发展模式，在青少年自然农耕科普体验教育、全龄田园生活体验、培训基地建设规划、科普课程设计运营等方面积累了丰富的经验。

在蒙清农业，类似许占祥、郭瑞这样的新农人还有很多，他们的业务专长分布于管理、研发、加工、种植、市场、电商、销售、仓储、物流、餐饮等多个领域，有力地支撑了蒙清农业的人才队伍建设。正是因为人才积淀这一优势，国内许多从事农业的企业主动向蒙清抛来橄榄枝，希望借助蒙清农业成熟的人才培养平台，帮助其培养输送高素质的新农人，提升企业管理水平和经济效益。可以预见，随着乡村振兴不断走向深入，蒙清农业在人才培养方面的探索价值将会越发彰显。

（三）产业积累：已建立起准入门槛较高的企业护城河

蒙清农业的成长步伐非常稳健，从20世纪90年代刘三堂创办小香米工厂，到如今成长为中国优质杂粮供应商，二十多年来始终步步为营、稳扎稳打。通过投入人力、物力，蒙清农业运用最先进的农业技术软件，逐步推动杂粮种植生产规模化、标准化，畅通生产、流通、消费环节，使清水河县的农产品销售半径得以不断延长。同时，公司与广大农户建立起的利益联结机制，有效对接了自治区、市、县不同层级政府部门的惠农政策，带动协调上下游合作伙伴共同分享市场红利。我们可以预见到，蒙清农业未来将辐射带动蒙晋陕三省超过百万亩耕地进行杂粮种植。

蒙清农业的管理层倾注心血聚焦农业发展，凭借着敏锐的市场嗅觉和具有前瞻性的战略眼光，不断创新产品销售渠道，培育杂粮产品消费群体，在激烈的市场竞争中形成了自己的独特底蕴。近几年，蒙清农业积极探索资本运作，获得了中国首个田园综合体——无锡田园东方的战略投资。同时，管理层在中国农业大学等机构进行深造，有效提升了企业管理能力。新冠肺炎疫情期间，作为内蒙古地区"疫线崛企"的餐饮业代表，蒙清农业研发的粗粮蔬食自热火锅、速食燕麦面荞麦面、粗粮冷面等产品受到消费者广泛喜爱。可以说，蒙清农业目前拥有的技术创新、精细管理、规模效应、区位因素等竞争优势，帮助企业建立起了准入门槛较高的企业护城河，短时间内不容易被其他企业模仿超越，可以经得起市场风浪。

（四）科技研发：正在努力打造四个农业科技研发中心

重视农业科技创新、注重科技成果应用、深化科技与产业融合是实现农业现代化的重要手段。蒙清农业努力突破旧有的农业体系发展瓶颈，在科研创新方面不断加大投入，为企业的"技术突围"、为推动农业产业的持续发展做了大量工作。通过自治区、呼和浩特市两级研发中心和呼和浩特市技术工程中心的科技创新建设，对内蒙古自治区整体杂粮加工产业结构的优化、调整、升级发挥了重要作用。

一是建设内蒙古蒙清农业科技开发有限责任公司研究开发中心。2018年，蒙清农业首次获评"2018年度呼和浩特市企业研究开发中心"，这是呼和浩特市对蒙清农业2014~2017年在组建研发团队、引入研发人才、推出创新成果等工作的认可。这一阶段，蒙清农业完成研发项目15项，其中小香米药膳及其生产方法，绿豆膳、黄芩茶及其生产方法均获得发明专利。通过小香米药膳及其生产方法的改进研究，绿豆膳的制备方法改进研究，黄芩茶的应用与工艺改造，低温烘焙杂粮配方验证，海红果的深加工应用，米醋的应用与工艺改造，蒙清农业为研究营养搭配合理、口感更好的杂粮膳食提供了有力的科研依据，研发的新产品经济效益显著。2017年，企业销售收入4800万元，产品销售利润总额730万元，新产品销售收入375万元，新产品销售利润131万元，新产品高附加值得以体现。

二是建设谷物杂粮精深加工工程技术研究中心。谷物杂粮过去被认为是口感粗糙的食品，是仅能满足温饱需求年代的象征物，但如今已成为时代的主食新宠，研发推出谷物杂粮功能性食品成为产业发展的新趋势。蒙清农业通过市场调研了解到，以谷物杂粮为主的方便、休闲食品逐步成为人们消费的主流产品，而谷物杂粮类食品的品质和加工技术亟待提高。据此，蒙清农业成立了谷物杂粮精深加工工程技术研究中心，与10家高校及科研院所建立了产学研合作关系，联合研发五谷杂粮精深加工工艺，并于2019年获批了呼和浩特市工程技术研究中心。该中心成立后，蒙清农业积极开展自主研发工作，陆续申请自主知识产权7项，包括发明专利4项，软件著作权3项，受理发明专利1项，实用新型专利6项。公司已逐步将自主研发的知识产权全部应用到生产实践中，并带来了巨大的经济效益。截至2018年，在研和已完成的项目已有9项，蒙清泡食燕麦面、蒙清泡食荞麦面、水果燕麦脆、粗粮饭、蒙清粗粮粽完成升级改造研究，丰镇杂粮月饼完成改进研究，蛋黄杂粮酥月饼、杂粮酥月饼等项目均取得关键突破。

尤其是创新燕麦速食面产品及工艺加工技术的研发，既解决了产业技术含量低的问题，还开发出具有国内领先水平的生产工艺流程，并联合设备厂家生产整套加工设备，实现了燕麦速食面产业的一次改革创新。2018

年蒙清农业实现产品销售收入 7856 万元，利润总额 887 万元，较 2017 年销售收入增长率突破 60%。新产品的研发与上市，使企业的销售贡献率达到 20% 以上。燕麦速食面系列产品一经推出，市场销售火爆，2019 年单泡食燕麦面产品为公司销售收入提供了 15% 的增长率。同时，工程技术中心的建设对拉动整个谷物杂粮产业链具有重要意义，为社会增加了新的就业机会，提高了上游种植户经济收入，改善了农民生活质量；创新优质谷物杂粮产品也促进了下游零售行业、餐饮行业的发展，更加符合国家和地方产业持续发展。

三是建设蒙清五谷杂粮种植与深加工产业化研发中心。2020 年，蒙清农业历经三年时间，对原有研发团队、设备资源及相关技术等进行全方位整合，投资 200 多万元建成总占地面积达 500 平方米的企业研发中心。中心专业技术人员达到 26 人，包含教授、研究员、助理研究员、博士、硕士和学士等高级技术人员，其中高级职称 8 人、中级职称 18 人，博士 6 人、硕士 12 人。人员专业涵盖生态学、分子生物学与基因工程、生物工程、食品与科学、食品加工技术等。长期的研发投入与积极的研发创新切实提高了内蒙古地区优质五谷杂粮的附加值，突破了预处理技术、低温烘焙技术、营养复配技术和营养优化组合技术难题，初步形成了行业内五谷杂粮精深加工产业技术规范，同年也获评了内蒙古自治区企业研究开发中心。

蒙清农业在五谷杂粮种植基地建设中，不断加大科技及研发投入，与京东农场、华维集团、内蒙古璟创科技公司及北京兆信信息公司先后签订了合作协议，推进基地智慧化、智能化建设和蒙清现代农业数字管控及农作物全程追溯体系项目建设。充分利用国家农业农村部高标准农田建设项目，与内蒙古农业大学等院校及科研机构建立科技应用实验基地，聘请农业专家把关指导，搭建平台进行科研合作和技术攻关，将先进的科研成果融入服务项目，带动农户生产实现科学化。

蒙清农业的五谷杂粮种植基地与深加工产业化研发中心无论从科技力量、产品研发、成果转化还是资金投入均位于区内同行业首位，公司完成新产品、新技术、新工艺研究开发 20 多项。自成立以来，在课题研究和专利申请上有了很大的突破，研发新产品 50 多种，公司拥有的专利技术来源于自有专利技术、合作引入专利技术，荣获国家级高新技术企业的称号。目前通过与科研院所的产学研合作，以公司现有种植及加工基地为基础，开展联合攻关及产业化示范，建成了全区最具特色的五谷杂粮种植与深加工产业化示范基地。

四是建设呼和浩特市现代农业科技示范园区。依托蒙清农业为产业带动主体，建立了呼和浩特市现代农业科技示范园区，目前园区已建设成为集农业生产、农产品加工及销售、科研示范和休闲观光为一体的农业科技示范园区，园区内杂粮等农产品的加工转化率达70%以上。园区通过现代农业创业创新、高新技术推广及应用、农业产业化经营和农村科技实用人才培训，基本实现了园区农业功能多元化、要素配制集约化、技术推广高新化和经营方式产业化。园区围绕"科技兴蒙"战略，在乡村振兴战略背景下，以产业为导向，深入服务当地农户。以全托管、半托管模式服务小农户家庭经营，生产托管服务面积达2000亩。以合作社委托方式实现村企合作经营，服务面积3000多亩。以整村整组流转做大企业规模自营，流转面积达到3500多亩。同时组建专业化服务队伍，培育高素质职业农民。园区内蒙清创优创客信息有限公司经过几年的成长与发展，现已成为国家科技部首批培育试点单位星创天地，是西北地区唯一一家乡村创客中心。蒙清创优乡村创客中心主要围绕农村，结合当地特色，通过项目实现产业化，融合一二三产业协同发展。通过三产的融合，营造了一个充满活力、创意的人才乡村，通过孵化，大学生带着项目去创业，他们将闲置宅基地、住宅盘活利用，作为专家工作站、科技小院、大学生乡村社会实践实训中心、青少年儿童研学互动中心。近年来，蒙清农业通过与高校合作，不断引进引入大学生回乡村参加社会实践活动，招揽聘用专业社会实践老师制定成体系的活动课题，为学生们提供有意义有价值的社会实践。

四、劣势

（一）企业发展底子较薄

内蒙古属于欠发达省份，清水河县处于内蒙古的中西部，在全面建成小康社会之前一直是国家级贫困县，曾经很长时间内信息闭塞、交通不畅，对市场经济信号反应不灵敏。直到今天，清水河县在呼和浩特市 9 个旗县区的经济排位依然很靠后。可以说，蒙清农业"出生贫寒"，与那些成长于城市的企业相比，蒙清农业存在缺人、缺钱、缺技术、缺经验等天然的短板，企业每前进一步都要付出数倍的艰辛。

同时，我们回顾伊利、蒙牛的成功之路可以发现，它们之所以能够走出内蒙古成长为世界级企业，很重要的一个原因就是在企业发展的某个阶段，都曾有过国有资本加持。而农业是周期长、风险大、利润低的产业，蒙清农业是从高茂泉村成长起来的民营企业，受黄土地与小米饭滋养，是最为贫瘠的土地上盛开的花朵。它与西北干旱地区的许多农业企业存在相同的窘境，自身资金持有量不足，很难拿出足够的不动产作为银行贷款的抵押担保，融资贷款难度大，生产经营状况常会出现金流不畅问题，制约着企业的扩大再生产。

（二）高端人才储备不足

人才是乡村振兴的关键、根本要素，高端人才短缺是西北干旱地区农业企业普遍存在的问题。尽管蒙清农业培养了自己的新农人队伍，但着眼企业长远发展以及瞬息万变的形势，目前企业的高端人才储备还不够，无法很好地支撑企业未来的发展。一方面，缺乏高端营销创意人才。新消费时代，食品安全、口感好、高性价比、配送快捷、服务极致都能够为消费者带来较好的体验，但好的营销创意对于打开或开拓产品市场的作用不可忽视。尤其是可以借助移动互联网平台，需要有深谙年轻群体消费认识的人，通过内容创意玩出跨界营销的新鲜感，推动蒙清品牌破圈。另一方面，缺乏企业"智囊"。蒙清农业在不断壮大过程中，可配置的资源变多，管理幅度、复杂度逐渐增加，需要解决因规模扩大产生的系列问题。目前，蒙清农业自身缺少研究力量专门研究宏观政策与市场动态，长此以往，不利于企业的可持续发展。合理地借助企业"外脑"，与专业性较强的咨询机构合作，能够为蒙清提供产业政策的分析、宏观经济环境的判断、投融资的决策咨询，帮助蒙清算总账、算大账、算长远账，避免因管理团队决策失误带来的风险。

（三）商品物流运输成本较高

2019 年底，呼和浩特至北京的高铁才正式开通，高茂泉村距离呼和浩特高铁站至少需要 1.5 小时车程。与南方省份的乡村相比，高茂泉村的地理位置偏僻，运输条件较差。再加上清水河县常住人口稀少，快递企业利润薄，快递收寄只覆盖到县城一级，以至于蒙清农业电商平台饱受"最后一公里"难题困扰，农产品物流运输成本很高。以 2.5kg 袋装的蒙清纯莜麦面粉为例，全网统一售价为 29 元/袋，如果从呼和浩特市区派送，平均邮寄费用为 4.2~4.5 元/袋；如果从清水河县城派送，平均费用会涨至 6元/袋。经数据验证，2019~2021 年蒙清电商平台派发产品物流费占营业额的 18%。在南方省份的乡村，农企或农户与拼多多等电商平台合作形成了原产地直接发货模式，缩短了农产品的中间流通环节，既能使消费者享受到低价，又能让农企、农户的物流费用低到可以忽略，极大地提升了企业和农户的积极性。

（四）产品附加值提升空间较大

不同人群对杂粮的功效有着不同的诉求，中老年人希望维持血糖稳定，年轻人更愿意选择膳食纤维含量丰富的食品，爱美女士追求食物带来的养颜功效。目前，蒙清农业在细分消费群体方面，缺少更有针对性、具有更多附加值的杂粮产品。从天猫、京东以及微店等电商平台看，可供消费者选择的蒙清产品主要有小香米、五谷杂粮、精耕细作、礼盒定制、节日产品、燕麦面、粗粮自热小火锅七大类产品近 50 小类，品项总数相对较少。同时，蒙清农业目前的产品阵营中缺乏能够强势拉动整体收入增长的明星产品，比如伊利的安慕希、蒙牛的特仑苏，下一步还需集中优势打造出利润增长空间较大的大单品。此外，在天猫、京东、拼多多等头部电商平台上，以玉米汁、红豆汁、绿豆汁、糙米汁、黑米汁为代表的五谷杂粮饮料悄然走红，就连伊利的谷粒早餐奶、蒙牛的燕麦早餐奶、骑士的粗粮酸奶都有不少拥趸。蒙清农业未来也可尝试在粗粮饮料领域布局，或许会增加新的利润空间。

同时，目前蒙清农业的产品文化属性还不够强，需要逐步赋予产品较高辨识度的文化属性，进而有效提升产品的附加值。比如，借助二十四节气这一农业大 IP，2022 年北京冬奥会开幕式采用了二十四节气倒计时，充分展示了中国的传统文化。天猫的"聚划算"曾推出全国优选农产品频道"食令"，将互联网电商、《中国国家地理》与中国传统文化二十四节气无缝融合，向消费者倡导应时令、按季节进补的美食文化。"聚划算"在线上售卖二十四节气食补年卡、女性冬补年卡、北纬 30°年卡，引入国家地理专栏编辑，让节气专家、美食家等从气候、地理角度切入，引导消费者接受并认可专业导购内容。再如，五谷磨房宣传口号"只卖现磨杂粮"，采用线上线下相结合的多渠道销售模式，并以线下销售渠道为主，通过与沃尔玛、家乐福等大型超市合作，进行现场磨制加工。这种体验式消费模式既让消费者对产品的品质更加信任，磨制过程中散发的香味也激发顾客的购买欲，更增加了消费者对品牌的好感度。南方省份的一些乡村，通过彩雕瓜果、瓜果绘画、贴图贴字等方式，增加瓜果的观赏价值；通过培养迷你水果，增加童趣，吸引游客；利用谷物、豆制类产品制作装饰画和饰品，赋予农产品文化功能；等等。这些增加产品附加值的创新思维值得蒙清农业参考借鉴。

第十章

筑梦：美好蓝图绘就宏伟未来

近年来，我国杂粮产业加工业发展呈现步伐加快和流通日趋活跃的新态势，但在外部环境变化影响以及出于自身发展壮大的需要，蒙清亟须在审视内外条件变化基础上，对企业战略进行重构并对战略蓝图进行科学谋划，以期选择新的成长与发展模式，引导企业与时俱进、创新发展。

一、重构战略布局

企业战略重构的过程就是商业模式创新的过程，其目的就是使企业的发展方向、运营模式及其相应的组织方式、资源配置方式发生整体性转变，构建全新的经营逻辑，改变传统的经营形态，是企业重新塑造竞争优势、提升价值创造能力，达到新的企业经营形态的过程。战略重构并不是为适应市场的短期竞争而采取的权宜之计，而是一种从战略方向、运营形态到组织管理上的根本性转变，这种重构是建立在企业能够预见未来并能把握未来的发展趋势之上的。企业战略重构的核心是围绕企业如何提升或创新客户价值以重塑企业的竞争优势，企业战略重构是一个价值比较与选择、价值提升与创新的过程，企业的战略重构是一个系统工程，势必导致企业价值系统的重构，形成新的商业模式，而不是对原有经营形态的简单调整。总而言之，出于企业外部环境变化与企业使命优化需要，蒙清亟须顺应新形势进行战略重构。

（一）主要考量

1. 西北干旱地区农业现代化发展形势研判

西北干旱地区包括陕西、甘肃、青海、宁夏、新疆、山西6省区以及内蒙古中西部地区，这些地区土地资源丰富，光热充足，是我国粮食生产的战略后备区和畜产品的重要产区，但在推进农业现代化进程中所受的水资源约束也较为明显，西北干旱地区国土面积396万平方千米、占全国的41%，耕地面积3.67亿亩、占全国的18.1%。光热资源充沛，昼夜温差大，大部分地区日照时数在2400~3200小时，大于10℃的年积温2200℃~4000℃。水资源总量2482.4亿立方米、占全国的10.6%，但亩均水资源量只有764立方米，仅为全国平均水平的48.9%，且蒸发量大，时空分布不均衡。受水资源约束，适宜开发利用的耕地资源有限，成为农牧业发展的主要制约因素。同时，西北干旱地区是多数杂粮作物的发源地，且为本区的适宜作物，杂粮生产省水、省肥、省药，资源节约、环境友好、质量安全。杂粮特有的生育期短、抗旱耐瘠、水肥消耗少特性，决定了它们能够适应当地的生态环境。如谷子每生产 1 克干物质仅耗水 271 克，而玉米小麦均在 470 克以上。在相同产出的情况下，每亩比玉米、小麦等高耗水作物节水 100 立方米左右，可有效地缓解西部水资源紧缺状况，能够形成优势产区和特色产业，是"发展资源节约型和环境友好型农业"和"救灾救荒"的首选作物群。但从目前来看，西北部杂粮产区技术基本停留在传统农业阶段，新技术引进、研发不足，优良品种、地膜覆盖、土壤改良、节水省肥和轻简化栽培技术推广仅限于示范阶段，未来推动该区域杂粮产业发展对于走旱作农业高质量发展和保障国家粮食安全意义重大。

2. 聚焦市场开发前景的需求潜力分析

黍、稷、谷在我国有 1 万年以上的栽培历史，曾长期是我国北方的主粮，是中华民族数千年健康饮食习惯不可或缺的成分。杂粮除含有碳水化合物、蛋白质、脂肪外，还富含各种维生素、膳食纤维和人体必需的各种矿物质及微量元素。杂粮中的植物蛋白富含人体必需的八种氨基酸，可提高脑部代谢效率；磷脂对脑部神经的发育、活动有良好的功效；膳食纤维在肠道内可吸附水分子，使食物残渣或毒素迅速排出体外，达到排毒的效果。世界知名医学刊物《柳叶刀》研究指出，低杂粮饮食在造成疾病负担因素方面排在各种因素的第一位，推荐每人每天食用杂粮 125 克。目前，我国杂粮消费仅限于原粮及副食消费，其丰富多彩的营养价值没有得到有效开发。基于此，聚焦杂粮开发价值潜力与现实需求扩张的实际，未来杂粮产业市场需求开拓潜力巨大。

3. 科技赋能杂粮产业发展的现实支撑

尽管我国粮食生产连年丰收，但对粮食安全还是应当始终保持危机意识。一方面，高位再增产并不易。当前，气候变化影响日益加剧，资源环境约束日益趋紧，增加播种面积、提升粮食产量的难度越来越大。另一方面，粮食损耗浪费严重。数据显示，我国粮食在产后环节，尤其是在储藏、运输和加工环节，每年损失量约为 700 亿斤。基于此，促进节粮减损，科技"硬支撑"不可或缺，"科技赋能"推动农业智慧化已成为我国"三农"工作和"粮安工程"的重要标签。基于此，"十四五"时期，聚焦"数字粮储"建设，进一步加快 5G、人工智能、大数据等新一代信息技术与粮食的产、购、储、加、销深度融合，整合共享粮食产业链数据，推动播种、气象、产量、病虫害等相关生产领域数据共享共用；建设数字粮库升级版，重点提升数字化收购和智能化仓储水平；推动粮食加工数字化升级，推进加工企业上云、上链、上平台；推动粮食交易智能化，要完善国家粮食电子交易平台的功能，构建统一粮食物流平台，打通粮食交易、物流、金融、信息服务全过程数据通道，加快粮食产业数字化转型。"科技创新和数字化转型"，为加快粮食产业高质量发展赋予了新动能，是保障粮食安全的重要支撑。

4. 聚焦杂粮产业价值增值的关键考量

杂粮由于种植分散，间苗、除草、收获大部分以人工为主，劳动投入多，生产成本高；销售价格受市场影响，忽高忽低，直接影响了农民的生产积极性。多数农民只是把杂粮作为弥补粮食、饲料的不足，抵御和减少灾害的补充作物，轮作倒茬、填闲补种的作物。种与不种取决于农民个人的喜好，种植面积的大小取决于收成的好坏。大部分杂粮生产仍处于"靠天吃饭"，广种薄收，产量低而不稳定。与此同时，目前西北地区杂粮加工水平基本处于原粮加工的初级阶段。当地 80%～90% 的杂粮产品以原粮消费米、面、粉为主，加工的产品档次低，产品单一，有机产品、品牌产品多数为包装后的原粮，可口性、及时性、深加工产品和高附加值产品极少。加工方式及规模多停留在小作坊、小规模阶段，销售额上亿元的企业几乎没有。产业链短、市场化程度低，严重影响杂粮产业发展。基于农民增收和企业利润考量，提升杂粮产业价值链增值水平就成为未来杂粮产业可持续发展的关键考量因素。

5. 新农人发展壮大的持续探索

大力培育新型职业的"新农人"并充分发挥其作用，具有多重经济社会效应。通过强有力的措施让农业成为具有广阔前景的职业，吸引更多年轻人爱农务农。另外，农村面临的现实，也迫切需要培育一大批有文化、懂技术、善经营、会管理的"新农人"队伍，为乡村振兴提供源源不断的人才支撑。如何大力培育"新农人"，切实发挥他们在乡村振兴中的主力军作用，当前各地都有探索。比如蒙清实施"新农人"轮训计划，支持"新农人"创办专业合作社、专业技术协会、龙头企业等。应该说，这些都是壮大"新农人"队伍，为乡村振兴助力，谋农村长久发展的切实举措。当然，真正让"新农人"在农村大舞台上，除建立完善"新农人"制度体系外，还应运用信息化手段，实施精细化管理，尤其需要有"留人机制"，确保"新农人"在乡村留得住、用得上、有收益，从而大力激发"新农人"的巨大创造力，使他们在壮大自身的同时，也壮大农村经济，增加农民收入，为乡村振兴助力，最终实现农村加快发展和"新农人"不断成长进步的双赢。

6. 实现共同富裕的重要牵引

共同富裕是社会主义的本质要求，是中国式现代化的重要特征，是全体人民共同富裕，是人民群众物质生活和精神生活都富裕，而制约农民收入增长的关键是乡村富民产业发展滞后。乡村富民产业选择和发展的关键是要坚持与角色定位相衔接、与比较优势相衔接、与区位优势相衔接的基本思路，坚持市场导向、质量导向和效益导向，明确乡村富民产业发展的根基和基础在乡村，重点是把握优势和特色，全面拓展农业多种功能，着力提升乡村多元价值，把乡村打造成为产业高地、生态绿地、文化福地和休闲旅游打卡地，促使传统意义上的农业产业向现代化乡村产业拓展，提高农业效益和竞争力，实现富民就业的多重效应。在产业选择和发展中，为避免项目雷同、盲目跟风和产业单一等带来乡村产业发展效益不高、后劲不足等普遍问题，既要确保产业发展有前景，又要确保产业发展和企业进入符合本地集体利益和全体村民共同富裕的要求。乡村富民产业的焦点在"乡村"，关键是能"富民"，核心是"构建共享机制"，要以产业发展和利益共享机制促进农村居民走向共同富裕。

（二）重点及方向

与此同时，战略方向固然很重要，但是路径、节奏、手段的把握同样至关重要。而所有的这些都是建立在对形势的正确把握之上的。总体来看，当今世界处于百年未有之大变局，大国关系深入调整，国际政治经济环境发生了深刻变化，尤其是近年来逆全球化苗头加剧，使得全球粮食贸易格局正在发生变化，贸易保护主义对我国粮食进口稳定性带来直接影响，粮食供应、价格的波动性提高和种业等"卡脖子"现象日益凸显，为应对以上问题，聚焦乡村振兴、粮食安全、农业产业化发展和杂粮产业发展，国家、内蒙古自治区和盟市旗县相继出台了一系列政策，为杂粮产业发展提供了重大利好。与此同时，我国已步入老龄化新阶段，人口结构分化现象明显，叠加消费结构与消费理念的持续优化升级，尤其是在杂粮生产和销售端系列新技术赋能下，杂粮行业方面新业态、新产品、新模式会相继涌现，为进一步做大做强杂粮产业奠定重要市场基础。但也要看到，在普惠性政策惠及下，蒙清既面临着与现有的已成规模企业的竞争，如燕麦领域的三主粮集团和内蒙古民丰种业集团等，同时也面临着更多新的潜在进入者的追赶，此外，成长中还面临着创新思维不足、高端人才缺乏、发展底子较薄等短板，这些都对蒙清未来更好发展形成了一定的挑战与制约。

当然，企业战略重构除了考虑自身因素和适应行业发展共性要求外，同时也要聚焦重点，突出差异化。从这个角度讲，当前杂粮行业（或企业）面对政策带来的发展机遇，在战略重构方面首先要突出以下方面的优先序和主次点：一是搭建杂粮杂豆产业平台，利用该平台促进育种家、企业家的对接；让育种家、推广专家、生产企业、加工企业、贸易企业通过平台建立联络，加强沟通，谋求合作。二是要进一步突破杂粮品种瓶颈，杂粮杂豆还需建立良种生产供应体系，解决好杂粮品种的繁殖和供应问题，按照市场需求（加工要求、适口性）进行品种评价，满足杂粮加工需求；同时集成推广高产高效生产技术，并建立商品生产基地。三是促进杂粮业提质增效，突出应用先进的杂粮生产技术是减少杂粮种植用工、减少化肥农药施（使）用、降低生产成本、提高种植效益的关键，这也是发展杂粮生产必须要解决的问题。四是构建新型销售平台，积极提供优质服务，将农产品标准建设、品牌建设与市场营销结合起来，培育专门的营销团队，尤其要注重电商营销平台的建设，通过"互联网+杂粮"的模式，创建杂粮商品城及覆盖全市的农产品物流交易平台，建立健全全程互通、线上线下营销体系。五是加强农业生产社会化服务体系建设、物流仓储服务体系建设、金融服务体系建设和专业人才培育体系建设，搭建起以交易市场为龙头的综合服务销售体系。

从蒙清的成长过程看，其先后经历了生产导向、推销导向和市场导向三个发展阶段，在以生产、推销为导向的管理中注重的是生产，在以市场为导向的管理中注重的是市场、消费者以及产品。伴随着时代浪潮的变化，杂粮行业市场已从"卖方市场"转变为"买方市场"，消费进入了品质化、定制化的新阶段，消费者不仅注重产品，更注重产品的质量和服务，客观上要求企业改变思维，从市场和顾客的需要出发，由单一生产型向全方位经营型转变。与此同时，面对知识经济的挑战和信息化浪潮的涌动，一个以战略创新为核心的企业战略管理的新阶段已经到来，客观上需要企业管理者改变以往的管理模式和思维方式，努力提高战略思维能力，推动企业管理迈向人本化、信息化、知识化和高效化的现代战略管理新阶段。

结合以上形势、要求与相关原则，未来蒙清要突出在战略主体、营销管理以及战略中心聚焦等方面做好预见性战略重构（见表10-1），唯其如此才能在互联网经济时代建立系统而有竞争力的创新发展模式，引导企业与时俱进、创新发展。

表 10-1　未来蒙清发展战略优化（或重构）重点与方向

优化项目	优化重点
战略主体	外部战略投资者的引入以及相应公司决策结构、产品和服务等方面的全面优化
市场拓展	在北京和上海构建辐射和服务全国的总部基地，推进产品走出国门走向世界
部门管理	进一步优化部门设置，形成与新时期蒙清定位相适应的现代公司治理架构；探索员工持股，与创客主体之间形成合理的股权激励机制
发展定位	做全国杂粮行业发展引领者、西北干旱地区绿色节水农业的坚定开拓者、乡村振兴的坚定践行者
战略重心	持续强化种植基地建设，扩大杂粮种植面积；强化研发创新与现代信息化技术的全方位、全程与全产业链的深度嵌入；强化创新，全面提升企业研发及加工转化能力；探索完善新农人培育模式，推动乡村全面振兴进而助力乡村实现共同富裕

二、优化战略定位

综合蒙清内外部发展环境，蒙清战略定位的优化，必须在考虑竞争对手的实力及其所采用的竞争策略对自己的影响等外部要素的同时，还要考虑供应商、经销商讨价还价的能力，替代者和潜在进入者的威胁，尤其要重点聚焦我国西北杂粮优势地区的国情特点，从新时期优化我国粮食安全战略、构建大食品安全观以及更好满足人民群众美好生活需要的高度进行综合平衡与优化。

（一）成为呼和浩特杂粮之都新名片的重要缔造者

近年来，杂粮杂豆及其延伸产品作为健康食品，越来越受到消费者的青睐，内蒙古是全国最大的杂粮生产基地，而呼和浩特的生态多样性孕育了区域特色杂粮杂豆种植业。但从整体上看全市杂粮品种虽然丰富，但总量较小，目前尚没有具有一定知名度的优质品种和品牌产品，研发力度落后、宣传推介不够等因素制约着杂粮产业发展。杂粮的生产、加工、销售没有形成规模经济和区域优势，基本处于各自为战的局面，加之缺乏龙头企业的带动，优质品种、高科技含量品种推广困难，杂粮产品品牌匮乏，难以形成有竞争力的产业链，制约着杂粮产业的发展。

蒙清立足清水河县杂粮资源优势，顺应消费潮流，已发展为引领自治区杂粮杂豆产业的科技创新型龙头企业，产品享誉区内外。2021 年 8 月，呼和浩特市人民政府办公室印发《呼和浩特市农畜产品区域公用品牌建设三年行动方案（2021—2023 年）》的通知，明确提出依托奶产业、猪牛羊肉产业、蔬菜产业、马铃薯产业、玉米及饲草料产业、杂粮产业等优势主导产业，结合打造城市名片有关工作部署，打响"敕勒川味道""五彩土默特""源味武川""窑上田""福地玉泉""盛乐味蕾"品牌。清水河县依托当地优势杂粮产业及蒙清农业等龙头企业，整合全国上下游产业优势资源，走科技创新引领的产业化发展道路，做大杂粮产业规模，以蒙清农业为代表的国家级、自治区及市级龙头加工企业有 21 家，农业专业合作社有 20 多家，年销售小米 1.5 万吨以上，实现了龙头企业做市场、合作组织抓生产、政府部门做服务，共同带领农民增收致富的完整产业链条，小杂粮产业成为当地农业特色优势产业，也是富民强县的主导产业。

今后，立足清水河县杂粮、杂豆产区发展优势以及蒙清龙头企业发展优势，聚焦打响呼和浩特杂粮之都新名片，蒙清要全面对接首府打造城市名片有关工作部署，全力处理好城市名片、区域品牌与企业品牌之间的关系，以已有标准规范和企业产品品牌倒逼区域杂粮生产，积极联合区域内相关部门或企业共同制定区域公用品牌运营管理办法品牌标识，允许达标杂粮企业及合作社在产品包装上统一印刷区域，全方位、多途径统一对外宣传营销，全力打响"窑上田"杂粮区域公用品牌，狠抓国际国内两个市场，打造集杂粮产品会展、交易、检测、仓储、加工、物流等功能于一体的呼和浩特杂粮出口平台，逐步形成"买华北、卖全国"的杂粮市场，全面扩大呼和浩特"杂粮之都"名片的知名度和影响力。

(二) 区域杂粮行业技术服务和标准集成化提供者

经过多年发展，蒙清已经形成了优质的产品和知名的品牌，在种植技术、服务与管理、产品研发等方面积累了重要经验，尤其在杂粮行业种植技术规范方面形成了领先同行的标准，这为区域杂粮行业技术服务和标准的输出奠定了重要基础。

与此同时，对杂粮行业技术服务和标准的需求也在与日俱增。一方面，派生需求日益凸显。随着蒙清种植基地规模的进一步扩大与扩张，如何保证自身已建立基地的种植质量就成为蒙清发展的基础性考量，基地建设对种植环节的技术和标准化服务提出了新需求；随着农村人口的日益老龄化，谁来种地变得更为迫切，托种托管服务的需求增加，为确保收入的稳定性，即使自己种植村民们也开始主动与蒙清建立契约关系，谋求蒙清提供统一的种植标准与技术服务（见图10-1）。另一方面，随着市场竞争的加剧，消费者需求层次在逐步提升、需求方式日趋多元，在企业原有的产品质量、价格难以继续作为竞争优势的背景之下，产品服务竞争应运而生，服务发展日趋功能化。与此同时，现代信息技术的发展给商家满足顾客多层次、定制化需求创造了条件。所以，加强产品服务管理，由单一提供产品到提供"产品+服务"，是蒙清获取新的增长点和竞争力的一大关键环节。基于此，在未来发展中，围绕技术服务和标准输出者这一目标，蒙清应该成立专门的技术服务部门，结合土壤墒情以及气候变化等大数据，在完善蒙清种植技术标准的同时，专业为各大基地及周边散户种植提供统一的技术服务指导；同时，成立产品研发部门，结合线上线下销售大数据以及消费者的多样化需求，开展定制化产品研发。此外，围绕打造杂粮行业发展重要引领者这一战略定位，蒙清还要进一步增强市场与价格上的话语权和定位权；强化市场建设，加快建立杂粮价格指数，推出年度杂粮发展报告等。

图 10-1 蒙清技术输出服务

（三）西北干旱地区绿色节水农业的坚定开拓者

包括清水河在内的西北干旱地区，是我国水资源最为短缺的地区之一，近几十年由于绿洲灌溉面积快速扩大，农业灌溉用水占到水资源总消耗量的95%以上。不合理的灌溉模式、水利设施的不完善和作物面积的迅速扩张加剧了水资源短缺状况，农业用水严重挤占生态用水，造成了广泛的生态退化和河道断流问题。一方面，气候变化通过影响高山冰雪融水和降水对水资源的形成产生影响；另一方面，社会经济的发展也对水资源需求产生巨大影响。居住在这个地区的各族人民群众，在长期的生产实践中，与"干旱"进行了艰苦的斗争，积累了丰富的经验，如新疆的坎儿井。但对西北干旱的大部分地区来说，受地形交通等各方面因素的影响，以及区域水资源分布集中度高却难以开发利用等影响，总体上看水资源制约依然较为明显，进而限制了农业的发展。所以，西北区域水资源的开发利用，只能在保护极其脆弱的生态环境的前提下，依据区域内自然形成的特有的生态系统与环境格局，在基本不改变原来水资源储存、分布、运移规律的前提下，采取"尊重自然、顺应自然"的科学态度，合理地确定区域经济的发展规模和经济结构，做好水资源供需基本平衡。

经过多年探索和发展，蒙清在水资源开源节流利用方面形成了多元化模式，开展旱作节水农业新技术、新模式、新产品试验示范，具体包括保水剂的使用技术试验示范，渗水地膜和降解地膜的试验示范，软体集雨窖集雨补灌技术试验示范。重点推广全覆膜和半覆膜玉米、谷子等蓄水保墒技术，组装配套相应的农艺、农机增产技术，通过技术宣传辐射带动项目片周边面积2.3万亩。旱作节水技术增施有机肥（农家肥）蓄水保墒技术示范8万亩。建设集雨补灌技术示范100亩。建设墒情自动监测站5个。完成保水剂和抗旱剂试验示范20亩。以上措施有效克服了当地农牧业发展受制于水的困境，既解决了水从哪里来的问题，又实现了水资源的高效利用，更形成了水肥一体化灌溉的新格局，从而也为黄土高原旱作农业绿色化、规模化、高效化发展提供了解决方案。结合水肥一体化节水灌溉新技术的应用有效解决了旱作农业靠天吃饭的弊端，大大提升了效率并使平均亩产增加30%～50%。① 当然，蒙清的节水模式是在适应清水河当地环境下所开发的，具体到其他种植基地，还需要做适应性调整改进。但总的来看，蒙清围绕种植基地建设，聚焦"新农人、新技术、新种子、新模式和好环境"一体推进理念，一如既往地践行绿色生态农业新模式，通过翔实测产，对不同新技术的利用做经济评价，为下一步推广新技术，不断提升当地水肥效率和旱作农业抗灾能力，这将对继续做好西北干旱地区绿色节水农牧业发展起到很好的开拓和引领作用。

（四）全国小米等杂粮行业发展的重要引领者

蒙清要以消费者需求升级为引领，以突破小米等杂粮行业发展的关键瓶颈为突破口，以最大化提升杂粮增值转化价值为使命，将营养健康的大众化、高端化路线作为蒙清杂粮系列产品的主攻方向，开发全谷物、全豆食品、半成品、方便食品以及食品配料，成为中国小米等杂粮行业发展的领军者，使更多产品更加便捷地走入超市的货架、走上百姓的餐桌。

1. 进一步推进优势小米产业基地规模化建设

通过建立"龙头企业+专业协会、专业合作经济组织"的形式，把杂粮散户的小生产变为社会化的大生产。通过基地规模化建设，全面推行小米等粗粮标准化种植与生产，优化品质和档次；提高杂粮产品的分级、包

---

① 呼和浩特清水河蒙清春播第一楼种出新硕果［EB/OL］. 华夏蒙商网，https：//www.chnmsw. com/index. php/Home/Index/show_list/cid/15/id/6874.

装、储藏和加工水平；继续打造拳头产品，推进产业升级。加强农业生产社会化服务体系建设、物流仓储服务体系建设、金融服务体系建设和专业人才培育体系建设，搭建起以交易市场为龙头的综合服务销售体系，助力呼和浩特全域杂粮供给侧结构性改革和杂粮现代化发展进程。

2. 推进产品精深加工，加快杂粮产业转型升级

坚持产业化开发的原则，延伸产业链和推进产业升级，促进小米等粗粮向精深加工、全谷物、品牌优势方向发展。加大新产品开发力度，走产品差异化之路，强调五谷杂粮的科学搭配与融合，坚持"政、产、学、研、用"相结合，集中科技力量，积极开展杂粮种植领域技术和加工领域技术的研发推广，开展功能食品的研发和应用，开发全谷物、全谷食品、半成品、方便食品以及食品配料。

3. 嵌入现代信息技术，探索推进杂粮全产业链数字化

着力突破研发、生产以及销售方式落后的制约，构建杂粮全产业链数字化发展新模式。首先，依靠"互联网+"促进杂粮生产标准化。通过搭建互联网数据平台、农资产销检测平台等具体措施，促进杂粮生产标准化。比如，对杂粮生产、供应、加工、销售等产业链上的各环节信息档案进行完整登记，杂粮产品销售终端要将这些信息全部向消费者透明公开，全力保障消费者吃得安全放心、营养健康，唯有如此才能推动杂粮产业可持续发展。同时要在杂粮主产区建立杂粮标准化示范区，辐射带动周边杂粮种植基地逐步实现标准化。其次，借助"互联网+"建设杂粮产品信息服务平台。依托平台收集汇总各种产品信息、农博会展销信息、农业生产技术培训服务以及农资供应信息，帮助农产品生产者、农产品经销商还是农产品加工厂家、农资厂家方便、快捷地获取有效信息，从而最大化地解决杂粮产业链条中因信息盲区而出现的"小、弱、散"问题。最后，利用"互联网+"提速农业物流服务。健全杂粮产品流通体系既要提升杂粮配送服务，又要在杂粮包装、杂粮营销、杂粮品牌建设等方面进行全方位提升，形成杂粮产品从生产到销售的整个流通链。杂粮经销商可以借鉴海航与京东的合作模式，打破当前物流系统各自为政的局面，利用现有的运输资源如公路铁路交通系统、邮政系统、供销合作社系统以及滴滴打车平台等，与它们建立长期合作关系，通过互联网整合现有的物流资源，打造具有集约化、系统化、社会化的电子商务体系并进入农村物流配送体系，尽量使杂粮物流成本最小化，破解杂粮产品运递困局，打通杂粮产品"最初

一公里"的运行通道宗旨，借助互联网普适化新契机，进一步探索直播带货、线上多场景营销等新模式，进一步健全产品可追溯体系和产品冷链等物流配送体系，进一步提升品牌价值和消费者满意度，实现全域全程互通、线上线下营销体系，助力杂粮行业整体价值提升。

（五）乡村全面振兴的坚定践行者

2018 年的中央一号文件对实施乡村振兴战略作出了全面部署，提出乡村振兴是包括产业振兴、人才振兴、文化振兴、生态振兴、组织振兴的全面振兴。结合国家乡村振兴战略及自身发展需求，清水河应以蒙清入围"乡村振兴示范基地候选样板单位"为契机，成为全面振兴的坚定践行者，在助力公司以及周边群众的全面发展中实现共同富裕。

1. 带动小香米产业进一步提质增效，推动产业振兴

以市场为主导，借助"互联网+"，将杂粮产业链中物资供应、杂粮生产、加工、销售各环节紧密相连，摆脱杂粮种植户因缺乏营销理念而被动接受优质杂粮产品低价被收购或滞销的困境，让杂粮由特色优质产品变为畅销全国的"金牌"产品，充分体现其优质优价和高效收益。杂粮产品进入互联网销售仅是"互联网+杂粮"的一部分，未来杂粮产业还应该与杂粮加工业、休闲农业、杂粮美食网、杂粮食品体验、乡村旅游、订单农业等新业态结合起来，走三产融合发展的新路子，带动更多居民就业增收。与此同时，蒙清利用大数据分析对杂粮产品需求市场进行细分，精准定位目标用户和多元化需求，从而通过品牌提升营销的针对性和有效性。借助各种线上实时交互平台和工具，与杂粮消费者进行实时对话，及时准确把握用户的需求，不断优化完善已有杂粮品牌的功能特性，强化品牌知名度。随着"80 后""90 后"及"00 后"新生代消费群成为市场主力军，围绕新生代消费群的爱好及推崇进行专门宣传，如杂粮热量低、有助于减肥瘦身等特点，让年轻的消费群体爱上杂粮并成为品牌杂粮的忠实客户群，这些都将有利于将资源与品牌优势转化为发展优势，从而带动乡村产业振兴。

2. 充分发挥平台作用，助推人才振兴

通过建设新型农村社区，完善"企业+协会+党支部+农户"利益联结机制，提升创新创业水平等，推动农村各类组织进一步发展和壮大，最终

实现组织振兴；与此同时，通过持续完善与高校合作育人、创客中心和新农人大讲堂等平台载体，吸引更多的大学生和有志于农业领域创业创新的群体真正融入农村，新农人具备较高的信息素养，新技术的接受、掌握和应用能力强，有助于乡村治理过程中引入新技术，同时青年具有较强的责任感和使命感，具有主人翁意识，愿意参与乡村的公共事务决策，维护村民的合法权益，对于提升乡村治理的数字化、智能化、高效化水平具有重要的推动作用，在实现自身发展的同时带动乡村实现人才振兴。

3. 提升村民文化素养和文明风尚，助力文化振兴

蒙清新农人往往具备敢于创新、诚实守信、勤奋刻苦、吃苦耐劳、尊老爱幼等优秀品质，这些优秀品质可以带动良好乡风的形成。返乡青年在城市工作、学习、生活的过程中，城市文明已经融入其生活习惯和思维方式，当他们回归乡村，可以将这些新的观念注入乡风文明建设中，影响带动村民，助推城乡文化融合，从而助力文化振兴。此外，以田园综合体打造为牵引，通过种植基地和绿化带的优化布局、道路等基础设施建设的完善以及配套生产生活设施的建设，助力乡村生态振兴。

三、擘画战略蓝图

从当前及今后一段时间看，立足中华民族伟大复兴的战略全局和在世界百年未有之大变局大背景下，统筹国内国际"两个大局"以及办好发展与安全"两件大事"，需要杂粮企业制定科学化和接地气的战略目标，在继续扩大规模的基础上，引导企业乃至整个杂粮行业实现由注重规模扩张向注重质量效益提高转变，进一步集约集聚、降本增效、改善服务，增加绿色优质杂粮产品供给，加快推动杂粮产业迈向中高端水平，全面提升杂粮产业全要素生产率。

（一）企业规模进一步壮大做强

创始于 1996 年，并于 2005 年 5 月正式成立的蒙清，是逐步崛起的农业企业的典型代表。通过二十多年的发展，公司已成为注册资本 1.2 亿元，集育种农资、大田种植、合作社管理收储、农产品精深加工、销售、仓储物流、连锁餐饮、终端体验、农业综合旅游于一体，资产规模达数亿元的大型全产业链农业龙头企业。站在进一步做大做强企业的新起点，未来蒙清需要顺应我国杂粮行业供给和需求新特点，以自身更好发展来满足人们多样化、升级化新需求，这样企业才能在市场的大潮中真正做强做优。

1. 持续扩大配套种植基地规模

农产品加工企业的原料主要来自农业，因此，每一个农业龙头企业的背后必然要有一个原料生产基地与其配套作支撑、为依托。所谓"小龙头小基地，大龙头大基地"，如若没有可依托的生产基地，农业龙头企业的发展也就成了无米之炊，就干不成大产业。蒙清作为一个杂粮行业农业龙头企业，伴随未来市场进一步扩张引致的巨大需求量，必然需要有专业化和更大规模的种植基地来保障。

2. 做大做强企业主业

站在新一轮创业的当口，蒙清将以杂粮育种、杂粮种植为核心，延伸发展农业服务业。如图 10-2 所示，在原粮加工方面，未来要打造品牌化、优质化的产品，产品走中高端化路线；在食材领域，进一步开发营养、健康的便捷食材产品；在保健食品和功能性食品精深加工领域，拟开发燕麦提取 β-葡聚糖，生产燕麦 β-葡聚糖胶囊保健食品；在休闲食品领域，打造健康和营养的特色食品；在生物制品领域，进行杂粮提取物研发，与浙江江北药业公司合作从荞麦中提取黄酮，制作生物类黄酮胶囊等生物制品；远期则瞄准特医食品，与特医食品厂家进行针对"三高"、免疫力低下人群的特医食品研发与市场化。在农业功能开发方面，积极实施"杂粮+"战略，推动杂粮行业发展与文化旅游、教育科技和新农人培育等相结合，在做强主业的同时形成多元发展和多极支撑格局。

结合以上目标任务，如图 10-3 所示，到 2025 年蒙清力争稳定形成标准化种植基地 10 处左右，基地种植规模达到 10 万亩左右，辐射带动种植户 5000 户，企业规模持续扩大，企业资产规模达到 5 亿元左右，企业员工

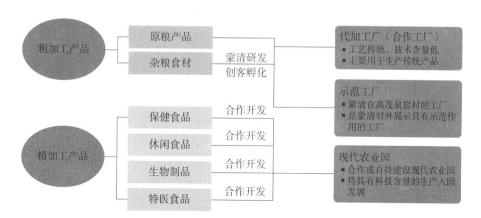

图 10-2　蒙清未来产品体系规划

达到 500 人左右，将蒙清打造成中国杂粮行业的"航空母舰"，助力打造
呼和浩特市为中国"杂粮之都"，成为呼和浩特市继"乳都"之后的又一
张亮丽新名片。

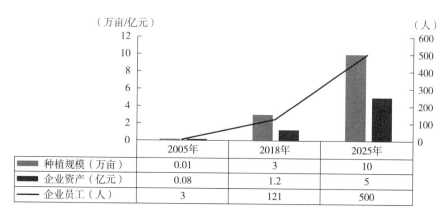

	2005年	2018年	2025年
种植规模（万亩）	0.01	3	10
企业资产（亿元）	0.08	1.2	5
企业员工（人）	3	121	500

图 10-3　蒙清规模化发展主要指标规划

（二）产品精深加工水平进一步提升

当前，我国经济已由高速增长阶段转向高质量发展阶段，农业既是国
民经济的基础，也关乎百姓"舌尖上的安全"。基于此，顺应消费需求新

特征，构建以绿色发展为导向，走出一条产出高效、产品安全、资源节约、环境友好的农业高质量发展道路就成为未来农业发展的必然选择。作为清水河县从事杂粮深加工的龙头企业，随着企业种植基地的扩大和产品市场的扩张，蒙清如何进一步把牢种植和加工标准关，就成为关系企业进一步做强的关键性因素。在此要求下，蒙清不但要自己成为经营及管理科技化与标准化的制定者和践行者，同时也要聚焦"种植标准化、机械化和种源优质化，做技术和标准的输出者与提供者，向其他杂粮产区直接以专利的形式输出技术、标准和服务，从而确保周边其他杂粮原料供应者实现生产的科技化和标准化，引领杂粮行业真正做强做优（见图10-4）。与此同时，结合新农人培育与打造，蒙清也要为创客研发与产品产业化提供平台服务，孵化一批创新创业项目，进一步开发杂粮系列产品，从而扩大蒙清乃至整个清水河县有机绿色农产品的影响力。

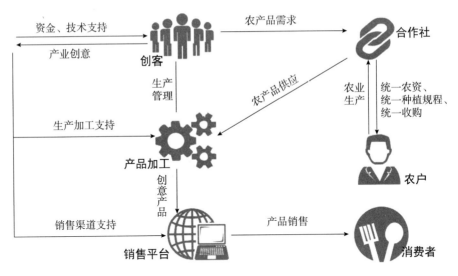

图10-4 蒙清科技化和标准化服务领域及对象

围绕健康、安全和方便的原则，以"粮头食尾"为方向，加大产品开发力度，强调杂粮之间的科学搭配，针对不同群体，全力开发谷类新产品，以线上线下流通为带动，以建设品牌为引擎，推动粗加工和精加工产品发展，建设现代农业园区，进行休闲食品批量生产，开展杂粮提取物技术研发，未来向保健食品和特医食品等高端产品方向延伸，力争到2025年形成以蒙清小香米为主打的包括休闲、方便和功能大类在内的 150 种产品，小米等杂粮精深加工率达到 85% 左右（见图 10-5）。

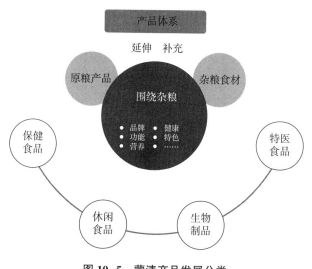

图 10-5　蒙清产品发展分类

（三）蒙清系列产品市场占有率得到明显提升

提升市场占有率是蒙清进一步做大做强进而走向全国乃至世界的前提条件，但从实践中看，不少区域性杂粮品牌，虽然在当地已打开销路，具有了较高的市场知名度和占有率，而一旦将业务拓展到全国，结果却并不乐观，甚至不少企业在残酷的市场竞争下输得一败涂地。在消费多元、快速升级以及供给竞争日趋激烈的今天，如何从众多杂粮供应者中脱颖而出，就成为蒙清进一步走向全国乃至国外的关键考题（见图 10-6）。同时，在清水河县区域共有品牌打造过程中，如何发挥出蒙清对区域共有品牌助推作用并更好体现出自身特色与用户识别度，同样也是蒙清发展的重要考量。此外，在消费者更加注重消费感受和体验，更加追求产品或服务与自己情感体验一致性的大背景下，蒙清就面临着向服务体验提升和产品个性化定制转型的新任务，实现由单纯产品提供者向"产品+服务"整体解决方案转变，由供应商向品牌商转变，同时借助渠道创新，让杂粮走出国门的同时，借鉴国外好的经验与模式，进一步完善自身，从而在激烈的市场竞争中进一步增强用户黏性和品牌忠诚度。

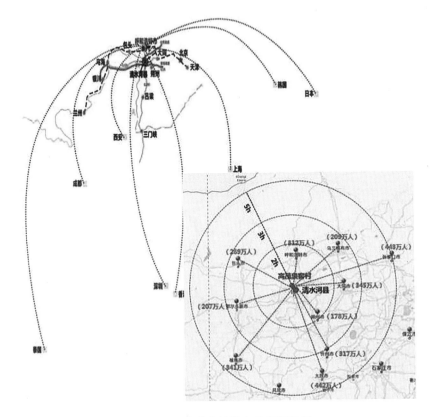

图 10-6　蒙清中长期产品营销规划

　　结合以上任务，蒙清未来要带动周边杂粮商品率达到 95% 左右，在巩固已占领市场的情况下，通过线上线下途径，进一步开发其他地区市场，力争 2025 年蒙清系列产品市场销售额达到 10 亿元左右，国内线上线下产品市场覆盖率达到 30%，国外市场拓展取得重要进展，"一带一路"沿线市场稳步拓展。

（四）企业社会责任全面彰显

　　蒙清过去的发展，对于带动清水河县农业劳动力就业增收、带动当地种植业结构调整和提升整个清水河县杂粮产业知名度都起到了积极作用。

处于新一轮创业与乡村振兴交汇期，蒙清进一步做大做强，其承担的社会责任也更为多元和厚重。一方面，进一步做大做强蒙清，基地种植的技术化与标准化，离不开大量新农人的培育，以及与之相关周边零散种植农户的技术指导与更为合理的利益联结机制，这是蒙清做大做强的基础，同时也是蒙清在新时代应尽的最大责任；另一方面，随着蒙清的进一步做大做强，必然带来人口的集聚与集中，企业越大，集聚的人口就会越多，围绕人口融入以及新进人口的生产生活方面的配套服务需求就会越强烈，这越发要求企业在推进自身发展中，助推当地基础设施配套建设和教育、医疗、文化等社会事业方面进一步发展和完善（见图 10-7）。

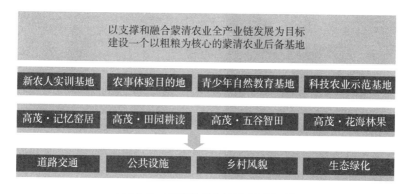

图 10-7　蒙清产业与事业发展规划

结合乡村振兴及共同富裕新内涵，蒙清规划 2025 年与之建立利益联结关系的农户达到 5000 户左右，直接带动当地居民就业 1000 人左右，带动基地周边农户实现持续稳定增收。打造成为自治区高职院校企校合作协同育人基地和实训基地，帮助大学生实现创业和就业，全面参与乡村振兴，使其成为清水河县乡村振兴的重要生力军，成为高茂泉村产城融合的关键引领者与实践者。企业财税贡献作用持续提升，社会影响力显著增强，在深入助推清水河乃至全市杂粮现代化进程中做出新的更大贡献。

第十一章

启航：『杂粮·田园·新乡居』中破浪前行

回望来路，蒙清经历了不凡岁月。展望未来，蒙清将以构筑田园综合体为战略核心和总抓手，以发展中存在的问题与面临的挑战为引领导向，通过创新发展思路，突出产业链优势再造、产学研用一体化建设、实施企业人才战略和提升品牌知名度等重点战略任务，在融入时代大潮中定会创造出新的更大奇迹，助力"杂粮之都"金色品牌冉冉升起，为西北干旱地区乃至更大区域乡村振兴火热实践写下浓墨重彩的一笔。

一、战略核心与总抓手

蒙清可以通过构筑田园综合体, 让杂粮经营有效益, 让杂粮成为有奔头的产业, 让从事杂粮经营成为体面的职业, 让农村成为安居乐业的美丽家园, 推动乡村振兴乃至共同富裕目标在 "杂粮·田园·新乡居" 模式中笃定前行。

(一) 构筑田园综合体的全新起点

田园综合体是集现代农业、休闲旅游、田园社区于一体的乡村综合可持续发展模式, 目的是通过旅游助力农业发展、促进三产融合。建设田园综合体首先需要思考的是中国乡村的发展之路。城乡之间的差距不仅是物质差距, 更是文化差距。解决差距的主要办法是发展经济, 而发展经济的主要路径是通过产业带动。那么, 在乡村社会, 可以发展什么样的产业呢? 在一定的范畴里, 快速工业化时代的乡镇工业模式之后, 乡村可以发展的产业选择不多, 较有普遍性的只有现代农业和旅游业两种主要选择 (在这里, 我们并不否认少数地方具备有特色的其他产业条件, 如科技、加工业、贸易等, 但我们这里讨论的是具有普遍性的产业)。农业发展带来的增加值是有限的, 不足以覆盖乡村现代化所需要的成本。而旅游业的消费主体是城市人, 它的增加值大, 因此, 旅游业可作为驱动性的产业选择, 带动乡村社会经济的发展, 一定程度地弥合城乡之间的差距。

在这个过程中, 要注重用城市因素解决乡村问题。解决物质水平差距的办法是创造城市人的乡村消费, 解决文化差异问题的有效途径是城乡互动。关于城乡互动, 最直接的方法就是在空间上把城市人和乡村人 "搅合" 在一起, 在行为上让他们互相交织。我们理解的 "人的城市化", 不是上了楼就是城市人了, 也不是解决了身份待遇就是城市人了, 文化得以弥合, 才是人的城市化。那么, 最有效的途径就是城乡互动。中国的乡村现代化，在现在的物质和文化的现实差距下，由乡村自行发展，要想呈现好的发展局面，有很大的局限。因为它不能自动具备人才、资金、组织模式等良好的发展因子，所以我们看到了非常多的乡村社会在无序、无力和分散的思想下，在竭泽而渔中走向凋敝。在当前环境下，建议用十年八年或更多的时间，让企业和金融机构有机会参与乡村建设，联合政府和村民组织，以整体规划、开发、运营的方式参与乡村经济社会的发展。

田园综合体与农旅综合体规划都是城乡统筹规划体系的有效补充，是新型城镇化发展路径之一和重要抓手，是农业农村统筹发展，城乡融合的主要规划设计类型。2021年5月，财政部办公厅印发《关于进一步做好国家级田园综合体建设试点工作的通知》（财办农〔2021〕20号），明确提出支持在农业农村基础设施较为完备、农业生态资源条件较为优越、特色产业优势较为明显、农村基层组织和市场主体试点积极性较高、开发主体已自筹资金投入较大且自身有持续投入能力、农村综合改革工作基础较好的地区，以一定数量村庄构成的特色片区为开发单元，开展田园综合体建设试点，实现一二三产业深度融合、生产生活生态"三生同步"、产业教育文旅"三位一体"，促进农业高质高效、乡村宜居宜业、农民富裕富足。并将重点任务分为三个方面：一是促进农业高质高效。做大做强传统特色优势主导产业，深入推进农业绿色化、优质化、特色化、品牌化，结合田园综合体定位特征，大力培育农产品品牌，打造地理标志产品，形成1~2个田园综合体特色品牌，促进试点区域农产品提质增效。积极发展循环农业，充分利用农业生态环保生产新技术，提高农业资源利用效率和农业生产经济效益，促进生态环境友好型农业可持续发展。大力发展智慧农业，推进农业数字化转型，充分应用现代信息技术与农业生产集成融合的新成果，加快推动传统农业向现代农业生产方式转变。稳步发展创意农业，开展农事体验活动，创新农业生产过程、场景和农产品的展示形式，融合农业文明、园艺展示和人文价值、生活趣味等文化要素，结合科学素养教育、旅游休闲、展览演示等活动方式，引导社会大众特别是青少年参与农事体验活动，提高综合素养。二是促进乡村宜居宜业。突出乡土特色和地域特点，按照适度超前、综合配套、高效利用的原则，加强田园综合体区域内"田园+农村"基础设施建设，建设"两宜四好"的美丽乡村，加快转变生产生活方式，让良好生态环境成为田园综合体的亮丽名片。结合实施乡村建设行动，继续通过原有相关支持渠道，加强试点区域道路桥梁、供电供水、信息通信、清洁能源等公共基础设施建设，建设智慧绿色乡村。探索利用地方政府债券或PPP方式，支持符合条件的农村人居环境整治项目建设。在农村厕所革命、农村生活垃圾污水治理、畜禽粪污资源化利用的项目布局、资金安排等方面加强统筹衔接，形成政策合力。三是促进农民富裕富足。结合试点区域资源禀赋，加强农业优势特色产业集聚，盘活资源资产，建立新产业新业态培育机制；大力开发农业多种功能，延长产业链、提升价值链、完善利益链，通过"农业+互联网""农业+科创""农业+综合素养教育""农业+文化""农业+旅游""农业+康养"等模式，发展乡村旅游、休闲农业、农耕文化体验、农村电子商务等新产业新业态，促进农村一二三产业深度融合发展。完善利益联结机制，尽可能让农民参与乡村产业发展，更多分享产业增值收益。综合以上内涵以及财政部相关要求可以看出，田园综合体建设内涵与外延主要体现在以下两个方面：

1. 田园综合体规划内涵提炼

田园综合体强调现代农业产业发展，立足农业科技与农业产业链的共同建设，促进一二三产业融合发展；促进生态效益和经济效益的统一；是注重生态文明建设发展的主要方式之一；是促进城郊地区和连片乡村区域的农民创业增收，是做强集体经济的主要方式。形成城乡统筹、融合联动发展，例如，在中农富通城乡规划设计院的规划设计案例中，强调农业产业发展体系的合理构建，突出农业多功能创新运营路径，带动内生产业集群发展，促进乡村特色小镇的统筹建设。

2. 田园综合体规划侧重点

田园综合体更加综合强调主导农业产业发展、生态环境建设、乡村田园社区建设以及农村集体经济、村民的共同参与和就业增收的一体化规划。农旅综合体规划的侧重点更加强调农业产业的业态叠加，农业旅游的持续内生产业集群打造，强调多功能农业发展的创新与运营，增加农业产业附加值。以市场为主体，融合区域资源统筹发展，为城乡居民提供休闲旅游教育主导功能。因此，田园综合体与农旅综合体规划在规划编制上应统筹城乡发展，创新城乡融合运营路径，应强化"农业+产业"体系构建，增强农业科技引领和持续发展动能。

（二）国内相关探索与实践

出于对乡村社会形态、乡村风貌的特别关注，2012 年，田园东方创始人张诚结合北大光华 EMBA 课题，发表了一篇《田园综合体模式研究》的论文，并在无锡市惠山区阳山镇和社会各界的大力支持下，在"中国水蜜桃之乡"的阳山镇落地实践了第一个田园综合体项目——无锡田园东方。在项目不断探索的第四个年头，2016 年 9 月中央农办领导考察指导该项目时，对该模式给予高度认可。2017 年由田园东方的基层实践，源于阳山镇的"田园综合体"一词被正式写入中央一号文件，文件解读"田园综合体"模式是当前乡村发展新型产业的亮点举措。

田园综合体应该是一种包含产业、休闲、生活、景观、综合服务等功能的区域，各区域之间相互连接互动、紧密配合，但又承担各自功能职责的有机综合体。2018 年"田园综合体"再次被写入中央一号文件，其出发点是主张以一种可以让企业参与、带有商业模式的顶层设计、城市元素与乡村结合、多方共建的"开发"方式，创新城乡发展，形成产业变革、带来社会发展，重塑中国乡村的美丽田园、美丽乡村。田园综合体拥有广阔的发展空间和前景，正处于重大政策机遇窗口期，所以在相关政策出台后，全国各地方都涌现出了前所未有的建设热情。

2017 年内蒙古财政厅经过竞争立项、公开公示等环节，在 16 个参加竞争立项的旗县中，择优确定推荐四子王旗和土默特右旗为 2017 年度国家级田园综合体试点旗县，确定托克托县和红山区为自治区级田园综合体试点旗县。2018 年又确定了乌审旗、伊金霍洛旗、阿鲁科尔沁旗、突泉县、巴彦淖尔市临河区、苏尼特左旗、包头市青山区、五原县 8 个旗县（区）作为 2018 年自治区级田园综合体试点旗县。从内蒙古自治区田园综合体试点探索看，其发展模式主要可以归结为以下三种：一是以巴彦淖尔市临河区彤锣湾为代表的以农为本模式，其运作思路是以"农旅居"深度融合的特色小镇为主要发展方向，以股份合作模式，通过"四金"（租金、薪金、股金及以乡村旅游收入形式获得的现金）为村民增收提供保障；二是以鄂尔多斯市伊金霍洛旗龙虎渠为代表的农村社区发展新模式，其运作思路是通过农村集体组织、农民合作社等渠道加快田园综合体建设进程，提高区域内公共服务的质量和水平，逐步实现农村社区化管理；三是以鄂尔多斯市乌审旗发展"一区三带八园"为代表的特色乡村旅游业模式，其运作思路主要是以乌审旗无定河农牧业开发有限责任公司现有产业基地为核心区，形成农事体验带、旅游观光带和生态涵养带，开发建设以拓展训练、亲子互动、农家课堂以及田园童话等为载体的乡村旅游项目。

从实践推进效果看，存在的问题也较为突出：一是田园综合体项目产业融合深度不够，试点综合体均是第一产业和第三产业的融合，没有将农业产业链做长做强，也没有将农产品加工作为园区的盈利项目进行规划，园区产业发展较为单一。二是经营模式与休闲体验活动的文化独特性不足。一些田园综合体项目还停留在以观光农业为主要板块的初级经营模式，休闲活动项目实施与产业发展、品牌打造衔接不够紧密，照搬、同化活动及项目时有发生，没能深入挖掘本地独特民俗文化。三是生产、生态、生活缺乏系统性发展。园区文化创意产品多数是初级产品或模仿城市公园游乐活动项目，欠缺以乡村生态为主题的深度休闲农业建设项目。同时，缺乏田园综合体园区"三生"（生产、生态、生活）的长期发展规划。四是乡村社区建设与田园综合体项目内涵不足。田园综合体一般由农业产业、文创产业和乡村社区三大部分组成，但受现有园区内居住生活基础设施不完善、旅游季节性明显等因素制约，在吸引新居民创新创业能力上略显不足。

此外，结合目前国内田园综合体的发展现状分析，仍有几个为业内所忽视的方面有待被"挖掘"：一是让建筑重拾魅力，如何对具有典型乡土建筑遗存的古村落，按照修旧如旧的原则，对古村落进行合理保护、利用开发。对地理位置偏远、自然灾害频发或基础设施过于落后的乡村地区，如何在村落风貌、布局设计中将乡土文化融入其中，突出传统文化传承和尊重传统生活习性；为避免乡村建设中"千村一面"问题的村庄，将产业布局等问题进行通盘考虑，并将乡土元素结合整体村落历史风貌进行表现。二是让农田成为景观，如何在较大的空间上形成美丽的景观，使得农业的生产性与审美性相结合，成为生产、生活、生态三者的有机结合体。三是让农事成为娱乐体验，将悠闲和超脱通过农事体验展现出来，让农民觉得有强烈的幸福感和获得感，同时让游客在体验中能满足自己的"田园梦"。四是让创意农业吸金，以创意生产为核心，以农产品附加值为目标，将农业生产中的诸多环节联结为完整的产业链条，将农产品与文化、艺术创意结合，使其产生更高的附加值，以实现资源优化配置。五是让田园生活成为时尚，如何将田园景观打造成一种流行的时尚风，也是建设田园综合体的难点。六是让田园体验凸显"意境"和让景观细节加分。田园综合体更致力于意境的营造，更多依靠自然现象，在设计中更加注重精准到位，同时要求景观细节处理更加完美。

（三）蒙清田园综合体聚焦重点与路径

近年来，清水河县委县政府提出要以田园综合体建设为抓手，探索实施"双流转五集聚"助推乡村振兴，通过"双流转五集聚"（流转土地、房屋；集聚人口、产业、资本、资源、服务）的方式，将五良太乡后脑包村、宏河镇高茂泉村等作为试点，通过政府流转闲置窑洞、土地返租给外来农户，采取自愿移民方式向中心村聚居，促进人口、产业、资本、资源、公共服务资源集聚，逐步打造城乡一体化发展格局，这些为田园综合体建设指明了方向，提供了重要政策支持。与此同时，蒙清与田园东方战略合作的达成，为蒙清打造田园综合体提供了重要智力支撑。更为重要的是，随着蒙清一系列重点工程和项目的开工建设，其打造田园综合体的条件也在逐步趋于成熟和完善（见图11-1）。

图 11-1　蒙清田园综合体目标规划

一是景观吸引要素方面，蒙清正在打造以清水河农村文明为背景，以杂粮审美为目标，依托高茂泉村及周边特有的田园风光，建设包括观赏型农田区（京东农场种植示范区）、蔬菜瓜果园（海红果和蔬菜两大种植示范区）以及一环（最美田园路）等项目，使游客能够在游览各功能区域时充分感受到乡村的田园风光和农业魅力。二是休闲空间要素方面，蒙清正在规划和建设多种休闲空间和活动项目，包括赏景、观光、采摘等休闲体验项目，建设杂粮博物馆等文化场馆以及发展窑洞体验游，强化高校、企业与创客间的互动合作，联手研发五谷杂粮伴手礼、文创产品，打造田园大讲堂等"新农人"研学平台。通过这些功能区域的嵌入，游客能够深入了解乡村生活空间，充分享受田园活动带来的乐趣。三是农业生产要素方面，蒙清已经建成杂粮规模化种植基地和杂粮精深加工车间，正在规划建设农业科普示范区、农业科技试验田、五谷观光工厂功能区，届时会形成以杂粮种植为基础，开展农业生产活动和农产品加工制造的功能区域以及农业科普示范区、农业科技展示区等，让游客参与农业生产的全过程，体验其中的乐趣。四是居住生活要素方面，已完成职工居住区建设，正在规划建设最美田园路和改善已有道路基础设施，同时通过流转对废弃窑洞进行修旧如旧的改造，届时会形成当地乡村居民生活空间、产业工人居住空间、外来游客居住空间这三类人口相对集中的居住生活区域。五是社区要素配套方面，农业生产领域技术、物流、电商等配套业已配全，以开展五谷文化节、乡村建造节、田园设计大赛和大地丰收庆典等活动为抓手，完善步行街、小学学校等生活领域配套和五谷博物馆、活动休闲空间等文化配套设施建设，这些配套服务要素融合聚集，将为田园综合体发展成为新型农村社区提供有力支持。

辩证地看，蒙清在田园综合体打造方面也存在着一些问题和制约因素，主要表现为融入周边旅游资源谋求协同发展的力度较弱，造成田园综合体景观吸引力较弱；创意休闲与农业的融入度不高，休闲搭配组合较为单一；乡村文化的"土味"挖掘不够，文化内涵提炼不足，康体养生等时尚优质服务较为缺乏，吸引人群较为单一等。

以问题为导向，未来蒙清打造田园综合体，主要应突出以下几点：

1. 融入周边

清水河县旅游业总体规划中，明确提出要优化旅游业整体布局，打造"一核一心两翼七组团"。一核，即老牛湾国家地质公园；一心，即清水河县城中心；两翼，即黄土大河文明体验翼和明长城遗址文化体验翼；七组团，即喇嘛湾镇—下城湾沿黄组团、下城湾—老牛湾沿黄组团、老牛湾—水门塔黄河与长城交汇组团、红门口—口子上明长城组团、石峡口—摇铃沟生态休闲度假养生组团、生态休闲农业科技示范组团和乌兰木伦草原文化体验组团（见图11-2）。

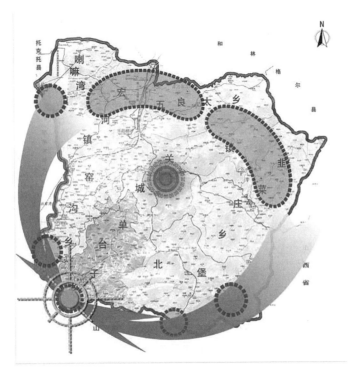

图 11-2　清水河旅游七大板块规划

　　结合清水河县旅游业总体规划和宏河镇总体规划，蒙清除了在生态休闲农业科技示范组团中发挥引领作用外，还要多措并举，突出以下方向和重点：一方面，要优化旅游资源。在已规划组团的基础上，蒙清要进一步拓宽视野，积极谋求与周边旅游项目及景点合作，共享客源和旅游资源，力争以规模和范围为支点，谋求高水平田园综合体建设。另一方面，要以蒙清所在高茂泉村为中心，建设七彩田园有机农业示范园，并完善和配套建设道路、市场体系等相关公共服务设施，为提升田园综合体效能及周边村庄居民提供相关生产和生活方面的服务。

2. 创新思路

围绕清水河县乡村振兴总体规划以及旅游业发展定位与规划，蒙清在田园综合体打造方面应该进行充分的思路创新和差异化定位。定位方面，按照科技、文化与体验相结合的原则，田园综合体整体定位为：以乡村振兴为统领，以田园综合体为依托，以生态休闲农业科技示范组团为主体，以新农人培育和农业现代化为两翼，以一二三产业融合为核心，争当集产、学、创、游于一体的乡村振兴示范标杆，打造蒙清田园综合体为新农人众创硅谷、中国杂粮标准化技术与服务供给集大成者、五谷杂粮一体化规模化精深化加工产业集群示范区。

围绕定位，对蒙清田园综合体建设思路进行创新，力争形成"1234"协同发展新格局。"1"指一个产业模式，形成农、文、旅结合的田园综合体模式，种出农田画，促进农文旅融合，打造农田大景观、自行车道和田园交公园；"2"指两个示范，即产业带动区域发展的综合示范区和乡村振兴综合示范区；"3"指三大核心人群，即以新农人为核心的带动者、以休闲度假客为核心的消费者和以原住民为核心的受益者；"4"指四大产业带动，即以"产"为基础，重点推进京东农场、海红果采摘园、农业科技试验田和蔬菜采摘园建设；以"学"为驱动，重点建设五谷博物馆、新农人大讲堂、多功能创客中心和五谷观光工厂；以"创"为核心，形成创意工坊、田园市集和产业孵化中心；以"游"为支撑，形成田园度假区和民宿集群格局（见图11-3）。

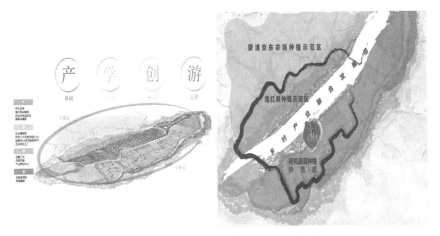

图11-3　蒙清田园综合体建设思路总体构架

3. 突出特色

体验性是休闲农业的本质属性，休闲农业的诞生就是为了满足人们对于农业生产、农耕文化、农家生活体验的需求。因此，休闲农庄作为一种售卖"体验"的消费场所，理所应当更加注重消费场景的打造，以美好的场景去吸引顾客、留住顾客。基于此，本着"充分立足主业而又不局限于主业"的理念，蒙清要形成无中生有和有中生新的发展路径，未来蒙清田园综合体特色化差异化发展的关键是以科技、文化和休闲为内涵，重点突出以下场景的打造。

一是实现多维场景融合。随着综合消费业态的兴起，田园综合体会越来越朝着多业态融合的方向发展。除了"食、住、行、游、购、娱"，还会有"商、养、学、闲、情、奇"，以及其他类型的业态组合。蒙清田园综合体在场景打造的过程中，也需要顺应这一趋势的变化，重点打造五谷观光工厂、创客中心、新农人大讲堂、田园市集和最美田园路五个引爆点，并结合清水河县旅游业组团发展实际，优化旅游线路，实现多维场景的融合，最终形成以点带线、以线连面的发展新格局，从而带给人们全新的体验。

二是充分赋予田园综合体故事（或文化）内涵。如果说景观是田园综合体的外衣，那么故事（或文化）则是田园综合体的内涵。好的场景，需要有好的故事（或文化）作支撑。对于蒙清来说，体现其文化内涵的主要有五谷种植文化和窑洞文化，一方面，五谷文化要围绕蒙清小米的科技史与社稷文化两个维度进行挖掘，即围绕蒙清五谷杂粮不同栽培要求的新品种研发、杂粮种植（或）加工历史沿革和祭祀等民间风俗，以及伴随其发展过程中的工器具改进等方面，建立集五谷杂粮种植、加工、历史沿革等于一体的杂粮博物馆；另一方面，蒙清所在的高茂泉村的窑洞具有十分独特的民俗文化和民族风情特征，但是随着经济的发展和人口的迁移，废弃的窑洞越来越多，几乎没有被挖掘利用，窑洞以及负载其上的窑洞文化伴随窑洞的破败，面临消亡境地。基于此，蒙清要立足当地窑洞资源，配套发展民宿业，以修旧如旧和方便生活的总体开发思路，对窑洞文化进行充分挖掘，把窑洞打造为当地发展民宿产业和体验窑洞文化的全新载体。

三是充分嫁接新的体验场景空间。田园综合体的地域属性让我们习惯了在现有的空间范围内去设计农庄的产品，思考农庄的未来。可是每一个田园综合体都迫切地希望与更多的消费者发生关联，希望更多的消费者走进自己的农庄并产生消费，这就需要打破农庄的边界，充分嫁接新的体验场景空间（见图11-4）。基于此，蒙清田园综合体的建设要充分对接消费者体验新需求与企业发展新内涵，一方面，由蒙清成立商业运营公司，与商业街运营公司开展合作，合理运用雕刻、建筑小品、牌楼等手段，打造民俗商业街，建设各类食品、工艺品小作坊、商店等业态，满足游客餐饮、购物等消费需求，沿途布局本地特色街景小品，形成特色商业街，满足游客购物、体验与餐饮于一体的消费需求。另一方面，结合国家提倡德智体美劳全方位发展新要求以及城市孩子农事生产生活体验缺乏的实际，积极发展亲子窑洞体验游和CSA亲子项目，即结合窑洞特点，增添卡通、童趣元素，营造温馨亲切的氛围，针对亲子群体，提供功能齐全、尺寸适宜、舒适安全的居住条件；同时，由CSA企业进行运作，蒙清合作社提供有机农肥、管理人员等。开展会员制、订单农业和认领农业，每周为订单顾客、会员提供配送有机蔬菜，对会员认领的田地进行管理。定期开展农事体验、农场观光等活动。

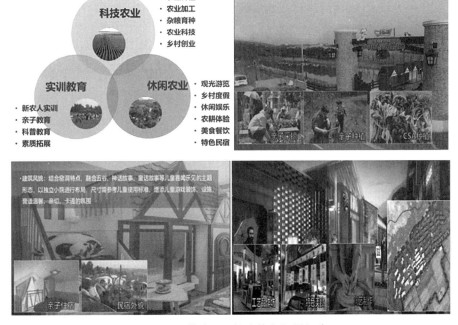

图11-4 蒙清田园综合体多场景打造

二、战略实施重点与方向

　　战略策略优化、战略定位聚焦、战略目标擘画以及战略抓手的确定，为未来蒙清发展指明了方向与遵循，但从战略整体推进效果看，策略、定位、目标和抓手等从根本上解决的是在内外形势把控方面的总体认知和期望，而要推动战略落地落实亟须在认知基础上进一步明确蒙清未来发展的战略主攻方向和战略重点，唯其如此才能使未来蒙清发展总体战略落点更精准、路径更清晰、步履更坚定、成效更明显。

（一）全力争取及用好相关扶持政策

　　积极争取政府在发展旱杂粮产业作为呼和浩特乃至自治区产业发展的重要内容和推进农业供给侧改革、巩固脱贫成果、促进农民增收、产业振兴战略等方面的相关政策支持。同时，在科学规划总体布局基础上，积极争取在支持培育旱杂粮产业龙头企业，努力创建特色突出、带动能力强、效益倍增的旱杂粮产业集聚区方面的支持政策。建议市县两级党委政府采取以大带小、组建集团、形成联盟的方法，对以蒙清为主的杂粮加工企业和生产合作社进行整合，指导帮助企业制定生产规程、产品标准、申报专利、办理出口注册备案手续，进行有关国际质量体系认证，提升企业发展水平。支持蒙清技术创新改进种植模式，培育新品、良品，通过旱杂粮深加工延长产业链，借助旱杂粮产地良好生态资源优势，探索"精、特、细"农业，指导支持企业开展"三品一标"创建、质量认证工作，支持其品牌宣传力度，增强旱杂粮品牌宣传度，提升旱杂粮产业市场影响力和竞争力。指导推进"龙头企业+合作社+基地农户"经营模式，协调建立紧密联结机制，为基地提供产前、产中、产后服务，有力促进产供销一条龙、贸工农一体化发展。

（二）稳步扩大杂粮基地种植规模

从过往发展历史看，扩大杂粮的销售出路在于加工转化，但是企业加工转化需要稳定的货源。目前，杂粮种植面积受市场价格波动影响而减少，致使总产量小，远远不能满足企业转化的需求，导致了投资深加工领域的企业数量少、深加工产品研发严重滞后。基于此，为了提高农民扩大种植杂粮的积极性，稳定加工企业货源，蒙清要进一步探索采取"公司十农户"方式，稳定市场价格，扩大种植面积，探索在西北乃至"一带一路"沿线地区更广区域建立种植基地，建成相对集中连片的杂粮生产区域，以规模带动效益。

（三）加快产业链优势再造

加大对传统优良品种筛选和提纯复壮力度，加快新品种的引进、试验、示范、推广、繁育。开展杂粮基因组学研究，提升杂粮分子育种基础，促进种质资源创新和品种选育。建设杂粮良种繁育基地。力争到2025年，筛选出4~5个绿色、抗旱、节水、节肥、专用、适宜机械化作业的杂粮新品种。用现代技术对传统杂粮食品及加工方式进行升级改造，依托创客空间，加大杂粮食品开发，力争到2025年，在现有产品系列基础上，力求在杂粮传统风味小吃、主食加工产品、酿造食品、杂粮饮料、休闲食品、方便食品、功能性食品等方面有新突破。

（四）推进产学研用一体化建设

积极与区内外高校合作，就杂粮营养成分、杂粮种源、目标人群需求以及不同产品营养搭配等方面积极开展合作。强化与中国农科院、中科院、内蒙古农业大学、内蒙古师范大学等单位合作，借助科研院所及高校的技术开发与作物研究实力，对杂粮作物种植方式进行优化、将杂粮产业链进一步延伸以及精准开发杂粮食品。完善和健全创客中心制度建设，依托创客中心，加快杂粮项目孵化中心建设，引导和遴选市场前景较好的创客项目免费入驻产业孵化中心，并为孵化项目提供技术培训、产品研发、产品测试、产品小批量生产和产品销售渠道支持。善于借助外部力量，加强与食品制造领域先进装备企业合作，通过委托代工等方式，实现技术方面的换道赶超。支持蒙清等开展旱杂粮育种选种和关键核心技术攻关，帮助企业提升精深加工的能力，提升旱杂粮产业市场竞争力，推动旱杂粮产业提质升级，打造具有较强品牌竞争力的特色优质粮食产业，实现"小杂粮、大产业"目标。

（五）实施企业人才发展战略

清水河县政府可以充分结合当地发展实际，出台具体的返乡人员创业补贴政策、贷款支持政策、用地支持政策以及财税支持政策等。同时，相关政府部门应积极为返乡青年和大学生搭建创业平台，提供低成本、全要素、便利化的创业服务；金融机构能创新金融服务工作，实现金融服务与返乡创业需求的精准对接。坚决贯彻"人力资源是企业最大的资源"的人才理念，根据企业发展战略及组织架构调整，制定企业人才发展中长期规划和年度人才计划，提出人才发展目标和具体措施，通过持续的企业人才队伍建设，逐步增加人才总量，提高人才素质，建立科学合理的人才梯队。拓宽选人用人渠道，根据企业实际需要，多渠道、全方位地引进人才和智力资源，重点通过"乡村创客中心"与"一座农桥创客空间"两方联动与呼应，吸引优秀的人才加入企业。完善人才奖励约束机制，对于已引进的人才，要关心他们的生活、工作，努力提高其工资和福利待遇，做到以情感留人，以事业留人，并通过完善绩效考核体系，充分调动企业员工的工作积极性与创造性。采取"走出去""请进来"等多种灵活多样的形式和途径，努力为人才提供良好的学习培训条件，鼓励员工参加各类专业培训、深造，不断提升员工知识水平。

（六）提升"蒙清"品牌知名度

推进产品质量升级，在夯实品牌基础上下功夫。本着"质量是企业的第一生命线"的宗旨，从肥料使用、种源质量和周边环境等方面严把杂粮种植关，严格执行食品安全生产加工质量管理。精心设计，在实施品牌战略上下功夫。成立品牌建设工作领导小组，进行集中研讨商议，制定和实施切实可行的品牌战略方案。重视推介,继续在品牌营销上下功夫。积极参与杂粮专业论坛和各种农产品展销展示会,依托已建立的农产品电子商务平台,全面推进"互联网+营销",实现"互联网+现代农业"的有效衔接,实行线上线下联动。在农产品观摩上下功夫,依托标准化、规模化和现代化大农业发展优势,全面打造现代农业、效益农业、观光农业,将农业高新技术呈现在人们眼前。建立农产品在线展示中心,布局一批集展示和销售于一体的线下体验店,探索网红直播带货新模式,通过线上线下更加直观地立体呈现出产品的种植、生产和加工等过程,从而有利于拓展市场销路。与此同时,在积极打造区域公共品牌,连续抓"三品一标"认证的基础上,还要处理好蒙清自身品牌与清水河县区域公共品牌"窑上田"之间的关系,在整体互动的基础上,要突出蒙清差异化特征。市、县相关部门要紧抓"一带一路"倡议机遇,放眼国际市场,着手实施陆路杂粮销售品牌战略,充分运用国家和自治区大数据中心,创建"清水河县杂粮"微信公众号,为杂粮提供宣传服务。

(七) 拓展产业发展空间

拓展原料来源地,在进一步做大现有五大种植基地的基础上,结合蒙清多元全谷物产品打造计划,积极开拓相关原料规模化种植基地;与此同时,通过订单或合作社的形式,进一步提升散户的原料供应能力。拓展经营业务与销售渠道,积极培育企业标准化种植专业团队,完善配套企业产品销售和配送服务体系,构建起多元化、多层次杂粮企业级生产社会化服务体系,输出小杂粮发展模式;注重当前消费者的消费体验新需求,积极在线下布局一批集产品展示、产品销售和餐饮消费于一体的蒙清产品体验店。拓展消费群体。在强化区内市场的同时,通过在区外直接设立销售中心以及代工厂加工直销等方式,将蒙清产品进一步向全国布局。与此同时,结合不同收入群体以及人口分布结构性特点,开发覆盖小孩、中青年、老年人全年龄段及不同消费层级的包括食用、饮用、养生和礼品等系列产品。将杂粮产品标准建设、品牌建设与市场营销结合起来,培育专门的营销团队,汇集晋、冀、陕、蒙杂粮产品,依托"一带一路",通过互联网的大数据技术建立具有综合功能的农产品物流平台,对各种各样的杂粮产品统一发布,有效增加杂粮的国内外流通机会,促进杂粮销售和生产，助力呼和浩特打造为华北地区最大的国际特色杂粮交易市场。

（八） 推进杂粮新业态新模式开发

围绕大农业旅游观，推动种植基地周边道路基础设施的规划与建设，提升高茂泉村水电路、餐饮和住宿条件，借力老牛湾风景区的知名度，积极进行线路之间的优化和对接，丰富旅游内容和提升旅游体验。依托现有杂粮和林果种植基地，植入休闲养生、休闲观光、休闲采摘、农业科普、农耕体验等元素，开发田园农业游、农业科技游、务农体验游等不同主题旅游，借助建设蒙清五谷文化博物馆的契机，开发具有当地特色的农业农村旅游产品。高水平建设田园综合体，以企业、集体土地、农户闲置房屋等入股蒙清田园综合体，通过融合农业种养殖、农副产品加工、文旅产业项目的田园综合体，打造清水河县乡村振兴样板工程。主动纳入"互联网"现代农业行动，利用大数据、物联网、云计算、移动互联网等新一代信息技术，培育发展网络化、智能化、精细化现代加工新模式。积极与休闲、旅游、文化、教育、科普、养生养老等产业深度融合，发展电子商务、农商直供、加工体验、中央厨房等新业态。前端延伸带动农户建设原料基地，后端延伸建设物流营销和服务网络，与上下游各类市场主体组建产业联盟，与农民建立稳定的订单和契约关系，构建让农民分享加工流通增值收益的利益联结机制。

（九） 探索发展杂粮行业供应链金融

当前，我国农业发展正处于从传统农业向现代农业的转型中，随着农业企业的逐步壮大和跨区域经营，不可避免地会遇到企业开户银行的信贷服务能力与企业跨区域经营的信贷服务需求不对称等问题，造成企业的融资需求难以满足，再叠加农村金融机构不健全，信贷资金总量供给不足等方面的因素，进一步制约了农业龙头企业的金融服务能力和质量。此外，随着企业的发展壮大和标准化种植新实践，合作社居民在种植环节的融资需求也会更加强烈，资金供需不平衡问题也会越发显现。想要破解这些难题，亟须探索发展新型农村合作金融模式。蒙清在新一轮创业浪潮中，正面临着向现代农业转变和实施跨区域经营的新任务，亟须未雨绸缪提早布局服务小香米等杂粮产业化发展的合作金融服务机构。在国家政策框架下，积极探索依托蒙清自有合作社，联合清水河区域内其他规模较大的农业企业参与注资，成立专门团队和组织，结合具体实际，设计信贷产品和构建统一信贷流程，专门为蒙清和其他参与成员企业以及企业周边合作的农户种植提供相关金融服务，从而解决成员企业与农户信贷资金供给不畅的问题。与此同时，合作金融组织还要充分发挥自身优势，加强对行业经济的分析研究，在输出资金的同时，对企业提供信息服务和产业政策等方面的辅导，提高企业的经营业绩和水平，努力实现银企互利共赢。

（十）构建和完善现代产权制度

一方面，随着农业科技的突飞猛进以及农业产业的规模化发展，尤其是现代生物和信息技术的加快引入，农业企业逐步具备了高新技术产业的特征，其智力劳动的比重和商业竞争的成分也越来越高。因此，与之相适应的知识产权规则也在农业企业的竞争中发挥着越来越重要的作用。另一方面，和传统知识产权一样，包括作物新品种、农业专利、农产品商标、农业商业秘密、农产品地理标志、发现发明等在内的农业知识产权也属于无形财产权，尤其是在创新得到前所未有的关注下，建构产权体系对于企业发展和调动职工积极性不言而喻。为此，在今后发展中，蒙清应重点从以下方面构建和完善现代产权制度：首先，要尽快树立农业知识产权开发与保护的理念，建立与之相适应的有利于农业知识产权开发和保护的激励和管理制度。其次，要进一步明晰企业产权，特别是优化管理股、骨干股、普通股及其权益，不断完善企业的股权结构及公司治理结构。此外，随着未来蒙清发展规模的进一步扩张和农业新功能的开拓，需要从土地和宅基地产权和具体权益方面进一步探索和优化，从而形成土地宅基地等要素更易获取、更可持续的流转机制。

（十一）健全完善利益联结机制

更加注重巩固利益联结，由原来简单的订单关系向价格保护、服务协作等形式转变，尤其在乡村振兴和共同富裕大背景下，蒙清发展就是要坚持以农民为主体，以乡村优势特色资源为依托，积极探索形成经营集体资产的新型农村集体所有制经济组织，从而在推进共同富裕道路上形成互促共进新局面。模式一：全体村民以土地经营权入股，获得公平合理（可包含承包经营权土地面积+效力+每代人对土地投入）加权量化后的份额并成立股份制公司，以股份份额参与决策和收益。模式二：村民以闲置宅院出租收益权，用于发展窑洞庭院经济、民宿经济或用于新居民居住等，获取租金。模式三：分类推进高茂泉村农村集体产权制度改革条件成熟后，农村集体以土地承包经营权之外的农村集体资产，包括农民集体所有的土地、森林、山岭、草原、荒地、滩涂等资源性资产，用于经营的房屋、建筑物、机器设备、工具器具、农业基础设施、集体投资兴办的企业，以及其所持有的其他经济组织的资产份额、无形资产等经营性资产，文化传承美丽乡村建设成果无形财产利益等非经营性资产，入股高茂泉村股份制公司，作为集体股收益后再分配给农民。

后 记

  2019 年 3 月，一次机缘巧合，蒙清农业董事长刘峻承与时任内蒙古自治区社科联主席杭栓柱、内蒙古党校李香兰教授及本人在一次研讨会中偶遇，期间论及农业农村发展现状及乡村振兴问题，大家相谈甚欢，尤其是刘峻承董事长对农业农村的深厚情怀和投身乡村振兴伟业的决心和格局不禁让我们心生敬意。在国家实施乡村振兴战略的大背景下，发端于西北干旱地区的农业企业蒙清奋力前行的探索，也引发了我们强烈的研究兴趣。如果能够通过对蒙清农业成长壮大的经历进行实证研究，提炼其发展模式，总结其发展经验，发现其短板与不足，借此既可为蒙清起锚出航开启新征程提供智力支持，又能为西北干旱地区乡村振兴中的广大企业提供模式与路径探索，同时也希望为各级党委、政府部门制定相关政策与决策提供有益参考。

  杭栓柱主席出生于农村，成长于农村，对乡村有着深厚的情感。因此，虽公务繁忙，深思之后，毅然做了决定。彼时我正在承担内蒙古党校一本教材《乡村振兴战略——为什么是什么干什么》的主编任务，因此也欣然应允与他合作"共同做一件有意义的事情"！杭主席是一位极具专业素养且极富亲和力的领导、师长，与他共事，愉悦而进步。几番讨论，写作框架基本确立。杭主席又以其独特的个人魅力与感召力，邀请到内蒙古农业大学、内蒙古大学、内蒙古发展研究中心以及内蒙古自治区社科联等多位专家学者加入，组建起一支"高配"的写作团队。在写作过程中，老师们数次深入蒙清基地调研，访谈老董事长、管理层及普通员工，用杭主席的话说，就是要走进蒙清，亲近蒙清，熟悉蒙清。董事长刘峻承本人及助理更是几乎参加了全部调研乃至书稿修改的每一次研讨会议，与写作组保持零距离、零时差、零障碍的顺畅沟通并提供鼎力支持。

  对于从事社会科学的理论工作者而言，这么多年以来，大家一直秉持着理性的思考与研究宗旨，而在本书研讨与写作过程中，老师们重复最多、感受最深的则是"情怀"二字！二十多年前老董事长刘三堂先生放弃殷实的从医富家之路，预见到未来绿色健康食品的价值而坚定走上"小香米"开拓之路；十多年前刘峻承先生放弃上海外企优渥的待遇与发展机会，从国际化大都市返回山沟沟里的清水河县高茂泉村，毅然背负起父辈的期待和产业振兴的希望；几乎同时，在华为上海研究所任职的黄福星（现任蒙清总经理）放弃百万年薪，跟随刘峻承投入乡村事业的广阔天地里一展宏图；时至今日，区内外各所高校的一批批莘莘学子怀揣梦想和希冀走进蒙清，加入蒙清，圆梦蒙清……他们，因不同的缘由结缘蒙清，终因一个共同的情结——对乡村真挚的热爱之情情系蒙清！他们热爱那里的一草一木，一砖一瓦，每一条河流、每一片土地，还有那里最淳朴的农人。中国是一个古老的农业国，我们的父辈、祖辈都是农民。但几代人为了寻求更好的生活而逃离农村，远离农业，摒弃农民（身份）。然而深埋在基因里、记忆里、灵魂深处的那一缕乡愁、牵绊其实从来都不曾远去。那即为"情怀"！那最深的爱因蒙清而唤醒。城市的高楼大厦、车水马龙、光怪陆离与乡村的温婉秀美、生机盎然、脉脉温情，究竟哪一个才是人类最本真的追寻？

城乡中国，中国城乡，拆开并拢，是一回事。没有乡村的振兴，就不可能有国家的富强，人民的幸福。乡村振兴战略是新时期国家的顶层设计，但它从来都不是一时一日之内决策者们凭空臆造出来的。在梳理蒙清成长轨迹、经验、模式的过程中，我们欣喜地发现，蒙清一直都在深挖市场需求、顺应政策导向，甚至在很多时候更是超前行动者，许多发展理念与决策均体现出显著的前瞻性，如蒙清的"绿色健康农业"理念提出于20世纪90年代中期；蒙清与农民"共建共享共富"理念与发展模式形成于党的十八大以前；蒙清"打造新农人硅谷"，"大学生实践基地""蒙清乡村创客中心"目标及实践探索均在党的十九大召开前；等等。可见，科学的顶层设计从来都源自大量的基层探索，并与之实现良性互动互促。乡村的振兴，既需要国家政策的高屋建瓴，统领统帅，但归根结底，更需要千千万万个"蒙清""刘峻承"这样的企业、企业家去承载这个时代赋予的伟大使命。

刘峻承讲得最多的一句话就是，"我不能让农民吃亏，我要带着大家共同致富"。"刘峻承们"回到农村，不是去淘金，而是怀揣梦想与激情去开拓一番新的事业天地，让更多的人，父老乡亲，包括城里人，过上更美好的生活！

干农业，绝非易事。"熬得住，才更出众！"

本书是内蒙古社会科学基金后期资助项目"西北干旱地区乡村振兴模式探索"（21HQ03）的研究成果。由内蒙古自治区政府参事、内蒙古大学创业学院战略与规划研究中心主任（原内蒙古自治区社科联主席、党组书记）杭栓柱与内蒙古党校经济学教研部董晓萍教授共同策划书名、拟定写作大纲。由董晓萍教授负责第一章总论的撰写；内蒙古振兴乡村投资有限公司助理研究员杨宏杰承担第二章、第九章的写作；内蒙古农业大学教授赵元凤及研究生李赛男承担第三章的写作；内蒙古自治区发展研究中心副主任、高级经济师冯玉龙承担第四章、第十章、第十一章的写作，并与内蒙古大学经济管理学院李鹏博士及研究生团队共同承担第五章、第七章的写作；内蒙古农业大学教授盖志毅及研究生刘洋和冯玉龙、董晓萍共同承担第六章的写作；内蒙古党校经济学教研部副教授海琴承担第八章的写作，杨宏杰对第八章进行了重新修订。董晓萍教授负责对全书进行统一修订、文字规范和统稿工作。杭栓柱参事对本书的写作提供了重要指导，做出了突出贡献，亲自带领老师们调研，提出具体修改意见，并为本书作序，付出了极大的心血！内蒙古党校经济学教研部李香兰教授也对本书提出了宝贵的修改意见。蒙清农业董事长刘峻承、总经理黄福星对本书写作提供了鼎力支持，并对书稿提出了进一步的完善建议。在此一并致谢！特别要鸣谢田园东方投资集团有限公司创始人兼CEO张诚先生为本书作序。文章原名"父亲的小香米"，成文于2016年，表达了张诚先生对蒙清及其"小香米"中蕴含着的感天动地和生生不息源泉力量的感怀与褒扬。张诚先生听闻本书出版在即，基于对蒙清及其所从事的农业事业之敬重与祝福之情，感慨于本书对于西北干旱地区以蒙清为代表的农业企业在乡村振兴中的矢志不渝，坚定发展，特别是在产业振兴、企业路径、社会推动、人民致富等方面积极探索的经验和发展规律的总结概括提炼，特将之前的一篇文章略作调整，作为祝贺本书出版的序言。此外，书稿在写作过程中，得到北京安理（呼和浩特）律师事务所谷卫东律师的大力支持，谷律师多次为写作团队无偿提供会议室等保障服务，并热情参与调研，提出完善建议等，在此特别致谢！

本书的写作过程也是研究团队认真学习的过程，由于专业知识和实践经验所限，书中疏漏与不足之处在所难免，敬请广大读者批评指正。落笔之余，蒙清的粗粮泡食面单日销量已超 3000 份，各大电商平台月交易额已超 400 万元。真诚地期望蒙清未来继续凝心聚力，精诚团结，开拓进取，行稳致远！也希望未来在西北干旱、半干旱地区能够涌现出一大批像蒙清这样的农业企业支撑起乡村振兴的伟大事业，共同创造农业农村美好未来。

　　谨以此书献给热爱乡村、建设乡村的人们！

董晓萍
2023 年 6 月 23 日